TRANZLATY

La Langue est pour tout le Monde

اللغة للجميع

L'appel de la forêt

نداء البرية

Jack London

Français / العربية

Dans le primitif
إلى البدائية

Buck ne lisait pas les journaux.

لم يقرأ باك الصحف.

S'il avait lu les journaux, il aurait su que des problèmes se
préparaient.

لو كان قد قرأ الصحف لكان قد عرف أن المشاكل كانت تلوح في الأفق.

Il y avait des problèmes non seulement pour lui-même, mais
pour tous les chiens de la marée.

لم تكن هناك مشكلة بالنسبة له وحده، بل بالنسبة لكل كلب من كلاب المد
والجزر.

Tout chien musclé et aux poils longs et chauds allait avoir
des ennuis.

كل كلب قوي العضلات وذو شعر طويل ودافئ سيكون في ورطة.

De Puget Bay à San Diego, aucun chien ne pouvait échapper
à ce qui allait arriver.

من خليج بوغيت إلى سان دييغو لم يتمكن أي كلب من الهروب مما كان
قادمًا.

Des hommes, tâtonnant dans l'obscurité de l'Arctique,
avaient trouvé un métal jaune.

كان الرجال يبحثون في ظلام القطب الشمالي عن معدن أصفر.

Les compagnies de navigation et de transport étaient à la
recherche de cette découverte.

وكانت شركات السفن البخارية والنقل تلاحق الاكتشاف.

Des milliers d'hommes se précipitaient vers le Nord.

كان الآلاف من الرجال يتدفقون إلى الشمال.

Ces hommes voulaient des chiens, et les chiens qu'ils
voulaient étaient des chiens lourds.

أراد هؤلاء الرجال كلابًا، وكانت الكلاب التي أرادوها كلابًا ثقيلة.

Chiens dotés de muscles puissants pour travailler.

الكلاب ذات العضلات القوية التي يمكنها العمل بها.

Chiens avec des manteaux de fourrure pour les protéger du
gel.

كلاب ذات معاطف فروية لحمايتها من الصقيع.

Buck vivait dans une grande maison dans la vallée
ensoleillée de Santa Clara.

عاش باك في منزل كبير في وادي سانتا كلارا المشمس.

La maison du juge Miller s'appelait ainsi.

مكان القاضي ميلر، كان يسمى منزله.

Sa maison se trouvait en retrait de la route, à moitié cachée
parmi les arbres.

كان منزله بعيدًا عن الطريق، مخفيًا جزئيًا بين الأشجار.

On pouvait apercevoir la large véranda qui courait autour de
la maison.

كان من الممكن إلقاء نظرة خاطفة على الشرفة الواسعة التي تحيط
بالمنزل.

On accédait à la maison par des allées gravillonnées.

تم الوصول إلى المنزل عبر ممرات مرصوفة بالحصى.

Les sentiers serpentaient à travers de vastes pelouses.

تتعرج المسارات عبر المروج الواسعة.

Au-dessus de nos têtes se trouvaient les branches entrelacées
de grands peupliers.

في الأعلى كانت هناك أغصان متشابكة من أشجار الحور الطويلة.

À l'arrière de la maison, les choses étaient encore plus
spacieuses.

في الجزء الخلفي من المنزل كانت الأمور أكثر اتساعًا.

Il y avait de grandes écuries, où une douzaine de
palefreniers discutaient

كانت هناك اسطبلات رائعة، حيث كان هناك عشرة من العرسان يتحادثون

Il y avait des rangées de maisons de serviteurs recouvertes
de vigne

كانت هناك صفوف من أكواخ الخدم المغطاة بالكروم

Et il y avait une gamme infinie et ordonnée de toilettes
extérieures

وكان هناك مجموعة لا نهاية لها ومنظمة من المراحيض الخارجية

Longues tonnelles de vigne, pâturages verts, vergers et
parcelles de baies.

شرفات العنب الطويلة، والمراعي الخضراء، والبساتين، وبقع التوت.

Ensuite, il y avait l'usine de pompage du puits artésien.

وبعد ذلك كانت هناك محطة الضخ للبئر الارتوازي.

Et il y avait le grand réservoir en ciment rempli d'eau.

وكان هناك خزان الأسمنت الكبير المملوء بالماء.

C'est ici que les garçons du juge Miller ont fait leur plongeon matinal.

هنا أخذ أولاد القاضي ميلر غطستهم الصباحية.

Et ils se sont rafraîchis là-bas aussi dans l'après-midi chaud.

وتبردوا هناك في فترة ما بعد الظهر الحارة أيضًا.

Et sur ce grand domaine, Buck était celui qui régnait sur tout.

وعلى هذا النطاق العظيم، كان باك هو الذي يحكم كل ذلك.

Buck est né sur cette terre et y a vécu toutes ses quatre années.

وُلِد باك على هذه الأرض وعاش هنا طوال سنواته الأربع.

Il y avait bien d'autres chiens, mais ils n'avaient pas vraiment d'importance.

لقد كانت هناك بالفعل كلاب أخرى، لكنها لم تكن ذات أهمية حقيقية.

D'autres chiens étaient attendus dans un endroit aussi vaste que celui-ci.

كان من المتوقع وجود كلاب أخرى في مكان واسع مثل هذا.

Ces chiens allaient et venaient, ou vivaient à l'intérieur des chenils très fréquentés.

جاءت هذه الكلاب وذهبت، أو عاشت داخل بيوت الكلاب المزدحمة.

Certains chiens vivaient cachés dans la maison, comme Toots et Ysabel.

بعض الكلاب عاشت مختبئة في المنزل، مثل توتس وإيزابيل.

Toots était un carlin japonais, Ysabel un chien nu mexicain.

كان توتس كلبًا من فصيلة البج اليابانية، بينما كانت إيزابيل كلبة مكسيكية أصلع.

Ces étranges créatures sortaient rarement de la maison.

نادرًا ما كانت هذه المخلوقات الغريبة تخرج من المنزل.

Ils n'ont pas touché le sol, ni respiré l'air libre à l'extérieur.

لم يلمسوا الأرض، ولم يشتموا الهواء الطلق في الخارج.

Il y avait aussi les fox-terriers, au moins une vingtaine.

وكان هناك أيضًا كلاب فوكس تيرير، وكان عددها عشرين على الأقل.

Ces terriers aboyaient férocement sur Toots et Ysabel à l'intérieur.

نبح هؤلاء الكلاب بشدة على توتس وإيزابيل في الداخل.

Toots et Ysabel sont restés derrière les fenêtres, à l'abri du danger.

بقيت توتس وإيزابيل خلف النوافذ، في مأمن من الأذى.

Ils étaient gardés par des domestiques munies de balais et de serpillères.

وكانوا تحت حراسة الخادمات بالمكانس والمماسح.

Mais Buck n'était pas un chien de maison, et il n'était pas non plus un chien de chenil.

لكن باك لم يكن كلبًا منزليًا، ولم يكن كلبًا بيتيًا أيضًا.

L'ensemble de la propriété appartenait à Buck comme son royaume légitime.

كانت الممتلكات بأكملها مملوكة لباك باعتبارها مملكته الشرعية.

Buck nageait dans le réservoir ou partait à la chasse avec les fils du juge.

كان الغزال يسبح في الخزان أو يذهب للصيد مع أبناء القاضي.

Il marchait avec Mollie et Alice tôt ou tard le soir.

كان يمشي مع مولي وأليس في الساعات الأولى أو المتأخرة.

Lors des nuits froides, il s'allongeait devant le feu de la bibliothèque avec le juge.

وفي الليالي الباردة كان يرقد أمام نار المكتبة مع القاضي.

Buck a promené les petits-fils du juge sur son dos robuste.

قام باك بنقل أحفاد القاضي على ظهره القوي.

Il roula dans l'herbe avec les garçons, les surveillant de près.

كان يتدحرج في العشب مع الأولاد، ويحرسهم عن كثب.

Ils s'aventurèrent jusqu'à la fontaine et même au-delà des champs de baies.

لقد ذهبوا إلى النافورة وحتى حقول التوت.

Parmi les fox terriers, Buck marchait toujours avec une fierté royale.

بين كلاب فوكس تيرير، كان باك يمشي بفخر ملكي دائمًا.

Il ignora Toots et Ysabel, les traitant comme s'ils étaient de l'air.

لقد تجاهل توتس وإيزابيل، وعاملهما كما لو كانا هواءً.

Buck régnait sur toutes les créatures vivantes sur les terres du juge Miller.

كان باك يحكم كل الكائنات الحية على أرض القاضي ميلر.

Il régnait sur les animaux, les insectes, les oiseaux et même les humains.

لقد حكم الحيوانات والحشرات والطيور وحتى البشر.

Le père de Buck, Elmo, était un énorme et fidèle Saint-Bernard.

كان والد باك إلمو كلبًا كبيرًا من نوع سانت برنارد ومخلصًا.

Elmo n'a jamais quitté le juge et l'a servi fidèlement.

لم يترك إلمو جانب القاضي أبدًا، وخدمه بإخلاص.

Buck semblait prêt à suivre le noble exemple de son père.

وبدا باك مستعدًا لاتباع مثال والده النبيل.

Buck n'était pas aussi gros, pesant cent quarante livres.

لم يكن باك كبيرًا تمامًا، إذ كان وزنه مائة وأربعين رطلاً.

Sa mère, Shep, était un excellent chien de berger écossais.

كانت والدته، شيب، كلبة راعية اسكتلندية رائعة.

Mais même avec ce poids, Buck marchait avec une présence royale.

ولكن حتى مع هذا الوزن، كان باك يمشي بحضور ملكي.

Cela venait de la bonne nourriture et du respect qu'il recevait toujours.

جاء هذا من خلال الطعام الجيد والاحترام الذي كان يحظى به دائمًا.

Pendant quatre ans, Buck a vécu comme un noble gâté.

لقد عاش باك لمدة أربع سنوات مثل النبيل المدلل.

Il était fier de lui, et même légèrement égoïste.

لقد كان فخوراً بنفسه، وحتى أنانياً بعض الشيء.

Ce genre de fierté était courant chez les seigneurs des régions reculées.

كان هذا النوع من الفخر شائعًا بين أمراء المناطق النائية.

Mais Buck s'est sauvé de devenir un chien de maison choyé.

لكن باك أنقذ نفسه من أن يصبح كلبًا مدللًا في المنزل.

Il est resté mince et fort grâce à la chasse et à l'exercice.

لقد ظل نحيفًا وقويًا من خلال الصيد وممارسة الرياضة.

Il aimait profondément l'eau, comme les gens qui se baignent dans les lacs froids.

كان يحب الماء بشدة، مثل الأشخاص الذين يستحمون في البحيرات الباردة.

Cet amour pour l'eau a gardé Buck fort et en très bonne santé.

لقد ساعد هذا الحب للماء باك على البقاء قويًا وصحيًا للغاية.

C'était le chien que Buck était devenu à l'automne 1897.

كان هذا هو الكلب الذي أصبح عليه باك في خريف عام 1897-

Lorsque la découverte du Klondike a attiré des hommes vers le Nord gelé.

عندما دفعت ضربة كلوندايك الرجال إلى الشمال المتجمد.

Des gens du monde entier se sont précipités vers ce pays froid.

هرع الناس من جميع أنحاء العالم إلى الأرض الباردة.

Buck, cependant, ne lisait pas les journaux et ne comprenait pas les nouvelles.

لكن باك لم يقرأ الصحف ولم يفهم الأخبار-

Il ne savait pas que Manuel était un homme désagréable à fréquenter.

لم يكن يعلم أن مانويل رجل سيء للتعامل معه.

Manuel, qui aidait au jardin, avait un problème grave.

مانويل، الذي كان يساعد في الحديقة، كان يعاني من مشكلة عميقة.

Manuel était accro aux jeux de loterie chinois.

كان مانويل مدمنًا على القمار في اليانصيب الصيني-

Il croyait également fermement en un système fixe pour gagner.

وكان يؤمن أيضًا بشدة بوجود نظام ثابت للفوز-

Cette croyance rendait son échec certain et inévitable.

وهذا الاعتقاد جعل فشله مؤكدا ولا مفر منه.

Jouer un système exige de l'argent, ce qui manquait à Manuel.

يتطلب اللعب بنظام ما المال، وهو ما كان يفتقر إليه مانويل-

Son salaire suffisait à peine à subvenir aux besoins de sa femme et de ses nombreux enfants.

كان راتبه بالكاد يكفي زوجته وأطفاله الكثيرين-

La nuit où Manuel a trahi Buck, les choses étaient normales.

في الليلة التي خان فيها مانويل باك، كانت الأمور طبيعية.

Le juge était présent à une réunion de l'Association des producteurs de raisins secs.

وكان القاضي حاضرا في اجتماع جمعية مزارعي الزبيب-

Les fils du juge étaient alors occupés à former un club d'athlétisme.

وكان أبناء القاضي منشغلين آنذاك بتأسيس نادي رياضي.

Personne n'a vu Manuel et Buck sortir par le verger.

لم يشاهد أحد مانويل وبوك يغادران البستان.

Buck pensait que cette promenade n'était qu'une simple
promenade nocturne.

اعتقد باك أن هذه الرحلة كانت مجرد نزهة ليلية بسيطة.

Ils n'ont rencontré qu'un seul homme à la station du
drapeau, à College Park.

لقد التقوا برجل واحد فقط في محطة العلم، في كوليدج بارك.

Cet homme a parlé à Manuel et ils ont échangé de l'argent.

وتحدث ذلك الرجل مع مانويل، وتبادلا الأموال.

« Emballez les marchandises avant de les livrer », a-t-il
suggéré.

قم بتغليف البضائع قبل تسليمها"، اقترح."

La voix de l'homme était rauque et impatiente lorsqu'il
parlait.

كان صوت الرجل خشنًا وغير صبور أثناء حديثه.

Manuel a soigneusement attaché une corde épaisse autour
du cou de Buck.

قام مانويل بربط حبل سميك حول رقبة باك بعناية.

« Tournez la corde et vous l'étoufferez abondamment »

"لف الحبل، وسوف تخنقه كثيرًا"

L'étranger émit un grognement, montrant qu'il comprenait
bien.

أطلق الغريب أنينًا، مما يدل على أنه فهم جيدًا.

Buck a accepté la corde avec calme et dignité tranquille ce
jour-là.

لقد تقبل باك الحبل بهدوء وكرامة في ذلك اليوم.

C'était un acte inhabituel, mais Buck faisait confiance aux
hommes qu'il connaissait.

لقد كان هذا تصرفًا غير عادي، لكن باك كان يثق بالرجال الذين يعرفهم.

Il croyait que leur sagesse allait bien au-delà de sa propre
pensée.

كان يعتقد أن حكمتهم كانت أبعد بكثير من تفكيره.

Mais ensuite la corde fut remise entre les mains de
l'étranger.

ولكن بعد ذلك تم تسليم الحبل إلى يد الغريب.

Buck émit un grognement sourd qui avertissait avec une menace silencieuse.

أطلق باك هديرًا منخفضًا حذر من خلال التهديد الهادئ.

Il était fier et autoritaire, et voulait montrer son mécontentement.

لقد كان فخوراً ومتسلطاً، وكان ينوي أن يُظهر استياءه.

Buck pensait que son avertissement serait compris comme un ordre.

اعتقد باك أن تحذيره سوف يُفهم على أنه أمر.

À sa grande surprise, la corde se resserra rapidement autour de son cou épais.

لقد صدم عندما شدّ الحبل بسرعة حول رقبته السميكة.

Son air fut coupé et il commença à se battre dans une rage soudaine.

انقطع عنه الهواء وبدأ بالقتال في غضب مفاجئ.

Il s'est jeté sur l'homme, qui a rapidement rencontré Buck en plein vol.

اندفع نحو الرجل، الذي التقى بباك بسرعة في الهواء.

L'homme attrapa Buck par la gorge et le fit habilement tourner dans les airs.

أمسك الرجل بحلق باك وقام بلفه في الهواء بمهارة.

Buck a été violemment projeté au sol, atterrissant à plat sur le dos.

تم إلقاء باك بقوة، وهبط على ظهره.

La corde l'étranglait alors cruellement tandis qu'il donnait des coups de pied sauvages.

الآن خنقه الحبل بقسوة بينما كان يركل بعنف.

Sa langue tomba, sa poitrine se souleva, mais il ne reprit pas son souffle.

سقط لسانه، وارتفع صدره، لكنه لم يلتقط أنفاسه.

Il n'avait jamais été traité avec une telle violence de sa vie.

لم يتم التعامل معه بمثل هذا العنف في حياته.

Il n'avait jamais été rempli d'une fureur aussi profonde auparavant.

ولم يسبق له أن امتلأ بمثل هذا الغضب العميق من قبل.

Mais le pouvoir de Buck s'est estompé et ses yeux sont devenus vitreux.

لكن قوة باك تلاشت، وتحولت عيناه إلى زجاجيتين.

Il s'est évanoui juste au moment où un train s'arrêtait à proximité.

لقد أغمي عليه عندما تم إيقاف القطار بالقرب منه.

Les deux hommes le jetèrent alors rapidement dans le fourgon à bagages.

ثم ألقاه الرجلان بسرعة في عربة الأمتعة.

La chose suivante que Buck ressentit fut une douleur dans sa langue enflée.

الشيء التالي الذي شعر به باك هو الألم في لسانه المتورم.

Il se déplaçait dans un chariot tremblant, à peine conscient.

كان يتحرك في عربة تهتز، ولم يكن واعيًا إلا بشكل خافت.

Le cri aigu d'un sifflet de train indiqua à Buck où il se trouvait.

أخبر صراخ صافرة القطار الحاد باك بمكانه.

Il avait souvent roulé avec le juge et connaissait ce sentiment.

لقد ركب مع القاضي عدة مرات وكان يعرف هذا الشعور.

C'était le choc unique de voyager à nouveau dans un fourgon à bagages.

لقد كانت الصدمة الفريدة من نوعها هي السفر في عربة الأمتعة مرة أخرى.

Buck ouvrit les yeux et son regard brûla de rage.

فتح باك عينيه، وكانت نظراته مليئة بالغضب.

C'était la colère d'un roi fier déchu de son trône.

كان هذا غضب الملك الفخور الذي تم نزعه عن عرشه.

Un homme a tenté de l'attraper, mais Buck a frappé en premier.

حاول رجل أن يمسك به، لكن باك ضربه أولاً بدلاً من ذلك.

Il enfonça ses dents dans la main de l'homme et la serra fermement.

غرس أسنانه في يد الرجل وأمسك بها بقوة.

Il ne l'a pas lâché jusqu'à ce qu'il s'évanouisse une deuxième fois.

لم يتركه حتى فقد وعيه للمرة الثانية.

« Ouais, il a des crises », murmura l'homme au bagagiste.

نعم، يصاب بنوبات"، تمتم الرجل لحامل الأمتعة."

Le bagagiste avait entendu la lutte et s'était approché.

سمع حامل الأمتعة الصراع وجاء بالقرب.

« Je l'emmène à Frisco pour le patron », a expliqué l'homme.

سآخذه إلى فريسكو من أجل الرئيس"، أوضح الرجل.

« Il y a un excellent vétérinaire qui dit pouvoir les guérir. »

"يوجد طبيب كلاب جيد هناك يقول أنه يستطيع علاجهم."

Plus tard dans la soirée, l'homme a donné son propre récit complet.

وفي وقت لاحق من تلك الليلة، قدم الرجل روايته الكاملة.

Il parlait depuis un hangar derrière un saloon sur les quais.

كان يتحدث من سقيفة خلف صالون على الأرصفة.

« Tout ce qu'on m'a donné, c'était cinquante dollars », se plaignit-il au vendeur du saloon.

كل ما أعطوني هو خمسون دولارًا"، اشتكى إلى صاحب الصالون.

« Je ne le referais pas, même pour mille dollars en espèces. »

"لن أفعل ذلك مرة أخرى، حتى ولو مقابل ألف نقدًا."

Sa main droite était étroitement enveloppée dans un tissu ensanglanté.

كانت يده اليمنى ملفوفة بإحكام بقطعة قماش ملطخة بالدماء.

Son pantalon était déchiré du genou au pied.

كانت ساق بنطاله ممزقة على نطاق واسع من الركبة إلى القدم.

« Combien a été payé l'autre idiot ? » demanda le vendeur du saloon.

كم حصل صاحب الصالون على أجر؟ "سأل صاحب الصالون."

« Cent », répondit l'homme, « il n'accepterait pas un centime de moins. »

مائة"، أجاب الرجل، "لن يقبل بسنتين أقل".

« Cela fait cent cinquante », dit le vendeur du saloon.

هذا يعادل مائة وخمسين"، قال صاحب الصالون.

« Et il vaut tout ça, sinon je ne suis pas meilleur qu'un imbécile. »

"وهو يستحق كل هذا العناء، وإلا فلن أكون أفضل من أحمق."

L'homme ouvrit les emballages pour examiner sa main.

فتح الرجل الغلافات لفحص يده.

La main était gravement déchirée et couverte de sang séché.

كانت اليد ممزقة بشدة ومغطاة بالدماء الجافة.

« Si je n'ai pas l' hydrophobie… » commença-t-il à dire.

إذا لم أحصل على رهاب الماء ... "بدأ يقول-"

« Ce sera parce que tu es né pour être pendu », dit-il en riant.

سيكون ذلك لأنك ولدت لتشنق"، جاء ضحك."

« Viens m'aider avant de partir », lui a-t-on demandé.

تعال ساعدني قبل أن تذهب"، طلب منه."

Buck était dans un état second à cause de la douleur dans sa langue et sa gorge.

كان باك في حالة ذهول من الألم في لسانه وحلقه.

Il était à moitié étranglé et pouvait à peine se tenir debout.

لقد كان مخنوقًا جزئيًا، وبالكاد كان قادرًا على الوقوف منتصبًا.

Pourtant, Buck essayait de faire face aux hommes qui l'avaient blessé ainsi.

ومع ذلك، حاول باك مواجهة الرجال الذين أذوه كثيرًا.

Mais ils le jetèrent à terre et l'étranglèrent une fois de plus.

لكنهم ألقوه أرضًا وخنقوه مرة أخرى-

Ce n'est qu'à ce moment-là qu'ils ont pu scier son lourd collier de laiton.

حينها فقط استطاعوا أن يخلعوا طوقه النحاسي الثقيل-

Ils ont retiré la corde et l'ont poussé dans une caisse.

قاموا بإزالة الحبل ووضعوه في صندوق-

La caisse était petite et avait la forme d'une cage en fer brut.

كان الصندوق صغيرًا وشكله يشبه قفصًا حديديًا خشنًا.

Buck resta allongé là toute la nuit, rempli de colère et d'orgueil blessé.

ظل باك ملقى هناك طوال الليل، ممتلئًا بالغضب والكبرياء الجريح-

Il ne pouvait pas commencer à comprendre ce qui lui arrivait.

لم يكن يستطيع أن يفهم ما كان يحدث له-

Pourquoi ces hommes étranges le gardaient-ils dans cette petite caisse ?

لماذا كان هؤلاء الرجال الغريبون يحتجزونه في هذا الصندوق الصغير؟

Que voulaient-ils de lui et pourquoi cette cruelle captivité ?

ماذا يريدون منه ولماذا هذا الأسر القاسي؟

Il ressentait une pression sombre, un sentiment de catastrophe qui se rapprochait.

لقد شعر بضغط مظلم، وإحساس بالكارثة تقترب-

C'était une peur vague, mais elle pesait lourdement sur son esprit.

لقد كان خوفًا غامضًا، لكنه استقر بشكل كبير على روحه.

Il a sursauté à plusieurs reprises lorsque la porte du hangar a claqué.

قفز عدة مرات عندما اهتز باب السقيفة.

Il s'attendait à ce que le juge ou les garçons apparaissent et le sauvent.

كان يتوقع أن يظهر القاضي أو الأولاد وينقذوه.

Mais à chaque fois, seul le gros visage du tenancier de bar apparaissait à l'intérieur.

لكن في كل مرة كان وجه صاحب الصالون السمين فقط هو الذي يظهر إلى الداخل.

Le visage de l'homme était éclairé par la faible lueur d'une bougie de suif.

كان وجه الرجل مضاءً بضوء خافت من شمعة الشحم.

À chaque fois, l'aboiement joyeux de Buck se transformait en un grognement bas et colérique.

في كل مرة، كان نباح باك المبهج يتغير إلى هدير منخفض وغاضب.

Le tenancier du saloon l'a laissé seul pour la nuit dans la caisse

تركه صاحب الصالون بمفرده طوال الليل في الصندوق

Mais quand il se réveilla le matin, d'autres hommes arrivèrent.

ولكن عندما استيقظ في الصباح كان هناك المزيد من الرجال قادمين.

Quatre hommes sont venus et ont ramassé la caisse avec précaution, sans un mot.

جاء أربعة رجال وأخذوا الصندوق بحذر دون أن يقولوا كلمة.

Buck comprit immédiatement dans quelle situation il se trouvait.

أدرك باك على الفور الوضع الذي وجد نفسه فيه.

Ils étaient d'autres bourreaux qu'il devait combattre et craindre.

وكانوا معذبين آخرين كان عليه أن يقاتلهم ويخاف منهم.

Ces hommes avaient l'air méchants, en haillons et très mal soignés.

بدا هؤلاء الرجال أشرارًا، رثِّين، ومهندمين للغاية.

Buck grogna et se jeta férocement sur eux à travers les barreaux.

هدر باك وانقض عليهم بشراسة عبر القضبان.

Ils se sont contentés de rire et de le frapper avec de longs bâtons en bois.

لقد ضحكوا فقط وضربوه بالعصي الخشبية الطويلة.

Buck a mordu les bâtons, puis s'est rendu compte que c'était ce qu'ils aimaient.

عض باك العصي، ثم أدرك أن هذا هو ما يحبونه.

Il s'allongea donc tranquillement, maussade et brûlant d'une rage silencieuse.

لذلك استلقى بهدوء، متجهمًا ومشتعلًا بالغضب الهادئ.

Ils ont soulevé la caisse dans un chariot et sont partis avec lui.

رفعوا الصندوق إلى عربة وسافروا به.

La caisse, avec Buck enfermé à l'intérieur, changeait souvent de mains.

كان الصندوق، الذي كان باك محبوسًا بداخله، يتغير من يد إلى أخرى كثيرًا.

Les employés du bureau express ont pris les choses en main et l'ont traité brièvement.

تولى موظفو مكتب البريد السريع المسؤولية وتعاملوا معه لفترة وجيزة.

Puis un autre chariot transporta Buck à travers la ville bruyante.

ثم حملت عربة أخرى باك عبر المدينة الصاخبة.

Un camion l'a emmené avec des cartons et des colis sur un ferry.

أخذته شاحنة مع الصناديق والطرود إلى عبارة.

Après la traversée, le camion l'a déchargé dans un dépôt ferroviaire.

بعد العبور، أنزلته الشاحنة في مستودع للسكك الحديدية.

Finalement, Buck fut placé dans une voiture express en attente.

وأخيرًا، تم وضع باك داخل سيارة سريعة كانت في انتظاره.

Pendant deux jours et deux nuits, les trains ont emporté la voiture express.

لمدة يومين وليلتين، سحبت القطارات عربة القطار بعيدًا.

Buck n'a ni mangé ni bu pendant tout le douloureux voyage.

لم يأكل باك ولم يشرب طيلة الرحلة المؤلمة.

Lorsque les messagers express ont essayé de l'approcher, il a grogné.

وعندما حاول الرسل الوصول إليه، أطلق صوتا غاضبا.

Ils ont réagi en se moquant de lui et en le taquinant cruellement.

فاستجابوا له بالسخرية والاستهزاء الشديد.

Buck se jeta sur les barreaux, écumant et tremblant

ألقى باك نفسه على القضبان، وهو يرغي ويرتجف

ils ont ri bruyamment et l'ont raillé comme des brutes de cour d'école.

لقد ضحكوا بصوت عالي، وسخروا منه مثل المتنمرين في ساحة المدرسة.

Ils aboyaient comme de faux chiens et battaient des bras.

لقد نبحوا مثل الكلاب المزيفة ولوحوا بأذرعهم.

Ils ont même chanté comme des coqs juste pour le contrarier davantage.

حتى أنهم صاحوا مثل الديكة فقط لإزعاجه أكثر.

C'était un comportement stupide, et Buck savait que c'était ridicule.

لقد كان هذا سلوكًا أحمقًا، وكان باك يعلم أنه سخيف.

Mais cela n'a fait qu'approfondir son sentiment d'indignation et de honte.

ولكن هذا فقط زاد من شعوره بالغضب والعار.

Il n'a pas été trop dérangé par la faim pendant le voyage.

لم يزعجه الجوع كثيرًا أثناء الرحلة.

Mais la soif provoquait une douleur aiguë et une souffrance insupportable.

لكن العطش جلب الألم الحاد والمعاناة التي لا تطاق.

Sa gorge sèche et enflammée et sa langue brûlaient de chaleur.

كان حلقه ولسانه الجافان الملتهبان يحترقان من الحرارة.

Cette douleur alimentait la fièvre qui montait dans son corps fier.

لقد أدى هذا الألم إلى تغذية الحمى المتصاعدة داخل جسده الفخور.

Buck était reconnaissant pour une seule chose au cours de ce procès.

كان باك شاكراً لشيء واحد فقط خلال هذه المحنة.

La corde avait été retirée de son cou épais.

لقد تم إزالة الحبل من حول رقبته السميكة.

La corde avait donné à ces hommes un avantage injuste et cruel.

لقد أعطى الحبل لهؤلاء الرجال ميزة غير عادلة وقاسية.

Maintenant, la corde avait disparu et Buck jura qu'elle ne reviendrait jamais.

والآن ذهب الحبل، وأقسم باك أنه لن يعود أبدًا.

Il a décidé qu'aucune corde ne passerait plus jamais autour de son cou.

لقد قرر أن لا يلف الحبل حول رقبته مرة أخرى.

Pendant deux longs jours et deux longues nuits, il souffrit sans nourriture.

لمدة يومين وليلتين طويلتين، عانى من عدم تناول الطعام.

Et pendant ces heures, il a développé une énorme rage en lui.

وفي تلك الساعات، تراكم غضب هائل في داخله.

Ses yeux sont devenus injectés de sang et sauvages à cause d'une colère constante.

تحولت عيناه إلى اللون الأحمر والأحمر بسبب الغضب المستمر.

Il n'était plus Buck, mais un démon aux mâchoires claquantes.

لم يعد باك، بل أصبح شيطانًا ذو فكين متقطعين.

Même le juge n'aurait pas reconnu cette créature folle.

حتى القاضي لن يعرف هذا المخلوق المجنون.

Les messagers express ont soupiré de soulagement lorsqu'ils ont atteint Seattle

تنهد الرسل السريعون بارتياح عندما وصلوا إلى سياتل

Quatre hommes ont soulevé la caisse et l'ont amenée dans une cour arrière.

قام أربعة رجال برفع الصندوق وحملوه إلى الفناء الخلفي.

La cour était petite, entourée de murs hauts et solides.

كانت الساحة صغيرة، محاطة بأسوار عالية ومتينة.

Un grand homme sortit, vêtu d'un pull rouge affaissé.

خرج رجل كبير يرتدي قميصًا أحمر مترهلًا.

Il a signé le carnet de livraison d'une écriture épaisse et audacieuse.

وقّع على دفتر التسليم بخط سميك وجريء.

Buck sentit immédiatement que cet homme était son prochain bourreau.

أحس باك على الفور أن هذا الرجل سيكون معذبه التالي.

Il se jeta violemment sur les barreaux, les yeux rouges de fureur.

انقض بعنف على القضبان، وكانت عيناه حمراء من الغضب.

L'homme sourit simplement sombrement et alla chercher une hachette.

ابتسم الرجل ابتسامة سوداء وذهب ليحضر فأسًا.

Il portait également une massue dans sa main droite épaisse et forte.

كما أحضر معه هراوة في يده اليمنى السميكة والقوية.

« Tu vas le sortir maintenant ? » demanda le chauffeur, inquiet.

هل ستخرج به الآن؟ "سأل السائق بقلق."

« Bien sûr », dit l'homme en enfonçant la hachette dans la caisse comme levier.

بالتأكيد، "قال الرجل وهو يدفع الفأس في الصندوق كرافعة."

Les quatre hommes se dispersèrent instantanément et sautèrent sur le mur de la cour.

تفرق الرجال الأربعة على الفور، وقفزوا على جدار الفناء.

Depuis leurs endroits sûrs, ils attendaient d'assister au spectacle.

ومن أماكنهم الآمنة في الأعلى، انتظروا لمشاهدة هذا المنظر.

Buck se jeta sur le bois éclaté, le mordant et le secouant violemment.

انقض باك على الخشب المكسور، يعض ويهتز بشدة.

Chaque fois que la hachette touchait la cage, Buck était là pour l'attaquer.

في كل مرة ضربت فيها الفأس القفص، كان باك هناك لمهاجمته.

Il grogna et claqua des dents avec une rage folle, impatient d'être libéré.

لقد هدّر وأطلق العنان لغضبه الشديد، راغبًا في التحرر.

L'homme dehors était calme et stable, concentré sur sa tâche.

كان الرجل بالخارج هادئًا وثابتًا، يركز على مهمته.

« Bon, alors, espèce de diable aux yeux rouges », dit-il lorsque le trou fut grand.

حسئًا، أيها الشيطان ذو العيون الحمراء"، قال ذلك عندما أصبح الثقب " كبيرًا.

Il laissa tomber la hachette et prit le gourdin dans sa main droite.

ألقى الفأس وأخذ النادي بيده اليمنى.

Buck ressemblait vraiment à un diable ; les yeux injectés de sang et flamboyants.

لقد بدا باك حقا مثل الشيطان؛ عيناه حمراء ومشتعلة.

Son pelage se hérissait, de la mousse s'échappait de sa bouche, ses yeux brillaient.

كان معطفه منتفخًا، وكانت الرغوة تزبد على فمه، وكانت عيناه تلمعان.

Il rassembla ses muscles et se jeta directement sur le pull rouge.

لقد جمع عضلاته وقفز مباشرة نحو السترة الحمراء.

Cent quarante livres de fureur s'abattèrent sur l'homme calme.

مائة وأربعون رطلاً من الغضب طارت نحو الرجل الهادئ.

Juste avant que ses mâchoires ne se referment, un coup terrible le frappa.

قبل أن يغلق فكيه، ضربته ضربة رهيبة.

Ses dents claquèrent l'une contre l'autre, rien d'autre que l'air

اصطدمت أسنانه ببعضها البعض على الهواء فقط

une secousse de douleur résonna dans son corps

تردد صدى الألم في جسده

Il a fait un saut périlleux en plein vol et s'est écrasé sur le dos et sur le côté.

انقلب في الهواء وسقط على ظهره وجانبه.

Il n'avait jamais ressenti auparavant le coup d'un gourdin et ne pouvait pas le saisir.

لم يسبق له أن شعر بضربة مضرب ولم يستطع استيعابها.

Avec un grognement strident, mi-aboiement, mi-cri, il bondit à nouveau.

مع صرخة قوية، جزء منها نباح، وجزء منها صراخ، قفز مرة أخرى.

Un autre coup brutal le frappa et le projeta au sol.

ضربة وحشية أخرى أصابته وألقته على الأرض.

Cette fois, Buck comprit : c'était la lourde massue de l'homme.

هذه المرة فهم باك ـ كانت هذه هي الهراوة الثقيلة التي يحملها الرجل.

Mais la rage l'aveuglait, et il n'avait aucune idée de retraite.

لكن الغضب أعماه، ولم يفكر في التراجع.

Douze fois il s'est lancé et douze fois il est tombé.

لقد ألقى بنفسه اثنتي عشرة مرة، وسقط اثنتي عشرة مرة.

Le gourdin en bois le frappait à chaque fois avec une force impitoyable et écrasante.

كانت الهراوة الخشبية تضربه في كل مرة بقوة ساحقة لا هوادة فيها.

Après un coup violent, il se releva en titubant, étourdi et lent.

وبعد ضربة عنيفة واحدة، تعثر على قدميه، مذهولاً وبطيئًا.

Du sang coulait de sa bouche, de son nez et même de ses oreilles.

كان الدم يسيل من فمه، ومن أنفه، وحتى من أذنيه.

Son pelage autrefois magnifique était maculé de mousse sanglante.

كان معطفه الجميل في السابق ملطخًا برغوة دموية.

Alors l'homme s'est avancé et a donné un coup violent au nez.

ثم تقدم الرجل وضرب ضربة شريرة على الأنف.

L'agonie était plus vive que tout ce que Buck avait jamais ressenti.

كان الألم أشد من أي شيء شعر به باك على الإطلاق.

Avec un rugissement plus bête que chien, il bondit à nouveau pour attaquer.

مع زئير أكثر وحشية من الكلب، قفز مرة أخرى للهجوم.

Mais l'homme attrapa sa mâchoire inférieure et la tourna vers l'arrière.

لكن الرجل أمسك بفكه السفلي وأداره إلى الخلف.

Buck fit un saut périlleux et s'écrasa à nouveau violemment.

انقلب باك على رأسه فوق الكعب، وسقط بقوة مرة أخرى.

Une dernière fois, Buck se précipita sur lui, maintenant à peine capable de se tenir debout.

في المرة الأخيرة، انقض عليه باك، وهو الآن بالكاد قادر على الوقوف.

L'homme a frappé avec un timing expert, délivrant le coup final.

لقد ضرب الرجل بمهارة عالية، ووجه الضربة النهائية.

Buck s'est effondré, inconscient et immobile.

انهار باك في كومة، فاقدًا للوعي وغير قادر على الحركة.

« Il n'est pas mauvais pour dresser les chiens, c'est ce que je dis », a crié un homme.

"إنه ليس سيئًا في تدريب الكلاب، هذا ما أقوله"، صرخ أحد الرجال.

« Druther peut briser la volonté d'un chien n'importe quel jour de la semaine. »

"يستطيع درثر أن يكسر إرادة كلب الصيد في أي يوم من أيام الأسبوع."

« Et deux fois un dimanche ! » a ajouté le chauffeur.

ومرتين يوم الأحد "أضاف السائق."

Il monta dans le chariot et fit claquer les rênes pour partir.

صعد إلى العربة وفتح اللجام ليغادر.

Buck a lentement repris le contrôle de sa conscience

استعاد باك السيطرة على وعيه ببطء

mais son corps était encore trop faible et brisé pour bouger.

لكن جسده كان لا يزال ضعيفًا جدًا ومكسورًا لدرجة أنه لم يتمكن من الحركة.

Il resta allongé là où il était tombé, regardant l'homme au pull rouge.

كان مستلقيا حيث سقط، وهو يراقب الرجل ذو السترة الحمراء.

« Il répond au nom de Buck », dit l'homme en lisant à haute voix.

"إنه يجيب على اسم باك"، قال الرجل وهو يقرأ بصوت عالٍ."

Il a cité la note envoyée avec la caisse de Buck et les détails.

واقتبس من المذكرة المرسلة مع صندوق باك والتفاصيل.

« Eh bien, Buck, mon garçon », continua l'homme d'un ton amical,

حسنًا، باك، يا بني، "تابع الرجل بنبرة ودية"

« Nous avons eu notre petite dispute, et maintenant c'est fini entre nous. »

"لقد كان لدينا قتالنا الصغير، والآن انتهى الأمر بيننا."

« Tu as appris à connaître ta place, et j'ai appris à connaître la mienne », a-t-il ajouté.

لقد تعلمت مكانك، وتعلمت مكاني"، أضاف."

« Sois sage, tout ira bien et la vie sera agréable. »

"كن جيدًا، وسوف يكون كل شيء على ما يرام، وستكون الحياة ممتعة."

« Mais sois méchant, et je te botterai les fesses, compris ? »

"لكن كن سيئًا، وسأضربك حتى الموت، هل فهمت؟"

Tandis qu'il parlait, il tendit la main et tapota la tête douloureuse de Buck.

وبينما كان يتحدث، مد يده وربّت على رأس باك المؤلم.

Les cheveux de Buck se dressèrent au contact de l'homme, mais il ne résista pas.

ارتفع شعر باك عند لمسة الرجل، لكنه لم يقاوم.

L'homme lui apporta de l'eau, que Buck but à grandes gorgées.

أحضر الرجل له الماء، فشربه باك في دفعات كبيرة.

Puis vint la viande crue, que Buck dévora morceau par morceau.

ثم جاء اللحم النيء، الذي التهمه باك قطعة قطعة.

Il savait qu'il était battu, mais il savait aussi qu'il n'était pas brisé.

لقد عرف أنه تعرض للضرب، لكنه عرف أيضًا أنه لم ينكسر.

Il n'avait aucune chance contre un homme armé d'une matraque.

لم تكن لديه أي فرصة ضد رجل مسلح بهراوة.

Il avait appris la vérité et il n'a jamais oublié cette leçon.

لقد تعلم الحقيقة، ولم ينس هذا الدرس أبدًا.

Cette arme était le début de la loi dans le nouveau monde de Buck.

كان هذا السلاح بمثابة بداية القانون في عالم باك الجديد.

C'était le début d'un ordre dur et primitif qu'il ne pouvait nier.

لقد كانت بداية نظام قاسٍ وبدائي لا يستطيع إنكاره.

Il accepta la vérité ; ses instincts sauvages étaient désormais éveillés.

لقد تقبل الحقيقة، وأصبحت غرائزه الجامحة مستيقظة الآن.

Le monde était devenu plus dur, mais Buck l'a affronté avec courage.

لقد أصبح العالم أكثر قسوة، لكن باك واجهه بشجاعة.

Il a affronté la vie avec une prudence, une ruse et une force tranquille nouvelles.

لقد واجه الحياة بحذر جديد، ومكر، وقوة هادئة.

D'autres chiens sont arrivés, attachés dans des cordes ou des caisses comme Buck l'avait été.

وصل المزيد من الكلاب، مربوطة بالحبال أو الصناديق مثلما كان باك.

Certains chiens sont venus calmement, d'autres ont fait rage et se sont battus comme des bêtes sauvages.

بعض الكلاب جاءت بهدوء، والبعض الآخر ثار وقاتل مثل الوحوش البرية.

Ils furent tous soumis au règne de l'homme au pull rouge.

لقد أصبحوا جميعهم تحت حكم الرجل ذو السترة الحمراء.

À chaque fois, Buck regardait et voyait la même leçon se dérouler.

في كل مرة، كان باك يراقب ويرى نفس الدرس يتكشف.

L'homme avec la massue était la loi, un maître à obéir.

كان الرجل الذي يحمل النادي هو القانون، وهو سيد يجب طاعته.

Il n'avait pas besoin d'être aimé, mais il fallait qu'on lui obéisse.

لم يكن بحاجة إلى أن يكون محبوبًا، لكن كان لا بد من طاعته.

Buck ne s'est jamais montré flatteur ni n'a remué la queue comme le faisaient les chiens plus faibles.

لم يتملق باك أو يهز جسده أبدًا كما تفعل الكلاب الأضعف.

Il a vu des chiens qui avaient été battus et qui continuaient à lécher la main de l'homme.

فرأى الكلاب مضروبة ولا تزال تلعق يد الرجل.

Il a vu un chien qui refusait d'obéir ou de se soumettre du tout.

لقد رأى كلبًا واحدًا لا يطيع ولا يخضع على الإطلاق.

Ce chien s'est battu jusqu'à ce qu'il soit tué dans la bataille pour le contrôle.

لقد حارب هذا الكلب حتى قُتل في معركة السيطرة.

Des étrangers venaient parfois voir l'homme au pull rouge.

في بعض الأحيان كان يأتي الغرباء لرؤية الرجل ذو السترة الحمراء.

Ils parlaient sur un ton étrange, suppliant, marchandant et riant.

لقد تحدثوا بنبرة غريبة، متوسلين، ومساومين، وضاحكين.

Lors de l'échange d'argent, ils partaient avec un ou plusieurs chiens.

وعندما تم تبادل الأموال، غادروا مع كلب واحد أو أكثر.

Buck se demandait où étaient passés ces chiens, car aucun n'était jamais revenu.

وتساءل باك عن المكان الذي ذهبت إليه هذه الكلاب، لأنه لم يعد أي منها أبدًا.

la peur de l'inconnu envahissait Buck chaque fois qu'un homme étrange venait

كان الخوف من المجهول يملأ باك في كل مرة يأتي فيها رجل غريب

il était content à chaque fois qu'un autre chien était pris, plutôt que lui-même.

كان سعيدًا في كل مرة يتم فيها أخذ كلب آخر، بدلاً من نفسه.

Mais finalement, le tour de Buck arriva avec l'arrivée d'un homme étrange.

ولكن في النهاية جاء دور باك مع وصول رجل غريب.

Il était petit, nerveux, parlait un anglais approximatif et jurait.

كان قصيرًا، نحيلًا، ويتحدث الإنجليزية المكسورة ويلعن.

« Sacré-Dam ! » hurla-t-il en posant les yeux sur le corps de Buck.

يا إلهي "إصرخ عندما رأى جسد باك."

« C'est un sacré chien tyrannique ! Hein ? Combien ? » demanda-t-il à voix haute.

يا له من كلبٍ شرس إهاه؟ كم ثمنه؟ "سأل بصوتٍ عالٍ."

« Trois cents, et c'est un cadeau à ce prix-là. »

"ثلاثمائة، وهو هدية بهذا السعر"

« Puisque c'est de l'argent du gouvernement, tu ne devrais pas te plaindre, Perrault. »

"بما أن هذه أموال حكومية، فلا ينبغي لك أن تشتكي، بيرولت."

Perrault sourit à l'idée de l'accord qu'il venait de conclure avec cet homme.

ابتسم بيرولت بسبب الصفقة التي أبرمها للتو مع الرجل.

Le prix des chiens a grimpé en flèche en raison de la demande soudaine.

ارتفعت أسعار الكلاب بسبب الطلب المفاجئ.

Trois cents dollars, ce n'était pas injuste pour une si belle bête.

ثلاثمائة دولار لم تكن مبلغًا غير عادل بالنسبة لحيوان جميل كهذا.

Le gouvernement canadien ne perdrait rien dans cet accord

لن تخسر الحكومة الكندية أي شيء في هذه الصفقة

Leurs dépêches officielles ne seraient pas non plus retardées en transit.

ولن تتأخر إرسالياتهم الرسمية أثناء النقل.

Perrault connaissait bien les chiens et pouvait voir que Buck était quelque chose de rare.

كان بيرولت يعرف الكلاب جيدًا، وكان بإمكانه أن يرى أن باك كان شيئًا نادرًا.

« Un sur dix dix mille », pensa-t-il en étudiant la silhouette de Buck.

واحد من عشرة آلاف، "فكر، بينما كان يدرس بنية باك."

Buck a vu l'argent changer de mains, mais n'a montré aucune surprise.

رأى باك أن الأموال تنتقل من يد إلى أخرى، لكنه لم يظهر أي مفاجأة.

Bientôt, lui et Curly, un gentil Terre-Neuve, furent emmenés.

وبعد قليل تم اقتياده هو وكيرلي، وهو كلب نيوفاوندلاند لطيف، بعيدًا.

Ils suivirent le petit homme depuis la cour du pull rouge.

لقد تبعوا الرجل الصغير من ساحة السترة الحمراء.

Ce fut la dernière fois que Buck vit l'homme avec la massue en bois.

كانت تلك آخر مرة رأى فيها باك الرجل الذي يحمل الهراوة الخشبية.

Depuis le pont du Narval, il regardait Seattle disparaître au loin.

من سطح السفينة النروال ، شاهد سياتل تتلاشى في المسافة.

C'était aussi la dernière fois qu'il voyait le chaud Southland.

وكانت هذه أيضًا المرة الأخيرة التي رأى فيها منطقة الجنوب الدافئة.

Perrault les emmena sous le pont et les laissa à François.

أخذهم بيرولت إلى أسفل سطح السفينة، وتركهم مع فرانسوا.

François était un géant au visage noir, aux mains rugueuses et calleuses.

كان فرانسوا عملاقًا أسود الوجه وذو يدين خشنتين ومتصلبتين.

Il était brun et basané; un métis franco-canadien.

كان داكن البشرة وبشرته سمراء، وهو من أصول مختلطة فرنسية كندية.

Pour Buck, ces hommes étaient d'un genre qu'il n'avait jamais vu auparavant.

بالنسبة لباك، هؤلاء الرجال كانوا من النوع الذي لم يره من قبل.

Il allait connaître beaucoup d'autres hommes de ce genre dans les jours qui suivirent.

وسوف يتعرف على العديد من هؤلاء الرجال في الأيام القادمة.

Il ne s'est pas attaché à eux, mais il a appris à les respecter.

لم يكن يحبهم، لكنه أصبح يحترمهم.

Ils étaient justes et sages, et ne se laissaient pas facilement tromper par un chien.

لقد كانوا عادلين وحكماء، ولم يخدعهم أي كلب بسهولة.

Ils jugeaient les chiens avec calme et ne les punissaient que lorsqu'ils le méritaient.

لقد حكموا على الكلاب بهدوء، وعاقبوها فقط عندما تستحق العقاب.

Sur le pont inférieur du Narwhal, Buck et Curly ont rencontré deux chiens.

في الطابق السفلي من سفينة النروال ، التقى باكو كيرلي بكلبين.

L'un d'eux était un grand chien blanc venu du lointain et glacial Spitzberg.

كان أحدهما كلبًا أبيضًا كبيرًا من مكان بعيد، من جزيرة سفالبارد الجليدية.

Il avait autrefois navigué avec un baleinier et rejoint un groupe d'enquête.

لقد أبحر ذات مرة مع سفينة صيد الحيتان وانضم إلى مجموعة مسح.

Il était amical d'une manière sournoise, sournoise et rusée.

لقد كان ودودًا بطريقة ماكرة ومخادعة وماكرة.

Lors de leur premier repas, il a volé un morceau de viande dans la poêle de Buck.

في وجبتهم الأولى، سرق قطعة لحم من مقلاة باك.

Buck sauta pour le punir, mais le fouet de François frappa en premier.

قفز باك لمعاقبته، لكن سوط فرانسوا ضربه أولاً.

Le voleur blanc hurla et Buck récupéra l'os volé.

صرخ اللص الأبيض، واستعاد باك العظمة المسروقة.

Cette équité impressionna Buck, et François gagna son respect.

لقد أثار هذا الإنصاف إعجاب باك، وكسب فرانسوا احترامه.

L'autre chien ne lui a pas adressé de salut et n'en a pas voulu en retour.

أما الكلب الآخر فلم يقدم أي تحية، ولم يرغب في أي تحية في المقابل.

Il ne volait pas de nourriture et ne reniflait pas les nouveaux arrivants avec intérêt.

لم يسرق الطعام، ولم ينظر إلى الوافدين الجدد باهتمام.

Ce chien était sinistre et calme, sombre et lent.

كان هذا الكلب متجهمًا وهادئًا، كئيبًا وبطيئ الحركة.

Il a averti Curly de rester à l'écart en la regardant simplement.

حذر كيرلي من الابتعاد عنها بمجرد التحديق فيها.

Son message était clair : laissez-moi tranquille ou il y aura des problèmes.

كانت رسالته واضحة: اتركوني وحدي وإلا ستكون هناك مشكلة.

Il s'appelait Dave et il remarquait à peine son environnement.

كان اسمه ديف، وكان بالكاد يلاحظ ما يحيط به.

Il dormait souvent, mangeait tranquillement et bâillait de temps en temps.

كان ينام كثيرًا، ويأكل بهدوء، ويتثاءب بين الحين والآخر.

Le navire ronronnait constamment avec le battement de l'hélice en dessous.

كانت السفينة تطن باستمرار بسبب نبض المروحة في الأسفل.

Les jours passèrent sans grand changement, mais le temps devint plus froid.

مرت الأيام دون تغيير يذكر، لكن الطقس أصبح أكثر برودة.

Buck pouvait le sentir dans ses os et remarqua que les autres le faisaient aussi.

كان باك يشعر بذلك في عظامه، ولاحظ أن الآخرين فعلوا ذلك أيضًا.

Puis un matin, l'hélice s'est arrêtée et tout est redevenu calme.

ثم في صباح أحد الأيام، توقفت المروحة وظل كل شيء ساكنًا.

Une énergie parcourut le vaisseau ; quelque chose avait changé.

انتشرت طاقة عبر السفينة؛ لقد تغير شيء ما.

François est descendu, les a attachés en laisse et les a remontés.

نزل فرانسوا، وربطهم بالمقود، ورفعهم.

Buck sortit et trouva le sol doux, blanc et froid.

خرج باك ليجد الأرض ناعمة، بيضاء، وباردة.

Il sursauta en arrière, alarmé, et renifla, totalement confus.

قفز إلى الوراء في حالة من الذعر وشخر في ارتباك تام.

Une étrange substance blanche tombait du ciel gris.

كانت هناك أشياء بيضاء غريبة تتساقط من السماء الرمادية.

Il se secoua, mais les flocons blancs continuaient à atterrir sur lui.

لقد هز نفسه، لكن الرقاقات البيضاء استمرت في الهبوط عليه.

Il renifla soigneusement la substance blanche et lécha quelques morceaux glacés.

استنشق المادة البيضاء بعناية ولعق بعض القطع الجليدية.

La poudre brûla comme du feu, puis disparut de sa langue.

أحرق المسحوق مثل النار، ثم اختفى مباشرة من على لسانه.

Buck essaya à nouveau, intrigué par l'étrange froideur qui disparaissait.

حاول باك مرة أخرى، في حيرة من البرودة المتلاشيه الغريبة.

Les hommes autour de lui rirent et Buck se sentit gêné.

ضحك الرجال من حوله، وشعر باك بالحرج.

Il ne savait pas pourquoi, mais il avait honte de sa réaction.

لم يكن يعرف السبب، لكنه كان يخجل من رد فعله.

C'était sa première expérience avec la neige, et cela le dérouta.

لقد كانت هذه تجربته الأولى مع الثلج، وقد أربكته.

La loi du gourdin et des crocs
قانون النادي والناب

Le premier jour de Buck sur la plage de Dyea ressemblait à
un terrible cauchemar.

كان اليوم الأول لباك على شاطئ دايا أشبه بكابوس رهيب.

Chaque heure apportait de nouveaux chocs et des
changements inattendus pour Buck.

كل ساعة جلبت صدمات جديدة وتغييرات غير متوقعة لباك.

Il avait été arraché à la civilisation et jeté dans un chaos
sauvage.

لقد تم سحبه من الحضارة وإلقائه في حالة من الفوضى العارمة.

Ce n'était pas une vie ensoleillée et paresseuse, faite d'ennui
et de repos.

لم تكن هذه حياة مشمسة وكسولة مليئة بالملل والراحة.

Il n'y avait pas de paix, pas de repos, et pas un instant sans
danger.

لم يكن هناك سلام، ولا راحة، ولا لحظة خالية من الخطر.

La confusion régnait sur tout et le danger était toujours
proche.

كان الارتباك يسيطر على كل شيء، وكان الخطر دائمًا قريبًا.

Buck devait rester vigilant car ces hommes et ces chiens
étaient différents.

كان على باك أن يبقى متيقظًا لأن هؤلاء الرجال والكلاب كانوا مختلفين.

Ils n'étaient pas originaires des villes ; ils étaient sauvages et
sans pitié.

لم يكونوا من المدن، بل كانوا متوحشين وبلا رحمة.

Ces hommes et ces chiens ne connaissaient que la loi du
gourdin et des crocs.

هؤلاء الرجال والكلاب لم يعرفوا إلا قانون الهراوة والأنياب.

Buck n'avait jamais vu de chiens se battre comme ces
huskies sauvages.

لم يسبق لباك أن رأى كلابًا تقاتل مثل هذه الكلاب الهاسكي المتوحشة.

Sa première expérience lui a appris une leçon qu'il
n'oublierait jamais.

لقد علمته تجربته الأولى درسًا لن ينساه أبدًا.

Il a eu de la chance que ce ne soit pas lui, sinon il serait mort aussi.

لقد كان محظوظا أنه لم يكن هو، وإلا لكان قد مات أيضا.

Curly était celui qui souffrait tandis que Buck regardait et apprenait.

كان كيرلي هو الشخص الذي عانى بينما كان باك يشاهد ويتعلم.

Ils avaient installé leur campement près d'un magasin construit en rondins.

لقد أقاموا مخيمًا بالقرب من متجر مبني من جذوع الأشجار.

Curly a essayé d'être amical avec un grand husky ressemblant à un loup.

حاول كيرلي أن يكون ودودًا مع كلب الهاسكي الكبير الذي يشبه الذئب.

Le husky était plus petit que Curly, mais avait l'air sauvage et méchant.

كان الهاسكي أصغر من كيرلي، لكنه بدا متوحشًا وخبيثًا.

Sans prévenir, il a sauté et lui a ouvert le visage.

بدون سابق إنذار، قفز وفتح وجهها.

Ses dents lui coupèrent l'œil jusqu'à sa mâchoire en un seul mouvement.

قطعت أسنانه من عينها إلى فكها بحركة واحدة.

C'est ainsi que les loups se battaient : ils frappaient vite et sautaient loin.

هكذا كانت الذئاب تقاتل ـ تضرب بسرعة وتقفز بعيدًا.

Mais il y avait plus à apprendre que de cette seule attaque.

ولكن كان هناك المزيد لنتعلمه من ذلك الهجوم الواحد.

Des dizaines de huskies se sont précipités et ont formé un cercle silencieux.

اندفعت العشرات من كلاب الهاسكي وشكلوا دائرة صامتة.

Ils regardaient attentivement et se léchaient les lèvres avec faim.

لقد راقبوا عن كثب ولحسوا شفاههم من الجوع.

Buck ne comprenait pas leur silence ni leurs regards avides.

لم يفهم باك صمتهم أو عيونهم المتلهفة.

Curly s'est précipité pour attaquer le husky une deuxième fois.

هرع كيرلي لمهاجمة الهاسكي للمرة الثانية.

Il a utilisé sa poitrine pour la renverser avec un mouvement puissant.

استخدم صدره ليطرحها أرضًا بحركة قوية.

Elle est tombée sur le côté et n'a pas pu se relever.

سقطت على جانبها ولم تتمكن من النهوض مرة أخرى.

C'est ce que les autres attendaient depuis le début.

وهذا ما كان ينتظره الآخرون طوال الوقت.

Les huskies ont sauté sur elle, hurlant et grognant avec frénésie.

قفز عليها الهاسكي، وهم ينبحون ويزمجرون في حالة من الهياج.

Elle a crié alors qu'ils l'enterraient sous un tas de chiens.

صرخت عندما دفنوها تحت كومة من الكلاب.

L'attaque fut si rapide que Buck resta figé sur place sous le choc.

كان الهجوم سريعًا جدًا لدرجة أن باك تجمد في مكانه من الصدمة.

Il vit Spitz tirer la langue d'une manière qui ressemblait à un rire.

لقد رأى سبيتز يخرج لسانه بطريقة تبدو وكأنها ضحكة.

François a attrapé une hache et a couru droit vers le groupe de chiens.

أمسك فرانسوا بفأس وركض مباشرة نحو مجموعة الكلاب.

Trois autres hommes ont utilisé des gourdins pour aider à repousser les huskies.

ثلاثة رجال آخرين استخدموا الهراوات لمساعدتهم في ضرب الكلاب الهاسكي.

En seulement deux minutes, le combat était terminé et les chiens avaient disparu.

في دقيقتين فقط، انتهى القتال واختفت الكلاب.

Curly gisait morte dans la neige rouge et piétinée, son corps déchiré.

كانت كيرلي ملقاة ميتة في الثلج الأحمر المدوس، وكان جسدها ممزقًا.

Un homme à la peau sombre se tenait au-dessus d'elle, maudissant la scène brutale.

كان هناك رجل ذو بشرة داكنة يقف فوقها، وهو يلعن المشهد الوحشي.

Le souvenir est resté avec Buck et a hanté ses rêves la nuit.

ظلت الذكرى عالقة في ذهن باك وطاردته في أحلامه ليلاً.

C'était comme ça ici : pas d'équité, pas de seconde chance.

كانت هذه هي الطريقة هنا؛ لا عدالة، ولا فرصة ثانية.

Une fois qu'un chien tombait, les autres le tuaient sans pitié.

عندما يسقط كلب، فإن الآخرين سوف يقتلونه بلا رحمة.

Buck décida alors qu'il ne se permettrait jamais de tomber.

قرر باك حينها أنه لن يسمح لنفسه بالسقوط أبدًا.

Spitz tira à nouveau la langue et rit du sang.

أخرج سبيتز لسانه مرة أخرى وضحك على الدم.

À partir de ce moment-là, Buck détesta Spitz de tout son cœur.

منذ تلك اللحظة، أصبح باك يكره سبيتز من كل قلبه.

Avant que Buck ne puisse se remettre de la mort de Curly, quelque chose de nouveau s'est produit.

قبل أن يتمكن باك من التعافي من وفاة كيرلي، حدث شيء جديد.

François s'est approché et a attaché quelque chose autour du corps de Buck.

جاء فرانسوا وربط شيئًا حول جسد باك.

C'était un harnais comme ceux utilisés sur les chevaux du ranch.

كان عبارة عن حزام مثل الذي يستخدم على الخيول في المزرعة.

Comme Buck avait vu les chevaux travailler, il devait maintenant travailler aussi.

كما رأى باك الخيول تعمل، فقد أجبر الآن على العمل أيضًا.

Il a dû tirer François sur un traîneau dans la forêt voisine.

كان عليه أن يسحب فرانسوا على مزلجة إلى الغابة القريبة.

Il a ensuite dû ramener une lourde charge de bois de chauffage.

ثم كان عليه أن يسحب حمولة من الحطب الثقيل.

Buck était fier, donc cela lui faisait mal d'être traité comme un animal de travail.

كان باك فخوراً، لذلك كان يؤلمه أن يتم التعامل معه كحيوان عمل.

Mais il était sage et n'a pas essayé de lutter contre la nouvelle situation.

ولكنه كان حكيما ولم يحاول محاربة الوضع الجديد.

Il a accepté sa nouvelle vie et a donné le meilleur de lui-même dans chaque tâche.

تقبل حياته الجديدة وأعطى أفضل ما لديه في كل مهمة.

Tout ce qui concernait ce travail lui était étrange et inconnu.

كان كل شيء في العمل غريبًا وغير مألوف بالنسبة له.

François était strict et exigeait l'obéissance sans délai.

كان فرانسوا صارمًا ويطالب بالطاعة دون تأخير.

Son fouet garantissait que chaque ordre soit exécuté immédiatement.

كان سوطه يضمن تنفيذ كل الأوامر على الفور.

Dave était le conducteur du traîneau, le chien le plus proche du traîneau derrière Buck.

كان ديف هو سائق الزلاجة، وكان الكلب الأقرب إلى الزلاجة خلف باك.

Dave mordait Buck sur les pattes arrière s'il faisait une erreur.

ديف يعض باك على رجليه الخلفيتين إذا ارتكب خطأ.

Spitz était le chien de tête, compétent et expérimenté dans ce rôle.

كان سبيتز هو الكلب الرائد، وكان ماهرًا وذو خبرة في الدور.

Spitz ne pouvait pas atteindre Buck facilement, mais il le corrigea quand même.

لم يتمكن سبيتز من الوصول إلى باك بسهولة، لكنه مع ذلك قام بتصحيحه.

Il grognait durement ou tirait le traîneau d'une manière qui enseignait à Buck.

كان يزأر بشدة أو يسحب الزلاجة بطرق علمت باك.

Grâce à cette formation, Buck a appris plus vite que ce qu'ils avaient imaginé.

بفضل هذا التدريب، تعلم باك أسرع مما توقعه أي منهم.

Il a travaillé dur et a appris de François et des autres chiens.

لقد عمل بجد وتعلم من فرانسوا والكلاب الأخرى.

À leur retour, Buck connaissait déjà les commandes clés.

بحلول الوقت الذي عادوا فيه، كان باك يعرف بالفعل الأوامر الرئيسية.

Il a appris à s'arrêter au son « ho » de François.

لقد تعلم التوقف عند صوت "هو "من فرانسوا.

Il a appris quand il a dû tirer le traîneau et courir.

لقد تعلم عندما كان عليه سحب الزلاجة والركض.

Il a appris à tourner largement dans les virages du sentier sans difficulté.

لقد تعلم كيفية الانعطاف بشكل واسع عند المنعطفات في الطريق دون مشكلة.

Il a également appris à éviter Dave lorsque le traîneau descendait rapidement.

وتعلم أيضًا كيفية تجنب ديف عندما تنحدر الزلاجة بسرعة.

« Ce sont de très bons chiens », dit fièrement François à Perrault.

إنهم كلاب جيدة جدًا"، قال فرانسوا بفخر لبيرولت."

« Ce Buck tire comme un dingue, je lui apprends vite fait. »

"هذا باك يسحب مثل الجحيم ـ أعلمه بسرعة مثل أي شيء."

Plus tard dans la journée, Perrault est revenu avec deux autres chiens husky.

وفي وقت لاحق من ذلك اليوم، عاد بيرولت مع اثنين آخرين من كلاب الهاسكي.

Ils s'appelaient Billee et Joe, et ils étaient frères.

كان اسمهم بيلي وجو، وكانوا أخوة.

Ils venaient de la même mère, mais ne se ressemblaient pas du tout.

لقد جاءوا من نفس الأم، ولكن لم يكونوا متشابهين على الإطلاق.

Billee était de nature douce et très amicale avec tout le monde.

كان بيلي لطيفًا جدًا وودودًا مع الجميع.

Joe était tout le contraire : calme, en colère et toujours en train de grogner.

كان جو على العكس تمامًا ـ هادئًا، غاضبًا، ودائمًا ما يزأر.

Buck les a accueillis de manière amicale et s'est montré calme avec eux deux.

استقبلهم باك بطريقة ودية وكان هادئًا مع كليهما.

Dave ne leur prêta aucune attention et resta silencieux comme d'habitude.

لم يهتم ديف بهم وظل صامتًا كعادته.

Spitz a attaqué d'abord Billee, puis Joe, pour montrer sa domination.

هاجم سبيتز بيلي أولاً، ثم جو، لإظهار سيطرته.

Billee remua la queue et essaya d'être amical avec Spitz.

حرك بيلي ذيله وحاول أن يكون ودودًا مع سبيتز.

Lorsque cela n'a pas fonctionné, il a essayé de s'enfuir à la place.

وعندما لم ينجح ذلك، حاول الهرب بدلاً من ذلك.

Il a pleuré tristement lorsque Spitz l'a mordu fort sur le côté.

لقد بكى بحزن عندما عضه سبيتز بقوة على جانبه.

Mais Joe était très différent et refusait d'être intimidé.

لكن جو كان مختلفًا جدًا ورفض أن يتعرض للتنمر.

Chaque fois que Spitz s'approchait, Joe se retournait pour
lui faire face rapidement.

في كل مرة كان سبيتز يقترب، كان جو يستدير لمواجهته بسرعة.

Sa fourrure se hérissa, ses lèvres se retroussèrent et ses dents
claquèrent sauvagement.

كان فراؤه منتصبا، وشفتاه ملتفة، وأسنانه تكسر بعنف.

Les yeux de Joe brillaient de peur et de rage, défiant Spitz de
frapper.

كانت عينا جو تلمعان بالخوف والغضب، متحديًا سبيتز بالضرب.

Spitz abandonna le combat et se détourna, humilié et en
colère.

استسلم سبيتز للقتال واستدار بعيدًا، مهانًا وغاضبًا.

Il a déversé sa frustration sur le pauvre Billee et l'a chassé.

أخرج إحباطه على بيلي المسكين وطارده بعيدًا.

Ce soir-là, Perrault ajouta un chien de plus à l'équipe.

وفي ذلك المساء، أضاف بيرولت كلبًا آخر إلى الفريق.

Ce chien était vieux, maigre et couvert de cicatrices de
guerre.

كان هذا الكلب عجوزًا ونحيفًا ومغطى بندوب المعركة.

L'un de ses yeux manquait, mais l'autre brillait de
puissance.

كانت إحدى عينيه مفقودة، لكن الأخرى كانت تتألق بقوة.

Le nom du nouveau chien était Solleks, ce qui signifiait «
celui qui est en colère ».

وكان اسم الكلب الجديد هو سولييكس، والذي يعني الغاضب.

Comme Dave, Solleks ne demandait rien aux autres et ne
donnait rien en retour.

مثل ديف، لم يطلب سوليكس أي شيء من الآخرين، ولم يقدم أي شيء في
المقابل.

Lorsque Solleks entra lentement dans le camp, même Spitz
resta à l'écart.

عندما دخل سوليكس المخيم ببطء، حتى سبيتز بقي بعيدًا.

Il avait une étrange habitude que Buck a eu la malchance de découvrir.

كان لديه عادة غريبة لم يكن باك محظوظًا باكتشافها.

Solleks détestait qu'on l'approche du côté où il était aveugle.

كان سوليكس يكره أن يقترب منه أحد من الجانب الذي كان أعمى فيه.

Buck ne le savait pas et a fait cette erreur par accident.

لم يكن باك يعلم هذا وارتكب هذا الخطأ عن طريق الصدفة.

Solleks se retourna et frappa l'épaule de Buck profondément et rapidement.

استدار سوليكس وضرب كتف باك بقوة وسرعة.

À partir de ce moment, Buck ne s'est plus jamais approché du côté aveugle de Solleks.

منذ تلك اللحظة، لم يقترب باك أبدًا من الجانب الأعمى لسوليكس.

Ils n'ont plus jamais eu de problèmes pendant le reste de leur temps ensemble.

لم يواجهوا أي مشاكل مرة أخرى طوال الفترة التي قضوها معًا.

Solleks voulait seulement être laissé seul, comme le calme Dave.

أراد سوليكس فقط أن يُترك وحيدًا، مثل ديف الهادئ.

Mais Buck apprendra plus tard qu'ils avaient chacun un autre objectif secret.

لكن باك علم لاحقًا أن كل واحد منهما كان لديه هدف سري آخر.

Cette nuit-là, Buck a dû faire face à un nouveau défi troublant : comment dormir.

في تلك الليلة واجه باك تحديًا جديدًا ومزعجًا - كيفية النوم.

La tente brillait chaleureusement à la lumière des bougies dans le champ enneigé.

أضاءت الخيمة بدفء على ضوء الشموع في الحقل الثلجي.

Buck entra, pensant qu'il pourrait se reposer là comme avant.

دخل باك إلى الداخل، معتقدًا أنه يستطيع الراحة هناك كما كان من قبل.

Mais Perrault et François lui criaient dessus et lui jetaient des casseroles.

لكن بيرولت وفرانسوا صرخوا عليه وألقوا عليه الأواني.

Choqué et confus, Buck s'est enfui dans le froid glacial.

صُدم باك وارتبك، فركض إلى البرد القارس.

Un vent glacial piquait son épaule blessée et lui gelait les pattes.

لسعته ريح مريرة في كتفه المجروح وجمدت كفوفه.

Il s'est allongé dans la neige et a essayé de dormir à la belle étoile.

استلقى في الثلج وحاول النوم في العراء.

Mais le froid l'obligea bientôt à se relever, tremblant terriblement.

لكن البرد سرعان ما أجبره على النهوض مرة أخرى، وكان يرتجف بشدة.

Il erra dans le camp, essayant de trouver un endroit plus chaud.

تجول في المخيم، محاولاً العثور على مكان أكثر دفئًا.

Mais chaque coin était aussi froid que le précédent.

لكن كل زاوية كانت باردة تمامًا مثل الزاوية التي قبلها.

Parfois, des chiens sauvages sautaient sur lui dans l'obscurité.

في بعض الأحيان كانت الكلاب المتوحشة تقفز عليه من الظلام.

Buck hérissa sa fourrure, montra ses dents et grogna en signe d'avertissement.

انتفض باك من شدة الغضب، وكشف عن أسنانه، وزأر محذرا.

Il apprenait vite et les autres chiens reculaient rapidement.

لقد كان يتعلم بسرعة، والكلاب الأخرى تراجعت بسرعة.

Il n'avait toujours pas d'endroit où dormir et ne savait pas quoi faire.

ومع ذلك، لم يكن لديه مكان للنوم، ولم تكن لديه أي فكرة عما يجب فعله.

Finalement, une pensée lui vint : aller voir ses coéquipiers.

وأخيرًا، خطرت في ذهنه فكرة وهي الاطمئنان على زملائه في الفريق.

Il est retourné dans leur région et a été surpris de les trouver partis.

عاد إلى منطقتهم وفوجئ باختفائهم.

Il chercha à nouveau dans le camp, mais ne parvint toujours pas à les trouver.

فبحث مرة أخرى في المخيم، لكنه لم يتمكن من العثور عليهم.

Il savait qu'ils ne pouvaient pas être dans la tente, sinon il le serait aussi.

لقد علم أنه لا يمكنهما التواجد في الخيمة، وإلا فإنه سيكون هناك أيضًا.

Alors, où étaient passés tous les chiens dans ce camp gelé ?

إذن، أين ذهبت كل الكلاب في هذا المخيم المتجمد؟

Buck, froid et misérable, tournait lentement autour de la tente.

كان باك باردًا وبائسًا، وكان يدور ببطء حول الخيمة.

Soudain, ses pattes avant s'enfoncèrent dans la neige molle et le surprit.

وفجأة، غرقت ساقيه الأماميتان في الثلج الناعم، مما أثار دهشته.

Quelque chose se tortilla sous ses pieds et il sursauta en arrière, effrayé.

كان هناك شيء يتحرك تحت قدميه، فقفز إلى الوراء خوفًا.

Il grogna et grogna, ne sachant pas ce qui se cachait sous la neige.

لقد هدّر وهدر، وهو لا يعرف ما الذي يكمن تحت الثلج.

Puis il entendit un petit aboiement amical qui apaisa sa peur.

ثم سمع نباحًا صغيرًا ودودًا خفف من خوفه.

Il renifla l'air et s'approcha pour voir ce qui était caché.

استنشق الهواء واقترب ليرى ما كان مخفيًا.

Sous la neige, recroquevillée en boule chaude, se trouvait la petite Billee.

تحت الثلج، كانت بيلي الصغيرة ملتفة على شكل كرة دافئة.

Billee remua la queue et lécha le visage de Buck pour le saluer.

حرك بيلي ذيله ولعق وجه باك للترحيب به.

Buck a vu comment Billee avait fabriqué un endroit pour dormir dans la neige.

رأى باك كيف صنع بيلي مكانًا للنوم في الثلج.

Il avait creusé et utilisé sa propre chaleur pour rester au chaud.

لقد حفر بعمق واستخدم حرارته الخاصة ليبقى دافئًا.

Buck avait appris une autre leçon : c'est ainsi que les chiens dormaient.

لقد تعلم باك درسًا آخر ـ هكذا تنام الكلاب.

Il a choisi un endroit et a commencé à creuser son propre trou dans la neige.

اختار مكانًا وبدأ بحفر حفرة خاصة به في الثلج.

Au début, il bougeait trop et gaspillait de l'énergie.

في البداية، كان يتحرك كثيرًا ويهدر طاقته.

Mais bientôt son corps réchauffa l'espace et il se sentit en sécurité.

ولكن سرعان ما أصبح جسده دافئًا في المكان، وشعر بالأمان.

Il se recroquevilla étroitement et, peu de temps après, il s'endormit profondément.

لقد التفت بإحكام، وبعد فترة وجيزة كان نائماً بسرعة.

La journée avait été longue et dure, et Buck était épuisé.

لقد كان اليوم طويلاً وشاقًا، وكان باك مرهقًا.

Il dormait profondément et confortablement, même si ses rêves étaient fous.

لقد نام بعمق وبشكل مريح، على الرغم من أن أحلامه كانت جامحة.

Il grognait et aboyait dans son sommeil, se tordant pendant qu'il rêvait.

كان يزأر وينبح أثناء نومه، ويتلوى أثناء حلمه.

Buck ne s'est réveillé que lorsque le camp était déjà en train de prendre vie.

لم يستيقظ باك إلا عندما بدأ المخيم ينبض بالحياة بالفعل.

Au début, il ne savait pas où il était ni ce qui s'était passé.

في البداية، لم يكن يعرف أين هو أو ماذا حدث.

La neige était tombée pendant la nuit et avait complètement enseveli son corps.

تساقطت الثلوج طوال الليل ودفنت جسده بالكامل.

La neige se pressait autour de lui, serrée de tous côtés.

كان الثلج يضغط عليه من جميع الجوانب.

Soudain, une vague de peur traversa tout le corps de Buck.

فجأة، موجة من الخوف اجتاح جسد باك بأكمله.

C'était la peur d'être piégé, une peur venue d'instincts profonds.

كان الخوف من الوقوع في الفخ، خوفًا من الغرائز العميقة.

Bien qu'il n'ait jamais vu de piège, la peur vivait en lui.

رغم أنه لم يرى فخًا قط، إلا أن الخوف عاش بداخله.

C'était un chien apprivoisé, mais maintenant ses vieux instincts sauvages se réveillaient.

لقد كان كلبًا أليفًا، لكن غرائزه البرية القديمة كانت تستيقظ الآن.

Les muscles de Buck se tendirent et sa fourrure se dressa sur tout son dos.

توترت عضلات باك، ووقف فروه على ظهره بالكامل.

Il grogna férocement et bondit droit dans la neige.

لقد هدر بشدة وقفز مباشرة عبر الثلج.

La neige volait dans toutes les directions alors qu'il faisait irruption dans la lumière du jour.

تطايرت الثلوج في كل اتجاه عندما انفجر في ضوء النهار.

Avant même d'atterrir, Buck vit le camp s'étendre devant lui.

حتى قبل الهبوط، رأى باك المخيم منتشرًا أمامه.

Il se souvenait de tout ce qui s'était passé la veille, d'un seul coup.

لقد تذكر كل شيء من اليوم السابق، دفعة واحدة.

Il se souvenait d'avoir flâné avec Manuel et d'avoir fini à cet endroit.

تذكر أنه كان يتجول مع مانويل وينتهي به الأمر في هذا المكان.

Il se souvenait avoir creusé le trou et s'être endormi dans le froid.

تذكر أنه حفر الحفرة ونام في البرد.

Maintenant, il était réveillé et le monde sauvage qui l'entourait était clair.

والآن أصبح مستيقظًا، والعالم البري من حوله أصبح واضحًا.

Un cri de François salua l'apparition soudaine de Buck.

صرخة من فرانسوا ترحب بظهور باك المفاجئ.

« Qu'est-ce que j'ai dit ? » cria le conducteur du chien à Perrault.

ماذا قلت؟ "صرخ سائق الكلب بصوت عالٍ إلى بيرولت."

« Ce Buck apprend vraiment très vite », a ajouté François.

وأضاف فرانسوا "من المؤكد أن باك يتعلم بسرعة أكبر من أي شيء آخر".

Perrault hocha gravement la tête, visiblement satisfait du résultat.

أومأ بيرولت برأسه بجدية، وكان سعيدًا بوضوح بالنتيجة.

En tant que courrier pour le gouvernement canadien, il transportait des dépêches.

وباعتباره رسولًا للحكومة الكندية، فقد كان يحمل الإرساليات.

Il était impatient de trouver les meilleurs chiens pour son importante mission.

وكان حريصًا على العثور على أفضل الكلاب لمهمته المهمة.

Il se sentait particulièrement heureux maintenant que Buck faisait partie de l'équipe.

لقد شعر بسعادة خاصة الآن لأن باك أصبح جزءًا من الفريق.

Trois autres huskies ont été ajoutés à l'équipe en une heure.

تمت إضافة ثلاثة كلاب هاسكي أخرى إلى الفريق خلال ساعة.

Cela porte le nombre total de chiens dans l'équipe à neuf.

وبذلك أصبح العدد الإجمالي للكلاب في الفريق تسعة.

En quinze minutes, tous les chiens étaient dans leurs harnais.

في غضون خمسة عشر دقيقة كانت جميع الكلاب في أحزمةهم.

L'équipe de traîneaux remontait le sentier en direction du canyon de Dyea.

كان فريق الزلاجات يتأرجح على طول الطريق نحو ديا كانون.

Buck était heureux de partir, même si le travail à venir était difficile.

شعر باك بالسعادة لمغادرته، حتى لو كان العمل الذي ينتظره صعبًا.

Il s'est rendu compte qu'il ne détestait pas particulièrement le travail ou le froid.

لقد اكتشف أنه لا يحتقر العمل أو البرد بشكل خاص.

Il a été surpris par l'empressement qui a rempli toute l'équipe.

لقد تفاجأ بالحماس الذي ملأ الفريق بأكمله.

Encore plus surprenant fut le changement qui s'était produit chez Dave et Solleks.

وكان الأمر الأكثر إثارة للدهشة هو التغيير الذي طرأ على ديف وسوليكس.

Ces deux chiens étaient complètement différents lorsqu'ils étaient attelés.

كان هذان الكلبان مختلفين تمامًا عندما تم تسخيرهما.

Leur passivité et leur manque d'intérêt avaient complètement disparu.

لقد اختفى سلبيتهم وعدم اهتمامهم تمامًا.

Ils étaient alertes et actifs, et désireux de bien faire leur travail.

وكانوا متيقظين ونشيطين ومتحمسين للقيام بعملهم على أكمل وجه.

Ils s'irritaient violemment à tout ce qui pouvait provoquer un retard ou une confusion.

لقد أصبحوا منزعجين بشدة من أي شيء يسبب التأخير أو الارتباك.

Le travail acharné sur les rênes était le centre de tout leur être.

كان العمل الشاق على اللجام هو مركز وجودهم بأكمله.

Tirer un traîneau semblait être la seule chose qu'ils appréciaient vraiment.

يبدو أن سحب الزلاجات كان الشيء الوحيد الذي يستمتعون به حقًا.

Dave était à l'arrière du groupe, le plus proche du traîneau lui-même.

وكان ديف في مؤخرة المجموعة، الأقرب إلى الزلاجة نفسها.

Buck a été placé devant Dave, et Solleks a dépassé Buck.

تم وضع باك أمام ديف، وسوليكس متقدمًا على باك.

Le reste des chiens était aligné devant eux en file indienne.

تم تجميع بقية الكلاب في صف واحد في المقدمة.

La position de tête à l'avant était occupée par Spitz.

شغل سبيتز منصب القائد في المقدمة.

Buck avait été placé entre Dave et Solleks pour l'instruction.

تم وضع باك بين ديف وسوليكس للحصول على التعليمات.

Il apprenait vite et ils étaient des professeurs fermes et compétents.

لقد كان سريع التعلم، وكانوا معلمين حازمين وقادرين.

Ils n'ont jamais permis à Buck de rester longtemps dans l'erreur.

لم يسمحوا لباك أبدًا بالبقاء في الخطأ لفترة طويلة.

Ils ont enseigné leurs leçons avec des dents acérées quand c'était nécessaire.

لقد قاموا بتدريس دروسهم بأسنان حادة عندما كان ذلك ضروريا.

Dave était juste et faisait preuve d'une sagesse calme et sérieuse.

كان ديف عادلاً وأظهر نوعًا من الحكمة الهادئة والجادة.

Il n'a jamais mordu Buck sans une bonne raison de le faire.

لم يعض باك أبدًا دون سبب وجيه للقيام بذلك.

Mais il n'a jamais manqué de mordre lorsque Buck avait besoin d'être corrigé.

ولكنه لم يفشل أبدًا في العض عندما كان باك بحاجة إلى التصحيح.

Le fouet de François était toujours prêt et soutenait leur
autorité.

وكان سوط فرانسوا جاهزًا دائمًا ويدعم سلطتهم.

Buck a vite compris qu'il valait mieux obéir que riposter.

سرعان ما أدرك باك أنه من الأفضل أن يطيع بدلاً من أن يقاتل.

Un jour, lors d'un court repos, Buck s'est emmêlé dans les
rênes.

ذات مرة، أثناء فترة راحة قصيرة، تشابك باك في اللجام.

Il a retardé le départ et a perturbé le mouvement de l'équipe.

أدى إلى تأخير البداية وإرباك حركة الفريق.

Dave et Solleks se sont jetés sur lui et lui ont donné une
raclée.

طار ديف وسوليكس نحوه وضربوه بشدة.

L'enchevêtrement n'a fait qu'empirer, mais Buck a bien
appris sa leçon.

لقد أصبح التشابك أسوأ، لكن باك تعلم درسه جيدًا.

Dès lors, il garda les rênes tendues et travailla avec soin.

ومنذ ذلك الحين، أبقى زمام الأمور مشدودة، وعمل بعناية.

Avant la fin de la journée, Buck avait maîtrisé une grande
partie de sa tâche.

قبل أن ينتهي اليوم، كان باك قد أتقن جزءًا كبيرًا من مهمته.

Ses coéquipiers ont presque arrêté de le corriger ou de le
mordre.

كاد زملاؤه في الفريق أن يتوقفوا عن تصحيحه أو عضه.

Le fouet de François claquait de moins en moins souvent
dans l'air.

أصبح صوت سوط فرانسوا يتكسر في الهواء بشكل أقل وأقل.

Perrault a même soulevé les pieds de Buck et a
soigneusement examiné chaque patte.

حتى أن بيرولت رفع قدمي باك وفحص كل مخلب بعناية.

Cela avait été une journée de course difficile, longue et
épuisante pour eux tous.

لقد كان يومًا شاقًا، طويلًا ومضنيًا بالنسبة لهم جميعًا.

Ils remontèrent le Cañon, traversèrent Sheep Camp et
passèrent devant les Scales.

لقد سافروا عبر الوادي، عبر معسكر الأغنام، وبعد ذلك عبر المقاييس.

Ils ont traversé la limite des forêts, puis des glaciers et des congères de plusieurs mètres de profondeur.

لقد عبروا خط الأشجار، ثم عبروا الأنهار الجليدية والثلوج التي يصل عمقها إلى عدة أقدام.

Ils ont escaladé la grande et froide chaîne de montagnes Chilkoot Divide.

لقد تسلقوا منحدر تشيلكوت البارد والشديد القسوة.

Cette haute crête se dressait entre l'eau salée et l'intérieur gelé.

كانت تلك التلال المرتفعة تقع بين المياه المالحة والداخل المتجمد.

Les montagnes protégeaient le Nord triste et solitaire avec de la glace et des montées abruptes.

تحرس الجبال الشمال الحزين والوحيد بالجليد والمنحدرات الشديدة.

Ils ont parcouru à bon rythme une longue chaîne de lacs en aval de la ligne de partage des eaux.

لقد حققوا وقتًا جيدًا في النزول عبر سلسلة طويلة من البحيرات أسفل التقسيم.

Ces lacs remplissaient les anciens cratères de volcans éteints.

كانت تلك البحيرات تملأ فوهات البراكين المنقرضة القديمة.

Tard dans la nuit, ils atteignirent un grand camp au bord du lac Bennett.

وفي وقت متأخر من تلك الليلة، وصلوا إلى معسكر كبير في بحيرة بينيت.

Des milliers de chercheurs d'or étaient là, construisant des bateaux pour le printemps.

كان هناك آلاف الباحثين عن الذهب، يقومون ببناء القوارب للربيع.

La glace allait bientôt se briser et ils devaient être prêts.

كان الجليد على وشك أن يتكسر قريبًا، وكان عليهم أن يكونوا مستعدين.

Buck creusa son trou dans la neige et tomba dans un profond sommeil.

حفر باك حفرته في الثلج وسقط في نوم عميق.

Il dormait comme un ouvrier, épuisé par une dure journée de travail.

لقد نام كرجل عامل، منهكًا من يوم العمل الشاق.

Mais trop tôt dans l'obscurité, il fut tiré de son sommeil.

ولكن في وقت مبكر جدًا من الظلام، تم سحبه من النوم.

Il fut à nouveau attelé avec ses compagnons et attaché au traîneau.

تم ربطه مع زملائه مرة أخرى وربطه بالزلاجة.

Ce jour-là, ils ont parcouru quarante milles, car la neige était bien battue.

في ذلك اليوم قطعوا أربعين ميلاً، لأن الثلج كان ممطراً بشكل كبير.

Le lendemain, et pendant plusieurs jours après, la neige était molle.

وفي اليوم التالي، ولعدة أيام بعد ذلك، كان الثلج ناعمًا.

Ils ont dû faire le chemin eux-mêmes, en travaillant plus dur et en avançant plus lentement.

كان عليهم أن يصنعوا الطريق بأنفسهم، ويبذلوا جهدًا أكبر ويتحركوا ببطء.

Habituellement, Perrault marchait devant l'équipe avec des raquettes palmées.

عادة، كان بيرولت يمشي أمام الفريق مرتديًا أحذية الثلج المزودة بشبكة.

Ses pas ont compacté la neige, facilitant ainsi le déplacement du traîneau.

كانت خطواته تضغط على الثلج، مما يجعل من السهل على الزلاجة التحرك.

François, qui dirigeait depuis le mât, prenait parfois le relais.

كان فرانسوا، الذي كان يقود من اتجاه الجي، يتولى القيادة في بعض الأحيان.

Mais il était rare que François prenne les devants

ولكن كان من النادر أن يتولى فرانسوا زمام المبادرة

parce que Perrault était pressé de livrer les lettres et les colis.

لأن بيرولت كان في عجلة من أمره لتسليم الرسائل والطرود.

Perrault était fier de sa connaissance de la neige, et surtout de la glace.

كان بيرولت فخوراً بمعرفته بالثلج، وخاصة الجليد.

Cette connaissance était essentielle, car la glace d'automne était dangereusement mince.

كانت هذه المعرفة ضرورية، لأن الجليد في الخريف كان رقيقًا بشكل خطير.

Là où l'eau coulait rapidement sous la surface, il n'y avait pas du tout de glace.

حيث كان الماء يتدفق بسرعة تحت السطح، ولم يكن هناك جليد على الإطلاق.

Jour après jour, la même routine se répétait sans fin.

يوما بعد يوم، نفس الروتين يتكرر بلا نهاية.

Buck travaillait sans relâche sur les rênes, de l'aube jusqu'à la nuit.

كان باك يتعب بلا نهاية في قيادة الحصان من الفجر حتى الليل.

Ils quittèrent le camp dans l'obscurité, bien avant le lever du soleil.

غادروا المخيم في الظلام، قبل وقت طويل من شروق الشمس.

Au moment où le jour se leva, ils avaient déjà parcouru de nombreux kilomètres.

وبحلول ضوء النهار، كانوا قد قطعوا أميالاً عديدة بالفعل.

Ils ont installé leur campement après la tombée de la nuit, mangeant du poisson et creusant dans la neige.

أقاموا المخيم بعد حلول الظلام، وأكلوا الأسماك وحفروا في الثلوج.

Buck avait toujours faim et n'était jamais vraiment satisfait de sa ration.

كان باك دائمًا جائعًا ولم يكن راضيًا أبدًا عن حصته.

Il recevait une livre et demie de saumon séché chaque jour.

كان يتلقى رطلاً ونصفًا من سمك السلمون المجفف يوميًا.

Mais la nourriture semblait disparaître en lui, laissant la faim derrière elle.

لكن الطعام بدا وكأنه يختفي بداخله، تاركا الجوع خلفه.

Il souffrait constamment de la faim et rêvait de plus de nourriture.

كان يعاني من نوبات الجوع المستمرة، ويحلم بالمزيد من الطعام.

Les autres chiens n'ont pris qu'une livre, mais ils sont restés forts.

حصلت الكلاب الأخرى على رطل واحد فقط من الطعام، لكنها ظلت قوية.

Ils étaient plus petits et étaient nés dans le mode de vie du Nord.

لقد كانوا أصغر حجمًا، وولدوا في الحياة الشمالية.

Il perdit rapidement la méticulosité qui avait marqué son ancienne vie.

لقد فقد بسرعة الصرامة التي ميزت حياته القديمة.

Il avait été un mangeur délicat, mais maintenant ce n'était plus possible.

لقد كان يأكل طعامًا لذيذًا، لكن الآن لم يعد ذلك ممكنًا.

Ses camarades ont terminé premiers et lui ont volé sa ration inachevée.

انتهى أصدقاؤه أولاً وسرقوا منه حصته غير المكتملة.

Une fois qu'ils ont commencé, il n'y avait aucun moyen de défendre sa nourriture contre eux.

بمجرد أن بدأوا لم يكن هناك طريقة للدفاع عن طعامه منهم.

Pendant qu'il combattait deux ou trois chiens, les autres volaient le reste.

بينما كان يقاتل كلبين أو ثلاثة، قام الآخرون بسرقة الباقي.

Pour résoudre ce problème, il a commencé à manger aussi vite que les autres.

ولإصلاح ذلك، بدأ يأكل بسرعة مثل الآخرين.

La faim le poussait tellement qu'il prenait même de la nourriture qui n'était pas la sienne.

كان الجوع يدفعه بقوة إلى أن يتناول طعامًا ليس من حقه.

Il observait les autres et apprenait rapidement de leurs actions.

لقد راقب الآخرين وتعلم بسرعة من أفعالهم.

Il a vu Pike, un nouveau chien, voler une tranche de bacon à Perrault.

لقد رأى بايك، وهو كلب جديد، يسرق شريحة من لحم الخنزير المقدد من بيرولت.

Pike avait attendu que Perrault ait le dos tourné pour voler le bacon.

انتظر بايك حتى أصبح ظهر بيرولت بعيدًا لسرقة لحم الخنزير المقدد.

Le lendemain, Buck a copié Pike et a volé tout le morceau.

في اليوم التالي، قام باك بنسخ بايك وسرق القطعة بأكملها.

Un grand tumulte s'ensuivit, mais Buck ne fut pas suspecté.

وقد أعقب ذلك ضجة كبيرة، لكن لم يكن هناك أي شك في باك.

Dub, un chien maladroit qui se faisait toujours prendre, a été puni à la place.

دب، الكلب الأخرق الذي يتم القبض عليه دائمًا، تم معاقبته بدلاً من ذلك.

Ce premier vol a fait de Buck un chien apte à survivre dans le Nord.

كانت تلك السرقة الأولى بمثابة إشارة إلى أن باك هو الكلب المناسب للبقاء على قيد الحياة في الشمال.

Il a montré qu'il pouvait s'adapter à de nouvelles conditions et apprendre rapidement.

وأظهر أنه قادر على التكيف مع الظروف الجديدة والتعلم بسرعة.

Sans une telle adaptabilité, il serait mort rapidement et gravement.

ولولا هذه القدرة على التكيف لكان قد مات بسرعة وبصورة سيئة.

Cela a également marqué l'effondrement de sa nature morale et de ses valeurs passées.

كما أنها كانت بمثابة انهيار لطبيعته الأخلاقية وقيمه الماضية.

Dans le Southland, il avait vécu sous la loi de l'amour et de la bonté.

لقد عاش في الجنوب تحت قانون الحب واللطف.

Là, il était logique de respecter la propriété et les sentiments des autres chiens.

هناك كان من المنطقي احترام الممتلكات ومشاعر الكلاب الأخرى.

Mais le Northland suivait la loi du gourdin et la loi du croc.

لكن سكان نورثلاند اتبعوا قانون النادي وقانون الأنياب.

Quiconque respectait les anciennes valeurs ici était stupide et échouerait.

من احترم القيم القديمة هنا كان أحمقًا وسوف يفشل.

Buck n'a pas réfléchi à tout cela dans son esprit.

لم يكن باك قادراً على تفسير كل هذا في ذهنه.

Il était en forme et s'est donc adapté sans avoir besoin de réfléchir.

لقد كان لائقًا، لذا فقد تكيف دون الحاجة إلى التفكير.

De toute sa vie, il n'avait jamais fui un combat.

طوال حياته، لم يهرب أبدًا من القتال.

Mais la massue en bois de l'homme au pull rouge a changé cette règle.

لكن الهراوة الخشبية للرجل ذو السترة الحمراء غيّرت هذه القاعدة.

Il suivait désormais un code plus profond et plus ancien, inscrit dans son être.

والآن أصبح يتبع قانونًا أعمق وأقدم مكتوبًا في كيانه.

Il ne volait pas par plaisir, mais par faim.

لم يسرق من أجل المتعة، بل من أجل ألم الجوع.

Il n'a jamais volé ouvertement, mais il a volé avec ruse et prudence.

لم يسرق علانيةً قط، بل سرق بمكر وحرص.

Il a agi par respect pour la massue en bois et par peur du croc.

لقد تصرف بدافع الاحترام للنادي الخشبي والخوف من الناب.

En bref, il a fait ce qui était plus facile et plus sûr que de ne pas le faire.

باختصار، لقد فعل ما كان أسهل وأكثر أمانًا من عدم فعله.

Son développement – ou peut-être son retour à ses anciens instincts – fut rapide.

وكان تطوره - أو ربما عودته إلى غرائزه القديمة - سريعًا.

Ses muscles se durcirent jusqu'à devenir aussi forts que du fer.

تصلبت عضلاته حتى أصبح شعرها قويا مثل الحديد.

Il ne se souciait plus de la douleur, à moins qu'elle ne soit grave.

لم يعد يهتم بالألم، إلا إذا كان خطيرًا.

Il est devenu efficace à l'intérieur comme à l'extérieur, ne gaspillant rien du tout.

لقد أصبح فعالاً من الداخل والخارج، ولم يهدر أي شيء على الإطلاق.

Il pouvait manger des choses viles, pourries ou difficiles à digérer.

كان بإمكانه أن يأكل أشياء كريهة، أو فاسدة، أو صعبة الهضم.

Quoi qu'il mange, son estomac utilisait jusqu'au dernier morceau de valeur.

مهما كان ما يأكله، فإن معدته تستهلك كل ما فيه من قيمة.

Son sang transportait les nutriments loin dans son corps puissant.

حمل دمه العناصر الغذائية إلى كل أنحاء جسده القوي.

Cela a créé des tissus solides qui lui ont donné une endurance incroyable.

لقد أدى ذلك إلى بناء أنسجة قوية أعطته قدرة تحمل لا تصدق.

Sa vue et son odorat sont devenus beaucoup plus sensibles qu'avant.

أصبحت حاسة البصر والشم لديه أكثر حساسية من ذي قبل.

Son ouïe est devenue si fine qu'il pouvait détecter des sons faibles pendant son sommeil.

لقد أصبح سمعه حادًا لدرجة أنه كان قادرًا على اكتشاف الأصوات الخافتة أثناء النوم.

Il savait dans ses rêves si les sons signifiaient sécurité ou danger.

كان يعرف في أحلامه ما إذا كانت الأصوات تعني الأمان أم الخطر.

Il a appris à mordre la glace entre ses orteils avec ses dents.

لقد تعلم كيفية قضم الجليد بين أصابع قدميه بأسنانه.

Si un point d'eau gelait, il brisait la glace avec ses jambes.

إذا تجمدت حفرة الماء، فإنه يكسر الجليد بساقيه.

Il se cabra et frappa violemment la glace avec ses membres antérieurs raides.

نهض وضرب الجليد بقوة بأطرافه الأمامية الصلبة.

Sa capacité la plus frappante était de prédire les changements de vent pendant la nuit.

كانت قدرته الأبرز هي التنبؤ بتغيرات الرياح أثناء الليل.

Même lorsque l'air était calme, il choisissait des endroits abrités du vent.

حتى عندما كان الهواء ساكنًا، اختار أماكن محمية من الرياح.

Partout où il creusait son nid, le vent du lendemain le passait à côté de lui.

أينما حفر عشه، مرت به رياح اليوم التالي.

Il finissait toujours par se blottir et se protéger, sous le vent.

لقد انتهى به الأمر دائمًا إلى أن يكون مرتاحًا ومحميًا، في مأمن من النسيم.

Buck n'a pas seulement appris par l'expérience : son instinct est également revenu.

لم يتعلم باك من خلال الخبرة فحسب، بل عادت غرائزه أيضًا.

Les habitudes des générations domestiquées ont commencé à disparaître.

بدأت عادات الأجيال المستأنسة في التلاشي.

De manière vague, il se souvenait des temps anciens de sa race.

وبطرق غامضة، تذكر العصور القديمة لسلالاته.

Il repensa à l'époque où les chiens sauvages couraient en meute dans les forêts.

لقد فكر في الوقت الذي كانت فيه الكلاب البرية تركض في مجموعات عبر الغابات.

Ils avaient poursuivi et tué leur proie en la poursuivant.

لقد طاردوا فريستهم وقتلوها أثناء مطاردتها.

Il était facile pour Buck d'apprendre à se battre avec force et rapidité.

لقد كان من السهل على باك أن يتعلم كيفية القتال بقوة وسرعة.

Il utilisait des coupures, des entailles et des coups rapides, tout comme ses ancêtres.

لقد استخدم القطع والتشريح والالتقاطات السريعة تمامًا مثل أسلافه.

Ces ancêtres se sont réveillés en lui et ont réveillé sa nature sauvage.

لقد تحرك هؤلاء الأجداد في داخله وأيقظوا طبيعته البرية.

Leurs anciennes compétences lui avaient été transmises par le sang.

لقد انتقلت مهاراتهم القديمة إليه من خلال سلالة الدم.

Leurs tours étaient désormais à lui, sans besoin de pratique ni d'effort.

أصبحت حيلهم الآن بين يديه، دون الحاجة إلى التدريب أو بذل الجهد.

Lors des nuits calmes et froides, Buck levait le nez et hurlait.

في الليالي الباردة الهادئة، كان باك يرفع أنفه ويصرخ.

Il hurla longuement et profondément, comme le faisaient les loups autrefois.

عوى طويلاً وعميقاً، كما فعل الذئاب منذ زمن بعيد.

À travers lui, ses ancêtres morts pointaient leur nez et hurlaient.

ومن خلاله أشار أسلافه الموتى بأنوفهم وعووا.

Ils ont hurlé à travers les siècles avec sa voix et sa forme.

لقد صرخوا عبر القرون بصوته وشكلته.

Ses cadences étaient les leurs, de vieux cris qui parlaient de chagrin et de froid.

كانت إيقاعاته هي إيقاعاتهم، صرخات قديمة تحكي عن الحزن والبرد.

Ils chantaient l'obscurité, la faim et le sens de l'hiver.

لقد غنوا عن الظلام، والجوع، ومعنى الشتاء.

Buck a prouvé que la vie est façonnée par des forces qui nous dépassent.

أثبت باك كيف تتشكل الحياة من خلال قوى خارج الذات،

L'ancienne chanson s'éleva à travers Buck et s'empara de son âme.

ارتفعت الأغنية القديمة عبر باك واستولت على روحه.

Il s'est retrouvé parce que les hommes avaient trouvé de l'or dans le Nord.

لقد وجد نفسه لأن الرجال وجدوا الذهب في الشمال.

Et il s'est retrouvé parce que Manuel, l'aide du jardinier, avait besoin d'argent.

ووجد نفسه لأن مانويل، مساعد البستاني، كان يحتاج إلى المال.

La Bête Primordiale Dominante
الوحش البدائي المسيطر

La bête primordiale dominante était aussi forte que jamais en Buck.

كان الوحش البدائي المهيمن قويًا كما كان دائمًا في باك.

Mais la bête primordiale dominante sommeillait en lui.

لكن الوحش البدائي المسيطر كان كامنًا بداخله.

La vie sur le sentier était dure, mais elle renforçait la bête qui sommeillait en Buck.

كانت حياة الطريق قاسية، لكنها عززت الوحش داخل باك.

Secrètement, la bête devenait de plus en plus forte chaque jour.

في الخفاء، أصبح الوحش أقوى وأقوى كل يوم.

Mais cette croissance intérieure est restée cachée au monde extérieur.

لكن هذا النمو الداخلي بقي مخفيا عن العالم الخارجي.

Une force primordiale, calme et tranquille, se construisait à l'intérieur de Buck.

كانت هناك قوة بدائية هادئة وساكنة تتراكم داخل باك.

Une nouvelle ruse a donné à Buck l'équilibre, le calme, le contrôle et l'équilibre.

لقد أعطى المكر الجديد باك التوازن والتحكم الهادئ والاتزان.

Buck s'est concentré sur son adaptation, sans jamais se sentir complètement détendu.

ركز باك بشدة على التكيف، ولم يشعر بالاسترخاء التام أبدًا.

Il évitait les conflits, ne déclenchait jamais de bagarres et ne cherchait jamais les ennuis.

كان يتجنب الصراع، ولا يبدأ القتال أبدًا، ولا يسعى إلى المتاعب.

Une réflexion lente et constante façonnait chaque mouvement de Buck.

كان التفكير البطيء والثابت هو الذي شكل كل تحركات باك.

Il évitait les choix irréfléchis et les décisions soudaines et imprudentes.

كان يتجنب الاختيارات المتهورة والقرارات المفاجئة المتهورة.

Bien que Buck détestait profondément Spitz, il ne lui montrait aucune agressivité.

على الرغم من أن باك كان يكره سبيتز بشدة، إلا أنه لم يظهر له أي عدوان.

Buck n'a jamais provoqué Spitz et a gardé ses actions contenues.

لم يستفز باك سبيتز أبدًا، وحافظ على أفعاله مقيدة.

Spitz, de son côté, sentait le danger grandissant chez Buck.

ومن ناحية أخرى، شعر سبيتز بالخطر المتزايد في باك.

Il considérait Buck comme une menace et un sérieux défi à son pouvoir.

لقد رأى باك كتهديد وتحدي خطير لسلطته.

Il profitait de chaque occasion pour grogner et montrer ses dents acérées.

لقد استغل كل فرصة للهجوم وإظهار أسنانه الحادة.

Il essayait de déclencher le combat mortel qui devait avoir lieu.

لقد كان يحاول بدء القتال المميت الذي كان لا بد أن يأتي.

Au début du voyage, une bagarre a failli éclater entre eux.

وفي وقت مبكر من الرحلة، كاد قتال أن يندلع بينهما.

Mais un accident inattendu a empêché le combat d'avoir lieu.

ولكن حادث غير متوقع منع حدوث القتال.

Ce soir-là, ils installèrent leur campement sur le lac Le Barge, extrêmement froid.

وفي ذلك المساء أقاموا مخيمهم على بحيرة لو بارج شديدة البرودة.

La neige tombait fort et le vent soufflait comme un couteau.

كان الثلج يتساقط بغزارة، والريح تقطع مثل السكين.

La nuit était venue trop vite et l'obscurité les entourait.

لقد جاء الليل سريعًا جدًا، والظلام يحيط بهم.

Ils n'auraient pas pu choisir un pire endroit pour se reposer.

لم يكن بإمكانهم اختيار مكان أسوأ للراحة.

Les chiens cherchaient désespérément un endroit où se coucher.

بحثت الكلاب بشكل يائس عن مكان للاستلقاء.

Un haut mur de roche s'élevait abruptement derrière le petit groupe.

ارتفع جدار صخري طويل بشكل حاد خلف المجموعة الصغيرة.

La tente avait été laissée à Dyea pour alléger la charge.

لقد تم ترك الخيمة في دايا لتخفيف الحمل.

Ils n'avaient pas d'autre choix que d'allumer le feu sur la glace elle-même.

لم يكن أمامهم خيار سوى إشعال النار على الجليد نفسه.

Ils étendent leurs robes de nuit directement sur le lac gelé.

قاموا بنشر أردية نومهم مباشرة على البحيرة المتجمدة.

Quelques bâtons de bois flotté leur ont donné un peu de feu.

أعطتهم بضعة أعواد من الخشب الطافي القليل من النار.

Mais le feu s'est allumé sur la glace et a fondu à travers elle.

لكن النار اشتعلت على الجليد، وذابت من خلاله.

Finalement, ils mangeaient leur dîner dans l'obscurité.

وفي النهاية كانوا يتناولون عشاءهم في الظلام.

Buck s'est recroquevillé près du rocher, à l'abri du vent froid.

انحنى باك بجانب الصخرة، محميًا من الرياح الباردة.

L'endroit était si chaud et sûr que Buck détestait déménager.

كان المكان دافئًا وآمنًا لدرجة أن باك كان يكره الانتقال بعيدًا.

Mais François avait réchauffé le poisson et distribuait les rations.

لكن فرانسوا قام بتسخين الأسماك وقام بتوزيع الحصص.

Buck finit de manger rapidement et retourna dans son lit.

انتهى باك من تناول الطعام بسرعة، وعاد إلى سريره.

Mais Spitz était maintenant allongé là où Buck avait fait son lit.

لكن سبيتز كان مستلقيًا الآن حيث صنع باك سريره.

Un grognement sourd avertit Buck que Spitz refusait de bouger.

حذرت صرخة منخفضة باك من أن سبيتز رفض التحرك.

Jusqu'à présent, Buck avait évité ce combat avec Spitz.

حتى الآن، كان باك يتجنب هذه المعركة مع سبيتز.

Mais au plus profond de Buck, la bête s'est finalement libérée.

ولكن في أعماق باك، انطلق الوحش أخيرًا.

Le vol de son lieu de couchage était trop difficile à tolérer.

لقد كانت سرقة مكان نومه أمراً لا يطاق.

Buck se lança sur Spitz, plein de colère et de rage.

انقض باك على سبيتز، وكان مليئًا بالغضب والغضب.

Jusqu'à présent, Spitz pensait que Buck n'était qu'un gros chien.

حتى ذلك الوقت كان سبيتز يعتقد أن باك كان مجرد كلب كبير.

Il ne pensait pas que Buck avait survécu grâce à son esprit.

لم يعتقد أن باك قد نجا من خلال روحه.

Il s'attendait à la peur et à la lâcheté, pas à la fureur et à la vengeance.

كان يتوقع الخوف والجبن، وليس الغضب والانتقام.

François regarda les deux chiens sortir du nid en ruine.

حدق فرانسوا بينما خرج الكلبان من العش المدمر.

Il comprit immédiatement ce qui avait déclenché cette lutte sauvage.

لقد فهم على الفور سبب بدء الصراع الوحشي.

« Aa-ah ! » s'écria François en soutien au chien brun.

آه-آه "إصرخ فرانسوا دعماً للكلب البني."

« Frappez-le ! Par Dieu, punissez ce voleur sournois ! »

"!اضربوه إواله، عاقبوا هذا اللص الماكر"

Spitz a montré une volonté égale et une impatience folle de se battre.

وأظهر سبيتز استعدادًا مماثلاً وحماسًا شديدًا للقتال.

Il cria de rage tout en tournant rapidement en rond, cherchant une ouverture.

صرخ بغضب وهو يدور بسرعة، باحثًا عن فرصة.

Buck a montré la même soif de combat et la même prudence.

وأظهر باك نفس الرغبة في القتال، ونفس الحذر.

Il a également encerclé son adversaire, essayant de prendre le dessus dans la bataille.

كما حاصر خصمه أيضًا، محاولًا كسب اليد العليا في المعركة.

Puis quelque chose d'inattendu s'est produit et a tout changé.

ثم حدث شيء غير متوقع وغير كل شيء.

Ce moment a retardé l'éventuelle lutte pour le leadership.

لقد أدت تلك اللحظة إلى تأخير المعركة النهائية على القيادة.

De nombreux kilomètres de piste et de lutte attendaient encore avant la fin.

لا تزال أميال عديدة من الطريق والنضال تنتظر قبل النهاية.

Perrault cria un juron tandis qu'une massue frappait un os.

صرخ بيرولت بقسم بينما كانت الهراوة تصطدم بالعظم.

Un cri aigu de douleur suivit, puis le chaos explosa tout autour.

تبع ذلك صرخة حادة من الألم، ثم انفجرت الفوضى في كل مكان.

Des formes sombres se déplaçaient dans le camp ; des huskies sauvages, affamés et féroces.

تحركت الأشكال المظلمة في المخيم؛ كلاب الهاسكي البرية، الجائعة والشرسة.

Quatre ou cinq douzaines de huskies avaient reniflé le camp de loin.

كان هناك أربعة أو خمسة عشرات من الكلاب الهاسكي تشم المخيم من بعيد.

Ils s'étaient glissés discrètement pendant que les deux chiens se battaient à proximité.

لقد تسللوا بهدوء بينما كان الكلبان يتقاتلان في مكان قريب.

François et Perrault chargèrent en brandissant des massues sur les envahisseurs.

هاجم فرانسوا وبيرو الغزاة، ولوحوا بالهراوات في وجههم.

Les huskies affamés ont montré les dents et ont riposté avec frénésie.

أظهرت الكلاب الهاسكي الجائعة أسنانها وقاتلت بشراسة.

L'odeur de la viande et du pain les avait chassés de toute peur.

لقد دفعتهم رائحة اللحوم والخبز إلى تجاوز كل الخوف.

Perrault battait un chien qui avait enfoui sa tête dans la boîte à nourriture.

ضرب بيرولت كلبًا دفن رأسه في صندوق الطعام.

Le coup a été violent et la boîte s'est retournée, la nourriture s'est répandue.

كانت الضربة قوية، وانقلب الصندوق، وتناثر الطعام خارجه.

En quelques secondes, une vingtaine de bêtes sauvages déchirèrent le pain et la viande.

في ثوانٍ، هاجمت مجموعة من الوحوش البرية الخبز واللحم.

Les gourdin masculins ont porté coup sur coup, mais aucun chien ne s'est détourné.

وسددت أندية الرجال ضربة تلو الأخرى، لكن لم يتراجع أحد.

Ils hurlaient de douleur, mais se battaient jusqu'à ce qu'il ne reste plus de nourriture.

لقد صرخوا من الألم، لكنهم قاتلوا حتى لم يبق طعام.

Pendant ce temps, les chiens de traîneau avaient sauté de leurs lits enneigés.

وفي هذه الأثناء، قفزت كلاب الزلاجات من أسرتها الثلجية.

Ils ont été immédiatement attaqués par les huskies vicieux et affamés.

لقد تعرضوا على الفور لهجوم من قبل الكلاب الهاسكي الجائعة الشرسة.

Buck n'avait jamais vu de créatures aussi sauvages et affamées auparavant.

لم يسبق لباك أن رأى مثل هذه المخلوقات البرية والجائعة من قبل.

Leur peau pendait librement, cachant à peine leur squelette.

كانت جلودهم متدلية، بالكاد تخفي هياكلهم العظمية.

Il y avait un feu dans leurs yeux, de faim et de folie

وكان في عيونهم نار من الجوع والجنون

Il n'y avait aucun moyen de les arrêter, aucune résistance à leur ruée sauvage.

لم يكن هناك ما يوقفهم، ولا ما يقاوم اندفاعهم الوحشي.

Les chiens de traîneau furent repoussés, pressés contre la paroi de la falaise.

تم دفع كلاب الزلاجات إلى الخلف، وضغطها على جدار الجرف.

Trois huskies ont attaqué Buck en même temps, déchirant sa chair.

هاجم ثلاثة كلاب هاسكي باك في وقت واحد، وقاموا بتمزيق لحمه.

Du sang coulait de sa tête et de ses épaules, là où il avait été coupé.

تدفق الدم من رأسه وكتفيه حيث تم قطعه.

Le bruit remplissait le camp : grognements, cris et cris de douleur.

امتلأ المخيم بالضجيج؛ هدير، صراخ، وصراخ الألم.

Billee pleurait fort, comme d'habitude, prise dans la mêlée et la panique.

بكت بيلي بصوت عالٍ، كعادتها، وهي عالقة في المعركة والذعر.

Dave et Solleks se tenaient côte à côte, saignant mais provocants.

كان ديف وسوليكس واقفين جنبًا إلى جنب، ينزفان ولكنهما متحدان.

Joe s'est battu comme un démon, mordant tout ce qui s'approchait.

كان جو يقاتل مثل الشيطان، يعض أي شيء يقترب منه.

Il a écrasé la jambe d'un husky d'un claquement brutal de ses mâchoires.

لقد سحق ساق الهاسكي بضربة وحشية من فكيه.

Pike a sauté sur le husky blessé et lui a brisé le cou instantanément.

قفز بايك على الهاسكي الجريح وكسر رقبته على الفور.

Buck a attrapé un husky par la gorge et lui a déchiré la veine.

أمسك باك كلب الهاسكي من حلقه ومزقه من خلال الوريد.

Le sang gicla et le goût chaud poussa Buck dans une frénésie.

تناثر الدم، والطعم الدافئ دفع باك إلى الجنون.

Il s'est jeté sur un autre agresseur sans hésitation.

ألقى بنفسه على مهاجم آخر دون تردد.

Au même moment, des dents acérées s'enfoncèrent dans la gorge de Buck.

وفي نفس اللحظة، حفرت أسنان حادة في حلق باك.

Spitz avait frappé de côté, attaquant sans avertissement.

لقد ضرب سبيتز من الجانب، مهاجمًا دون سابق إنذار.

Perrault et François avaient vaincu les chiens en volant la nourriture.

تمكن بيرولت وفرانسوا من هزيمة الكلاب التي كانت تسرق الطعام.

Ils se sont alors précipités pour aider leurs chiens à repousser les attaquants.

والآن سارعوا لمساعدة كلابهم في محاربة المهاجمين.

Les chiens affamés se retirèrent tandis que les hommes brandissaient leurs gourdins.

تراجعت الكلاب الجائعة بينما كان الرجال يهزون هراواتهم.

Buck s'est libéré de l'attaque, mais l'évasion a été brève.

تمكن باك من الهروب من الهجوم، لكن الهروب كان قصيرًا.

Les hommes ont couru pour sauver leurs chiens, et les huskies ont de nouveau afflué.

ركض الرجال لإنقاذ كلابهم، وهاجمتهم الكلاب الهاسكي مرة أخرى.

Billee, effrayé et courageux, sauta dans la meute de chiens.

بيلي، خائفًا من الشجاعة، قفز إلى مجموعة الكلاب.

Mais il s'est alors enfui sur la glace, saisi de terreur et de panique.

لكن بعد ذلك هرب عبر الجليد، في حالة من الرعب والذعر.

Pike et Dub suivaient de près, courant pour sauver leur vie.

وتبعهما بايك ودب عن كثب، يركضان لإنقاذ حياتهما.

Le reste de l'équipe s'est séparé et dispersé, les suivant.

بقية الفريق انكسر وتشتت، وتبعهم.

Buck rassembla ses forces pour courir, mais vit alors un éclair.

جمع باك قوته للركض، ولكن بعد ذلك رأى وميضًا.

Spitz s'est jeté sur le côté de Buck, essayant de le faire tomber au sol.

انقض سبيتز على جانب باك، محاولاً إسقاطه على الأرض.

Sous cette foule de huskies, Buck n'aurait eu aucune échappatoire.

تحت هذا الحشد من الكلاب الهاسكي، لم يكن لدى باك أي فرصة للهروب.

Mais Buck est resté ferme et s'est préparé au coup de Spitz.

لكن باك صمد وقاوم الضربة التي وجهها له سبيتز.

Puis il s'est retourné et a couru sur la glace avec l'équipe en fuite.

ثم استدار وركض إلى الجليد مع الفريق الهارب.

Plus tard, les neuf chiens de traîneau se sont rassemblés à l'abri des bois.

وفي وقت لاحق، تجمعت الكلاب التسعة في ملجأ الغابة.

Personne ne les poursuivait plus, mais ils étaient battus et blessés.

لم يعد أحد يطاردهم، لكنهم تعرضوا للضرب والجرح.

Chaque chien avait des blessures ; quatre ou cinq coupures profondes sur chaque corps.

كان لدى كل كلب جروح؛ أربعة أو خمسة جروح عميقة في كل جسم.

Dub avait une patte arrière blessée et avait du mal à marcher maintenant.

كان لدى داب إصابة في ساقه الخلفية وكان يكافح من أجل المشي الآن.

Dolly, le nouveau chien de Dyea, avait la gorge tranchée.

دوللي، أحدث كلب من دايا، أصيب بجرح في الحلق.

Joe avait perdu un œil et l'oreille de Billee était coupée en morceaux

لقد فقد جو إحدى عينيه، وقُطعت أذن بيلي إلى قطع۔

Tous les chiens ont crié de douleur et de défaite toute la nuit.

بكت كل الكلاب من الألم والهزيمة طوال الليل۔

À l'aube, ils retournèrent au camp, endoloris et brisés.

وعند الفجر، تسللوا عائدين إلى المخيم، متألمين ومكسورين۔

Les huskies avaient disparu, mais le mal était fait.

لقد اختفت الكلاب الهاسكي، لكن الضرر كان قد وقع۔

Perrault et François étaient de mauvaise humeur à cause de la ruine.

كان بيرولت وفرانسو واقفين في مزاج سيئ فوق الأنقاض۔

La moitié de la nourriture avait disparu, volée par les voleurs affamés.

لقد اختفى نصف الطعام، وسرقه اللصوص الجائعون۔

Les huskies avaient déchiré les fixations et la toile du traîneau.

لقد مزقت الكلاب الهاسكي أربطة الزلاجات والقماش۔

Tout ce qui avait une odeur de nourriture avait été complètement dévoré.

لقد تم التهام أي شيء له رائحة الطعام بالكامل۔

Ils ont mangé une paire de bottes de voyage en peau d'élan de Perrault.

لقد أكلوا زوجًا من أحذية السفر المصنوعة من جلد الموظ الخاصة بـ بيرولت۔

Ils ont mâché des reis en cuir et ruiné des sangles au point de les rendre inutilisables.

لقد قاموا بمضغ الريس الجلدي وإتلاف الأشرطة حتى أصبحت غير صالحة للاستخدام۔

François cessa de fixer le fouet déchiré pour vérifier les chiens.

توقف فرانسوا عن النظر إلى الرموش الممزقة للتحقق من الكلاب۔

« Ah, mes amis », dit-il d'une voix basse et pleine d'inquiétude.

آه، أصدقائي، "قال بصوت منخفض ومليء بالقلق۔"

« Peut-être que toutes ces morsures vous transformeront en bêtes folles. »

"ربما كل هذه اللدغات سوف تحولك إلى وحوش مجنونة."

« Peut-être que ce sont tous des chiens enragés, sacredam ! Qu'en penses-tu, Perrault ? »

ربما كل الكلاب المسعورة، يا إلهي إما رأيك يا بيرولت؟

Perrault secoua la tête, les yeux sombres d'inquiétude et de peur.

هز بيرولت رأسه، وكانت عيناه مظلمتين بالقلق والخوف.

Il y avait encore quatre cents milles entre eux et Dawson.

لا يزال هناك أربعمائة ميل بينهم وبين داوسون.

La folie canine pourrait désormais détruire toute chance de survie.

جنون الكلب الآن قد يدمر أي فرصة للبقاء على قيد الحياة.

Ils ont passé deux heures à jurer et à essayer de réparer le matériel.

لقد أمضوا ساعتين في الشتائم ومحاولة إصلاح المعدات.

L'équipe blessée a finalement quitté le camp, brisée et vaincue.

وأخيراً غادر الفريق الجريح المعسكر مكسوراً ومهزوماً.

C'était le sentier le plus difficile jusqu'à présent, et chaque pas était douloureux.

لقد كان هذا هو الطريق الأصعب حتى الآن، وكل خطوة كانت مؤلمة.

La rivière Thirty Mile n'était pas gelée et coulait à flots.

لم يتجمد نهر الثلاثين ميلاً، وكان يتدفق بعنف.

Ce n'est que dans les endroits calmes et les tourbillons que la glace parvenait à tenir.

لم يتمكن الجليد من الصمود إلا في الأماكن الهادئة والتيارات الدوامية.

Six jours de dur labeur se sont écoulés jusqu'à ce que les trente milles soient parcourus.

لقد مرت ستة أيام من العمل الشاق حتى تم قطع الثلاثين ميلاً.

Chaque kilomètre parcouru sur le sentier apportait du danger et une menace de mort.

كان كل ميل من الطريق يحمل خطرًا وتهديدًا بالموت.

Les hommes et les chiens risquaient leur vie à chaque pas douloureux.

لقد خاطر الرجال والكلاب بحياتهم مع كل خطوة مؤلمة.

Perrault a franchi des ponts de glace minces à une douzaine de reprises.

نجح بيرولت في اختراق الجسور الجليدية الرقيقة عشرات المرات المختلفة.

Il portait une perche et la laissait tomber sur le trou que son corps avait fait.

حمل عمودًا وتركه يسقط على الحفرة التي صنعها جسده.

Plus d'une fois, ce poteau a sauvé Perrault de la noyade.

لقد أنقذ هذا العمود بيرولت من الغرق أكثر من مرة.

La vague de froid persistait, l'air était à cinquante degrés en dessous de zéro.

ظلت موجة البرد قوية، وكانت درجة حرارة الهواء خمسين درجة تحت الصفر.

Chaque fois qu'il tombait, Perrault devait allumer un feu pour survivre.

في كل مرة كان يسقط فيها، كان على بيرولت أن يشعل النار ليتمكن من البقاء على قيد الحياة.

Les vêtements mouillés gelaient rapidement, alors il les séchait près d'une source de chaleur intense.

تجمدت الملابس المبللة بسرعة، لذا قام بتجفيفها بالقرب من الحرارة الشديدة.

Aucune peur n'a jamais touché Perrault, et cela a fait de lui un courrier.

لم يكن الخوف يمس بيرولت على الإطلاق، وهذا ما جعله رسولاً.

Il a été choisi pour le danger, et il l'a affronté avec une résolution tranquille.

لقد تم اختياره لمواجهة الخطر، وقابله بهدوء وتصميم.

Il s'avança face au vent, son visage ratatiné et gelé.

تقدم للأمام في مواجهة الريح، وكان وجهه المتجعد مغطى بالصقيع.

De l'aube naissante à la tombée de la nuit, Perrault les mena en avant.

من الفجر الخافت حتى حلول الليل، قادهم بيرولت إلى الأمام.

Il marchait sur une étroite bordure de glace qui se fissurait à chaque pas.

كان يمشي على حافة الجليد الضيقة التي كانت تتشقق مع كل خطوة.

Ils n'osaient pas s'arrêter : chaque pause risquait de provoquer un effondrement mortel.

لم يجرؤوا على التوقف ـ كل توقف كان يهدد بانهيار مميت.

Un jour, le traîneau s'est brisé, entraînant Dave et Buck à l'intérieur.

في إحدى المرات، اخترقت الزلاجة الطريق، وسحبت ديف وبوك إلى الداخل.

Au moment où ils ont été libérés, tous deux étaient presque gelés.

بحلول الوقت الذي تم فيه سحبهما بحرية، كان كلاهما متجمدين تقريبًا.

Les hommes ont rapidement allumé un feu pour garder Buck et Dave en vie.

قام الرجال بإشعال النار بسرعة لإبقاء باك وديف على قيد الحياة.

Les chiens étaient recouverts de glace du nez à la queue, raides comme du bois sculpté.

كانت الكلاب مغطاة بالجليد من الأنف إلى الذيل، صلبة مثل الخشب المنحوت.

Les hommes les faisaient courir en rond près du feu pour décongeler leurs corps.

قام الرجال بتدويرهم في دوائر بالقرب من النار لتذويب أجسادهم.

Ils se sont approchés si près des flammes que leur fourrure a été brûlée.

لقد اقتربوا من النيران لدرجة أن فرائهم احترق.

Spitz a ensuite brisé la glace, entraînant l'équipe derrière lui.

ثم اخترق سبيتز الجليد، وسحب الفريق خلفه.

La cassure s'est étendue jusqu'à l'endroit où Buck tirait.

وصل الكسر إلى كل الطريق حتى حيث كان باك يسحب.

Buck se pencha en arrière, ses pattes glissant et tremblant sur le bord.

انحنى باك إلى الخلف بقوة، وكانت كفوفه تنزلق وترتجف على الحافة.

Dave a également tendu vers l'arrière, juste derrière Buck sur la ligne.

كما بذل ديف جهدًا كبيرًا في التراجع إلى الخلف، خلف باك مباشرة على الخط.

François tirait sur le traîneau, ses muscles craquant sous l'effort.

سحب فرانسوا الزلاجة، وكانت عضلاته تتكسر من شدة الجهد.

Une autre fois, la glace du bord s'est fissurée devant et derrière le traîneau.

في مرة أخرى، تصدع الجليد على الحافة أمام الزلاجة وخلفها.

Ils n'avaient d'autre issue que d'escalader une paroi rocheuse gelée.

لم يكن لديهم أي وسيلة للخروج سوى تسلق جدار الجرف المتجمد.

Perrault a réussi à escalader le mur, mais un miracle l'a maintenu en vie.

تمكن بيرولت بطريقة ما من تسلق الجدار؛ وأبقته معجزة على قيد الحياة.

François resta en bas, priant pour avoir le même genre de chance.

وبقي فرانسوا في الأسفل، وهو يصلي من أجل نفس النوع من الحظ.

Ils ont attaché chaque sangle, chaque amarrage et chaque traçage en une seule longue corde.

قاموا بربط كل حزام، وربط، وأثر في حبل واحد طويل.

Les hommes ont hissé chaque chien, un par un, jusqu'au sommet.

سحب الرجال كل كلب على حدة إلى الأعلى.

François est monté en dernier, après le traîneau et toute la charge.

تسلق فرانسوا أخيرًا، بعد الزلاجة والحمولة بأكملها.

Commença alors une longue recherche d'un chemin pour descendre des falaises.

ثم بدأ بحث طويل عن طريق للنزول من المنحدرات.

Ils sont finalement descendus en utilisant la même corde qu'ils avaient fabriquée.

نزلوا أخيرا باستخدام نفس الحبل الذي صنعوه.

La nuit tombait alors qu'ils retournaient au lit de la rivière, épuisés et endoloris.

حل الليل عندما عادوا إلى مجرى النهر، مرهقين ومتألمين.

La journée entière ne leur avait permis de gagner qu'un quart de mile.

لقد حصلوا على ربع ميل فقط من المكسب خلال اليوم الكامل.

Au moment où ils atteignirent le Hootalinqua, Buck était épuisé.

بحلول الوقت الذي وصلوا فيه إلى هوتالينكوا، كان باك مرهقًا.

Les autres chiens ont tout autant souffert des conditions du sentier.

عانت الكلاب الأخرى بنفس القدر من سوء حالة الطريق.

Mais Perrault avait besoin de récupérer du temps et les poussait chaque jour.

لكن بيرولت كان بحاجة إلى استعادة الوقت، وضغط عليهم كل يوم.

Le premier jour, ils ont parcouru trente miles jusqu'à Big Salmon.

في اليوم الأول سافروا مسافة ثلاثين ميلاً إلى بيج سالمون.

Le lendemain, ils parcoururent trente-cinq milles jusqu'à Little Salmon.

وفي اليوم التالي سافروا خمسة وثلاثين ميلاً إلى ليتل سالمون.

Le troisième jour, ils ont parcouru quarante longs kilomètres gelés.

وفي اليوم الثالث، تمكنوا من قطع مسافة أربعين ميلاً متجمداً.

À ce moment-là, ils approchaient de la colonie de Five Fingers.

وبحلول ذلك الوقت، كانوا يقتربون من مستوطنة فايف فينجرز.

Les pieds de Buck étaient plus doux que les pieds durs des huskies indigènes.

كانت أقدام باك أكثر نعومة من أقدام الكلاب الهاسكي الأصلية الصلبة.

Ses pattes étaient devenues plus fragiles au fil des générations civilisées.

لقد أصبحت أقدامه رقيقة على مر الأجيال المتحضرة.

Il y a longtemps, ses ancêtres avaient été apprivoisés par des hommes de la rivière ou des chasseurs.

منذ زمن بعيد، تم ترويض أسلافه من قبل رجال النهر أو الصيادين.

Chaque jour, Buck boitait de douleur, marchant sur des pattes à vif et douloureuses.

كان باك يعرج كل يوم من الألم، ويمشي على أقدامه الخام المؤلمة.

Au camp, Buck tomba comme une forme sans vie sur la neige.

في المخيم، سقط باك مثل جسد بلا حياة على الثلج.

Bien qu'affamé, Buck ne s'est pas levé pour manger son repas du soir.

على الرغم من الجوع، لم ينهض باك لتناول وجبة العشاء.

François apporta sa ration à Buck, en déposant du poisson près de son museau.

أحضر فرانسوا لبوك حصته من السمك، ووضعه على فمه.

Chaque nuit, le chauffeur frottait les pieds de Buck pendant une demi-heure.

كل ليلة كان السائق يدلك قدمي باك لمدة نصف ساعة.

François a même découpé ses propres mocassins pour en faire des chaussures pour chiens.

حتى أن فرانسوا قام بتقطيع أحذية الموكاسين الخاصة به لصنع أحذية للكلاب.

Quatre chaussures chaudes ont apporté à Buck un grand et bienvenu soulagement.

أربعة أحذية دافئة منحت باك راحة كبيرة ومرحب بها.

Un matin, François oublia ses chaussures et Buck refusa de se lever.

في صباح أحد الأيام، نسي فرانسوا الأحذية، ورفض باك النهوض.

Buck était allongé sur le dos, les pieds en l'air, les agitant pitoyablement.

استلقى باك على ظهره، وقدميه في الهواء، ولوح بهما بشكل مثير للشفقة.

Même Perrault sourit à la vue de l'appel dramatique de Buck.

حتى بيرولت ابتسم عندما رأى نداء باك الدرامي.

Bientôt, les pieds de Buck devinrent durs et les chaussures purent être jetées.

وسرعان ما أصبحت أقدام باك قاسية، وأصبح من الممكن التخلص من الأحذية.

À Pelly, pendant le temps du harnais, Dolly laissait échapper un hurlement épouvantable.

في بيلي، أثناء وقت التسخير، أطلقت دوللي عواءً مروعًا.

Le cri était long et rempli de folie, secouant chaque chien.

كانت الصرخة طويلة ومليئة بالجنون، تهز كل كلب.

Chaque chien se hérissait de peur sans en connaître la raison.

كان كل كلب يشعر بالخوف دون أن يعرف السبب.

Dolly était devenue folle et s'était jetée directement sur Buck.

لقد جن جنون دوللي وألقت بنفسها على باك مباشرة.

Buck n'avait jamais vu la folie, mais l'horreur remplissait son cœur.

لم يرى باك الجنون أبدًا، لكن الرعب ملأ قلبه.

Sans réfléchir, il se retourna et s'enfuit, complètement
paniqué.

وبدون تفكير، استدار وهرب في حالة من الذعر المطلق.

Dolly le poursuivit, les yeux fous, la salive s'échappant de
ses mâchoires.

طاردته دوللي، وكانت عيناها متوحشتين، وكان اللعاب يطير من فكيها.

Elle est restée juste derrière Buck, sans jamais gagner ni
reculer.

لقد بقيت خلف باك مباشرة، ولم تكسب أبدًا ولم تتراجع أبدًا.

Buck courut à travers les bois, le long de l'île, sur de la glace
déchiquetée.

ركض باك عبر الغابات، أسفل الجزيرة، عبر الجليد المتعرج.

Il traversa vers une île, puis une autre, revenant vers la
rivière.

عبر إلى جزيرة، ثم إلى أخرى، ثم عاد في اتجاه النهر.

Dolly le poursuivait toujours, son grognement le suivant de
près à chaque pas.

لا تزال دوللي تطارده، وهديرها قريب من خلفه في كل خطوة.

Buck pouvait entendre son souffle et sa rage, même s'il
n'osait pas regarder en arrière.

كان باك يستطيع سماع أنفاسها وغضبها، على الرغم من أنه لم يجرؤ على
النظر إلى الوراء.

François cria de loin, et Buck se tourna vers la voix.

صرخ فرانسوا من بعيد، والتفت باك نحو الصوت.

Encore à bout de souffle, Buck courut, plaçant tout espoir en
François.

مازال يلهث لالتقاط أنفاسه، ركض باك، واضعًا كل أمله في فرانسوا.

Le conducteur du chien leva une hache et attendit que Buck
passe à toute vitesse.

رفع سائق الكلب فأسًا وانتظر بينما طار باك.

La hache s'abattit rapidement et frappa la tête de Dolly avec
une force mortelle.

نزل الفأس بسرعة وضرب رأس دوللي بقوة مميتة.

Buck s'est effondré près du traîneau, essoufflé et incapable
de bouger.

انهار باك بالقرب من الزلاجة، وكان يلهث وغير قادر على الحركة.

Ce moment a donné à Spitz l'occasion de frapper un ennemi épuisé.

أعطت تلك اللحظة لسبيتز فرصته لضرب عدو منهك.

Il a mordu Buck à deux reprises, déchirant la chair jusqu'à l'os blanc.

لقد عض باك مرتين، مما أدى إلى تمزيق لحمه حتى العظم الأبيض.

Le fouet de François claqua, frappant Spitz avec toute sa force et sa fureur.

انطلق سوط فرانسوا، وضرب سبيتز بقوة شديدة وعنيفة.

Buck regarda avec joie Spitz recevoir sa raclée la plus dure jusqu'à présent.

كان باك يراقب بفرح بينما تلقى سبيتز أقسى الضربات التي تلقاها حتى الآن.

« C'est un diable, ce Spitz », murmura sombrement Perrault pour lui-même.

إنه شيطان، ذلك سبيتز، "تمتم بيرولت في نفسه بصوت قاتم."

« Un jour prochain, ce maudit chien tuera Buck, je le jure. »

"في يوم قريب، سوف يقتل هذا الكلب الملعون باك - أقسم بذلك."

« Ce Buck a deux démons en lui », répondit François en hochant la tête.

هذا باك لديه شيطانان بداخله"، أجاب فرانسوا مع إيماءة."

« Quand je regarde Buck, je sais que quelque chose de féroce l'attend. »

"عندما أشاهد باك، أعلم أن هناك شيئًا شرسًا ينتظره."

« Un jour, il deviendra fou comme le feu et mettra Spitz en pièces. »

"في يوم من الأيام، سوف يجن جنونه كالنار ويمزق سبيتز إلى أشلاء."

« Il va mâcher ce chien et le recracher sur la neige gelée. »

"سيقوم بمضغ هذا الكلب وبصقه على الثلج المتجمد."

« Bien sûr que non, je le sais au plus profond de moi. »

"من المؤكد أنني أعرف هذا في أعماق عظامي."

À partir de ce moment-là, les deux chiens étaient engagés dans une guerre.

منذ تلك اللحظة، أصبح الكلبان في حالة حرب.

Spitz a dirigé l'équipe et a conservé le pouvoir, mais Buck a contesté cela.

كان سبيتز قائدًا للفريق ويحتفظ بالسلطة، لكن باك تحدى ذلك.

Spitz a vu son rang menacé par cet étrange étranger du Sud.

رأى سبيتز أن رتبته مهددة من قبل هذا الغريب من ساوثلاند.

Buck ne ressemblait à aucun autre chien du sud que Spitz
avait connu auparavant.

كان باك مختلفًا عن أي كلب جنوبي عرفه سبيتز من قبل.

La plupart d'entre eux ont échoué, trop faibles pour survivre
au froid et à la faim.

لقد فشل معظمهم - كانوا ضعفاء للغاية لدرجة أنهم لم يتمكنوا من العيش
في البرد والجوع.

Ils sont morts rapidement à cause du travail, du gel et de la
lenteur de la famine.

لقد ماتوا بسرعة بسبب العمل، والصقيع، والحرق البطيء للمجاعة.

Buck se démarquait : plus fort, plus intelligent et plus
sauvage chaque jour.

لقد كان باك يقف منفردًا - أقوى وأذكى وأكثر وحشية كل يوم.

Il a prospéré dans les difficultés, grandissant jusqu'à égaler
les huskies du Nord.

لقد ازدهر في ظل المشقة، ونما ليصبح منافسًا لكلاب الهاسكي الشمالية.

Buck avait de la force, une habileté sauvage et un instinct
patient et mortel.

كان باك يتمتع بالقوة والمهارة البرية وغريزة قاتلة وصبر.

L'homme avec la massue avait fait perdre à Buck toute
témérité.

لقد ضرب الرجل الذي يحمل النادي باك حتى خرج من حالة التهور.

La fureur aveugle avait disparu, remplacée par une ruse
silencieuse et un contrôle.

لقد ذهب الغضب الأعمى، وتم استبداله بالمكر الهادئ والسيطرة.

Il attendait, calme et primitif, guettant le bon moment.

كان ينتظر بهدوء وتلقائية، يبحث عن اللحظة المناسبة.

Leur lutte pour le commandement est devenue inévitable et
claire.

لقد أصبح صراعهم على القيادة أمراً لا مفر منه وواضحاً.

Buck désirait être un leader parce que son esprit l'exigeait.

لقد رغب باك في القيادة لأن روحه طالبت بذلك.

Il était poussé par l'étrange fierté née du sentier et du
harnais.

لقد كان مدفوعًا بالفخر الغريب الذي ولد من الدرب والحزام.

Cette fierté a poussé les chiens à tirer jusqu'à ce qu'ils s'effondrent sur la neige.

هذا الفخر جعل الكلاب تسحب نفسها حتى انهارت على الثلج.

L'orgueil les a poussés à donner toute la force qu'ils avaient.

لقد أغرتهم الكبرياء بإعطاء كل القوة التي لديهم.

L'orgueil peut attirer un chien de traîneau jusqu'à la mort.

يمكن للكبرياء أن يغري كلب الزلاجة حتى الموت.

La perte du harnais a laissé les chiens brisés et sans but.

فقدان الحزام يترك الكلاب مكسورة وبدون هدف.

Le cœur d'un chien de traîneau peut être brisé par la honte lorsqu'il prend sa retraite.

يمكن أن يُسحق قلب كلب الزلاجة بالخجل عندما يتقاعد.

Dave vivait avec cette fierté alors qu'il tirait le traîneau par derrière.

لقد عاش ديف بهذا الفخر بينما كان يسحب الزلاجة من الخلف.

Solleks, lui aussi, a tout donné avec une force et une loyauté redoutables.

كما أعطى سوليكس كل ما لديه من قوة وإخلاص.

Chaque matin, l'orgueil les faisait passer de l'amertume à la détermination.

في كل صباح، كان الكبرياء يحولهم من مريرين إلى مصممين.

Ils ont poussé toute la journée, puis sont restés silencieux à la fin du camp.

لقد دفعوا طوال اليوم، ثم ساد الصمت في نهاية المخيم.

Cette fierté a donné à Spitz la force de battre les tire-au-flanc.

لقد أعطى هذا الكبرياء سبيتز القوة للتغلب على المتقاعسين.

Spitz craignait Buck parce que Buck portait cette même fierté profonde.

كان سبيتز يخشى باك لأن باك كان يحمل نفس الفخر العميق.

L'orgueil de Buck s'est alors retourné contre Spitz, et il ne s'est pas arrêté.

لقد تحرك كبرياء باك الآن ضد سبيتز، ولم يتوقف.

Buck a défié le pouvoir de Spitz et l'a empêché de punir les chiens.

تحدى باك قوة سبيتز ومنعه من معاقبة الكلاب.

Lorsque les autres échouaient, Buck s'interposait entre eux et leur chef.

عندما فشل الآخرون، تدخل باك بينهم وبين زعيمهم.

Il l'a fait intentionnellement, en rendant son défi ouvert et clair.

لقد فعل ذلك عن قصد، مما جعل تحديه مفتوحًا وواضحًا.

Une nuit, une forte neige a recouvert le monde d'un profond silence.

في إحدى الليالي، غطت الثلوج الكثيفة العالم بصمت عميق.

Le lendemain matin, Pike, paresseux comme toujours, ne se leva pas pour aller travailler.

في صباح اليوم التالي، لم يستيقظ بايك للذهاب إلى العمل، كعادته، لأنه كان كسولاً.

Il est resté caché dans son nid sous une épaisse couche de neige.

لقد بقي مختبئًا في عشه تحت طبقة سميكة من الثلج.

François a appelé et cherché, mais n'a pas pu trouver le chien.

نادى فرانسوا وبحث، لكنه لم يتمكن من العثور على الكلب.

Spitz devint furieux et se précipita à travers le camp couvert de neige.

لقد أصبح سبيتز غاضبًا واقتحم المخيم المغطى بالثلوج.

Il grogna et renifla, creusant frénétiquement avec des yeux flamboyants.

لقد هدّر وشمّ، وحفر بجنون مع عيون مشتعلة.

Sa rage était si féroce que Pike tremblait sous la neige de peur.

كان غضبه شديدًا لدرجة أن بايك كان يرتجف تحت الثلج من الخوف.

Lorsque Pike fut finalement retrouvé, Spitz se précipita pour punir le chien qui se cachait.

عندما تم العثور على بايك أخيرًا، انقض سبيتز لمعاقبة الكلب المختبئ.

Mais Buck s'est précipité entre eux avec une fureur égale à celle de Spitz.

لكن باك اندفع بينهما بغضب مماثل لغضب سبيتز.

L'attaque fut si soudaine et intelligente que Spitz tomba.

كان الهجوم مفاجئًا وذكيًا لدرجة أن سبيتز سقط على قدميه.

Pike, qui tremblait, puisa du courage dans ce défi.

لقد استمد بايك، الذي كان يرتجف، الشجاعة من هذا التحدي.

Il sauta sur le Spitz tombé, suivant l'exemple audacieux de Buck.

لقد قفز على سبيتز الساقط، متبعًا مثال باك الجريء.

Buck, n'étant plus tenu par l'équité, a rejoint la grève contre Spitz.

انضم باك، الذي لم يعد ملزماً بالعدالة، إلى الإضراب ضد سبيتز.

François, amusé mais ferme dans sa discipline, balançait son lourd fouet.

كان فرانسوا مسليًا ولكنه حازم في الانضباط، وهو يلوح بسوطه الثقيل.

Il frappa Buck de toutes ses forces pour mettre fin au combat.

ضرب باك بكل قوته لفض القتال.

Buck a refusé de bouger et est resté au sommet du chef tombé.

رفض باك التحرك وبقي فوق الزعيم الساقط

François a ensuite utilisé le manche du fouet, frappant Buck durement.

ثم استخدم فرانسوا مقبض السوط، وضرب باك بقوة.

Titubant sous le coup, Buck recula sous l'assaut.

ترنح باك من الضربة، وسقط إلى الخلف تحت الهجوم.

François frappait encore et encore tandis que Spitz punissait Pike.

ضرب فرانسوا مرارا وتكرارا بينما عاقب سبيتز بايك.

Les jours passèrent et Dawson City se rapprocha de plus en plus.

ومرت الأيام، وأصبحت مدينة داوسون أقرب فأقرب.

Buck n'arrêtait pas d'intervenir, se glissant entre le Spitz et les autres chiens.

استمر باك في التدخل، والانزلاق بين سبيتز والكلاب الأخرى.

Il choisissait bien ses moments, attendant toujours que François parte.

لقد اختار لحظاته جيدًا، وكان دائمًا ينتظر رحيل فرانسوا.

La rébellion silencieuse de Buck s'est propagée et le désordre a pris racine dans l'équipe.

انتشرت ثورة باك الهادئة، وترسخت الفوضى في الفريق.

Dave et Solleks sont restés fidèles, mais d'autres sont devenus indisciplinés.

ظل ديف وسوليكس مخلصين، لكن الآخرين أصبحوا غير منضبطين۔

L'équipe est devenue de plus en plus agitée, querelleuse et hors de propos.

أصبح الفريق أسوأ – مضطربًا، ومتشاجرًا، وخارجًا عن المسار۔

Plus rien ne fonctionnait correctement et les bagarres devenaient courantes.

لم يعد أي شيء يعمل بسلاسة، وأصبحت المعارك أمرًا شائعًا۔

Buck est resté au cœur des troubles, provoquant toujours des troubles.

وبقي باك في قلب المشكلة، مثيرًا للاضطرابات دائمًا۔

François restait vigilant, effrayé par le combat entre Buck et Spitz.

ظل فرانسوا متيقظًا، خائفًا من القتال بين باك وسبيتز۔

Chaque nuit, des bagarres le réveillaient, craignant que le commencement n'arrive enfin.

في كل ليلة، كانت المشاجرات توقظه، خوفًا من أن تكون البداية قد وصلت أخيرًا۔

Il sauta de sa robe, prêt à mettre fin au combat.

قفز من ردائه، مستعدًا لفض القتال۔

Mais le moment n'arriva jamais et ils atteignirent finalement Dawson.

ولكن اللحظة لم تأت أبدًا، ووصلوا إلى داوسون أخيرًا۔

L'équipe est entrée dans la ville un après-midi sombre, tendu et calme.

دخل الفريق إلى المدينة في فترة ما بعد الظهيرة الكئيبة، وكان الجو متوتراً وهادئاً۔

La grande bataille pour le leadership était encore en suspens dans l'air glacial.

لا تزال المعركة الكبرى على القيادة معلقة في الهواء المتجمد۔

Dawson était rempli d'hommes et de chiens de traîneau, tous occupés à travailler.

كانت داوسون مليئة بالرجال والكلاب المزلجة، وكان الجميع مشغولين بالعمل۔

Buck regardait les chiens tirer des charges du matin au soir.

كان باك يراقب الكلاب وهي تسحب الأحمال من الصباح حتى الليل۔

Ils transportaient des bûches et du bois de chauffage et acheminaient des fournitures vers les mines.

قاموا بنقل الأخشاب والحطب، ونقلوا الإمدادات إلى المناجم.

Là où les chevaux travaillaient autrefois dans le Southland, les chiens travaillent désormais.

حيث كانت الخيول تعمل في السابق في منطقة الجنوب، أصبحت الكلاب تعمل الآن.

Buck a vu quelques chiens du Sud, mais la plupart étaient des huskies ressemblant à des loups.

رأى باك بعض الكلاب من الجنوب، لكن معظمها كانت من نوع الهاسكي التي تشبه الذئاب.

La nuit, comme une horloge, les chiens élevaient la voix pour chanter.

في الليل، كالعادة، كانت الكلاب ترفع أصواتها بالغناء.

À neuf heures, à minuit et à nouveau à trois heures, les chants ont commencé.

وفي الساعة التاسعة، وفي منتصف الليل، ومرة أخرى في الساعة الثالثة، بدأ الغناء.

Buck aimait se joindre à leur chant étrange, au son sauvage et ancien.

كان باك يحب الانضمام إلى ترانيمهم الغريبة، البرية والقديمة في الصوت.

Les aurores boréales flamboyaient, les étoiles dansaient et la neige recouvrait le pays.

اشتعلت الأضواء الشمالية، ورقصت النجوم، وغطى الثلج الأرض.

Le chant des chiens s'éleva comme un cri contre le silence et le froid glacial.

وارتفعت أغنية الكلاب كصرخة ضد الصمت والبرد القارس.

Mais leur hurlement contenait de la tristesse, et non du défi, dans chaque longue note.

لكن عواءهم كان يحمل الحزن، وليس التحدي، في كل نغمة طويلة.

Chaque cri plaintif était plein de supplications, le fardeau de la vie elle-même.

كانت كل صرخة عويل مليئة بالتوسل، وكان ذلك عبء الحياة نفسها.

Cette chanson était vieille, plus vieille que les villes et plus vieille que les incendies.

كانت تلك الأغنية قديمة ـ أقدم من المدن، وأقدم من الحرائق

Cette chanson était encore plus ancienne que les voix des hommes.

كانت تلك الأغنية أقدم حتى من أصوات الرجال.

C'était une chanson du monde des jeunes, quand toutes les chansons étaient tristes.

كانت أغنية من عالم الشباب، عندما كانت كل الأغاني حزينة.

La chanson portait la tristesse d'innombrables générations de chiens.

حملت الأغنية الحزن من أجيال لا تعد ولا تحصى من الكلاب.

Buck ressentait profondément la mélodie, gémissant de douleur enracinée dans les âges.

أحس باك باللحن بعمق، وكان يتأوه من الألم المتجذر في العصور.

Il sanglotait d'un chagrin aussi vieux que le sang sauvage dans ses veines.

لقد بكى من حزن قديم مثل الدم البري في عروقه.

Le froid, l'obscurité et le mystère ont touché l'âme de Buck.

لقد لمس البرد والظلام والغموض روح باك.

Cette chanson prouvait à quel point Buck était revenu à ses origines.

لقد أثبتت هذه الأغنية مدى عودة باك إلى أصوله.

À travers la neige et les hurlements, il avait trouvé le début de sa propre vie.

ومن خلال الثلوج والعويل، وجد بداية حياته الخاصة.

Sept jours après leur arrivée à Dawson, ils repartent.

وبعد سبعة أيام من وصولهم إلى داوسون، انطلقوا مرة أخرى.

L'équipe est descendue de la caserne jusqu'au sentier du Yukon.

نزل الفريق من الثكنات إلى طريق يوكون.

Ils ont commencé le voyage de retour vers Dyea et Salt Water.

بدأوا الرحلة عائدين نحو دايا والمياه المالحة.

Perrault portait des dépêches encore plus urgentes qu'auparavant.

كان بيرولت يحمل رسائل أكثر إلحاحًا من ذي قبل.

Il était également saisi par la fierté du sentier et avait pour objectif d'établir un record.

وقد استولى عليه أيضًا كبرياء المسار وهدف إلى تسجيل رقم قياسي.

Cette fois, plusieurs avantages étaient du côté de Perrault.

هذه المرة، كانت هناك عدة مزايا لصالح بيرولت.

Les chiens s'étaient reposés pendant une semaine entière et avaient repris des forces.

لقد استراحت الكلاب لمدة أسبوع كامل واستعادت قوتها.

Le sentier qu'ils avaient ouvert était maintenant damé par d'autres.

لقد كان الطريق الذي فتحوه الآن ممهداً من قبل الآخرين.

À certains endroits, la police avait stocké de la nourriture pour les chiens et les hommes.

وفي بعض الأماكن، قامت الشرطة بتخزين الطعام للكلاب والرجال على حد سواء.

Perrault voyageait léger, se déplaçait rapidement et n'avait pas grand-chose pour l'alourdir.

كان بيرولت يسافر بخفة، ويتحرك بسرعة مع القليل من الأشياء التي تثقله.

Ils ont atteint Sixty-Mile, une course de cinquante milles, dès la première nuit.

وصلوا إلى مسافة الستين ميلاً، وهي مسافة خمسين ميلاً، في الليلة الأولى.

Le deuxième jour, ils se sont précipités sur le Yukon en direction de Pelly.

وفي اليوم الثاني، سارعوا إلى يوكون باتجاه بيلي.

Mais ces beaux progrès ont été accompagnés de beaucoup de difficultés pour François.

لكن هذا التقدم الرائع جاء مصحوبًا بقدر كبير من الضغط على فرانسوا.

La rébellion silencieuse de Buck avait brisé la discipline de l'équipe.

لقد أدى تمرد باك الهادئ إلى تحطيم انضباط الفريق.

Ils ne se rassemblaient plus comme une seule bête dans les rênes.

لم يعودوا متحدين مثل وحش واحد في اللجام.

Buck avait conduit d'autres personnes à la défiance par son exemple audacieux.

لقد قاد باك الآخرين إلى التحدي من خلال مثاله الجريء.

L'ordre de Spitz n'a plus été accueilli avec crainte ou respect.

لم يعد أمر سبيتز يُقابل بالخوف أو الاحترام.

Les autres ont perdu leur respect pour lui et ont osé résister à
son règne.

لقد فقد الآخرون رهبتهم منه وتجرأوا على مقاومة حكمه.

Une nuit, Pike a volé la moitié d'un poisson et l'a mangé
sous les yeux de Buck.

في إحدى الليالي، سرق بايك نصف سمكة وأكلها تحت عين باك.

Une autre nuit, Dub et Joe se sont battus contre Spitz et sont
restés impunis.

في ليلة أخرى، خاض داب وجو معركة ضد سبيتز ولم يتعرضا للعقاب.

Même Billee gémissait moins doucement et montrait une
nouvelle vivacité.

حتى بيلي أصبح يتذمر بشكل أقل حلاوة، وأظهر حدة جديدة.

Buck grognait sur Spitz à chaque fois qu'ils se croisaient.

كان باك يزأر في وجه سبيتز في كل مرة عبروا فيها مساراتهم.

L'attitude de Buck devint audacieuse et menaçante, presque
comme celle d'un tyran.

أصبح موقف باك جريئًا ومهدّدًا، تقريبًا مثل المتنمر.

Il marchait devant Spitz avec une démarche assurée, pleine
de menace moqueuse.

كان يسير جيئة وذهابا أمام سبيتز بتبختر، مليئا بالتهديد الساخر.

Cet effondrement de l'ordre s'est également propagé parmi
les chiens de traîneau.

وانتشر انهيار النظام أيضًا بين كلاب الزلاجات.

Ils se battaient et se disputaient plus que jamais, remplissant
le camp de bruit.

لقد قاتلوا وتجادلوا أكثر من أي وقت مضى، مما ملأ المخيم بالضوضاء.

La vie au camp se transformait chaque nuit en un chaos
sauvage et hurlant.

تحولت حياة المخيم إلى فوضى عارمة وصاخبة كل ليلة.

Seuls Dave et Solleks sont restés stables et concentrés.

فقط ديف وسوليكس بقيا ثابتين ومركزين.

Mais même eux sont devenus colériques à cause des
bagarres incessantes.

ولكن حتى هم أصبحوا سريعي الانفعال بسبب المشاجرات المستمرة.

François jurait dans des langues étranges et piétinait de
frustration.

شتم فرانسوا بألسنة غريبة وداس على الأرض بإحباط

Il s'arrachait les cheveux et criait tandis que la neige volait sous ses pieds.

مزق شعره وصرخ بينما كان الثلج يطير تحت قدميه.

Son fouet claqua sur le groupe, mais parvint à peine à les maintenir en ligne.

انطلق سوطه عبر المجموعة لكنه بالكاد نجح في إبقاءهم في خط واحد.

Chaque fois qu'il tournait le dos, les combats reprenaient.

كلما أدار ظهره اندلعت المعارك مرة أخرى.

François a utilisé le fouet pour Spitz, tandis que Buck a dirigé les rebelles.

استخدم فرانسوا السوط ضد سبيتز، بينما قاد باك المتمردين.

Chacun connaissait le rôle de l'autre, mais Buck évitait tout blâme.

كان كل واحد منهما يعرف دور الآخر، لكن باك تجنب أي لوم.

François n'a jamais surpris Buck en train de provoquer une bagarre ou de se dérober à son travail.

لم يتمكن فرانسوا أبدًا من رؤية باك وهو يبدأ قتالًا أو يتهرب من وظيفته.

Buck travaillait dur sous le harnais – le travail lui faisait désormais vibrer l'esprit.

كان باك يعمل بجد في السرج - وكان العمل الشاق الآن يثير روحه.

Mais il trouvait encore plus de joie à provoquer des bagarres et du chaos dans le camp.

ولكنه وجد متعة أكبر في إثارة المعارك والفوضى في المخيم.

Un soir, à l'embouchure du Tahkeena, Dub fit sursauter un lapin.

في أحد الأمسيات، عند فم تاكينا، فاجأ داب أرنبًا.

Il a raté la prise et le lièvre d'Amérique s'est enfui.

لقد أخطأ في الصيد، وقفز أرنب الثلج بعيدًا.

En quelques secondes, toute l'équipe de traîneau s'est lancée à sa poursuite en poussant des cris sauvages.

في ثوانٍ، قام فريق الزلاجات بأكمله بمطاردته مع صرخات برية.

À proximité, un camp de la police du Nord-Ouest abritait une cinquantaine de chiens huskys.

وفي مكان قريب، كان معسكر شرطة الشمال الغربي يضم خمسين كلبًا من فصيلة الهاسكي.

Ils se sont joints à la chasse, descendant ensemble la rivière gelée.

انضموا إلى الصيد، واندفعوا معًا عبر النهر المتجمد.

Le lapin a quitté la rivière et s'est enfui dans le lit d'un ruisseau gelé.

انحرف الأرنب عن النهر، وهرب إلى مجرى مائي متجمد.

Le lapin sautait légèrement sur la neige tandis que les chiens peinaient à se frayer un chemin.

قفز الأرنب بخفة فوق الثلج بينما كانت الكلاب تكافح من أجل العبور.

Buck menait l'énorme meute de soixante chiens dans chaque virage sinueux.

قاد باك المجموعة الضخمة المكونة من ستين كلبًا حول كل منعطف ملتوٍ.

Il avança, bas et impatient, mais ne put gagner du terrain.

لقد دفع إلى الأمام، منخفضًا ومتحمسًا، لكنه لم يتمكن من كسب الأرض.

Son corps brillait sous la lune pâle à chaque saut puissant.

كان جسده يلمع تحت ضوء القمر الشاحب مع كل قفزة قوية.

Devant, le lapin se déplaçait comme un fantôme, silencieux et trop rapide pour être attrapé.

أمامًا، كان الأرنب يتحرك مثل الشبح، صامتًا وسريعًا جدًا بحيث لا يمكن الإمساك به.

Tous ces vieux instincts – la faim, le frisson – envahirent Buck.

كل تلك الغرائز القديمة - الجوع، الإثارة - تسارعت في باك.

Les humains ressentent parfois cet instinct et sont poussés à chasser avec une arme à feu et des balles.

يشعر البشر بهذه الغريزة في بعض الأحيان، مما يدفعهم إلى الصيد بالبنادق والرصاص.

Mais Buck ressentait ce sentiment à un niveau plus profond et plus personnel.

لكن باك شعر بهذا الشعور على مستوى أعمق وأكثر شخصية.

Ils ne pouvaient pas ressentir la nature sauvage dans leur sang comme Buck pouvait la ressentir.

لم يتمكنوا من الشعور بالبرية في دمائهم بالطريقة التي شعر بها باك.

Il chassait la viande vivante, prêt à tuer avec ses dents et à goûter le sang.

كان يطارد اللحوم الحية، مستعدًا للقتل بأسنانه وتذوق الدم.

Son corps se tendait de joie, voulant se baigner dans la vie rouge et chaude.

كان جسده متوتراً من الفرح، راغباً في الاستحمام في حياة حمراء دافئة.

Une joie étrange marque le point le plus élevé que la vie puisse atteindre.

فرحة غريبة تمثل أعلى نقطة يمكن أن تصل إليها الحياة على الإطلاق.

La sensation d'un pic où les vivants oublient même qu'ils sont en vie.

شعور بالذروة حيث ينسى الأحياء أنهم على قيد الحياة.

Cette joie profonde touche l'artiste perdu dans une inspiration fulgurante.

هذا الفرح العميق يلمس الفنان الضائع في الإلهام المشتعل.

Cette joie saisit le soldat qui se bat avec acharnement et n'épargne aucun ennemi.

هذه الفرحة تسيطر على الجندي الذي يقاتل بضراوة ولا يرحم أحداً من الأعداء.

Cette joie s'empara alors de Buck alors qu'il menait la meute dans une faim primitive.

لقد استحوذ هذا الفرح الآن على باك عندما قاد المجموعة في الجوع البدائي.

Il hurla avec le cri ancien du loup, ravi par la chasse vivante.

عوى بصرخة الذئب القديمة، منبهرًا بالمطاردة الحية.

Buck a puisé dans la partie la plus ancienne de lui-même, perdue dans la nature.

استغل باك الجزء الأقدم من نفسه، المفقود في البرية.

Il a puisé au plus profond de lui-même, au-delà de la mémoire, dans le temps brut et ancien.

لقد وصل إلى أعماق الذاكرة الماضية، إلى الزمن الخام القديم.

Une vague de vie pure a traversé chaque muscle et chaque tendon.

تدفقت موجة من الحياة النقية عبر كل عضلة ووتر.

Chaque saut criait qu'il vivait, qu'il traversait la mort.

كل قفزة كانت تصرخ بأنه عاش، وأنه تحرك عبر الموت.

Son corps s'élevait joyeusement au-dessus d'une terre calme et froide qui ne bougeait jamais.

ارتفع جسده بفرح فوق أرض باردة ثابتة لا تتحرك أبدًا.

Spitz est resté froid et rusé, même dans ses moments les plus fous.

ظل سبيتز باردًا وماكرًا، حتى في أكثر لحظاته جنونًا.

Il quitta le sentier et traversa un terrain où le ruisseau formait une large courbe.

ترك المسار وعبر الأرض حيث انحنى الخور على نطاق واسع.

Buck, inconscient de cela, resta sur le chemin sinueux du lapin.

لم يكن باك على علم بهذا، وبقي على المسار المتعرج للأرنب.

Puis, alors que Buck tournait un virage, le lapin fantomatique était devant lui.

ثم، عندما انعطف باك حول المنعطف، كان الأرنب الشبح أمامه.

Il vit une deuxième silhouette sauter de la berge devant la proie.

لقد رأى شخصية ثانية تقفز من البنك أمام الفريسة.

La silhouette était celle d'un Spitz, atterrissant juste sur le chemin du lapin en fuite.

كان هذا الشكل هو سبيتز، الذي هبط مباشرة في طريق الأرنب الهارب.

Le lapin ne pouvait pas se retourner et a rencontré les mâchoires de Spitz en plein vol.

لم يتمكن الأرنب من الدوران والتقى بفكي سبيتز في الهواء.

La colonne vertébrale du lapin se brisa avec un cri aussi aigu que le cri d'un humain mourant.

انكسر عمود الأرنب الفقري مع صرخة حادة مثل صرخة إنسان يحتضر.

À ce bruit – la chute de la vie à la mort – la meute hurla fort.

عند هذا الصوت - السقوط من الحياة إلى الموت - عوت المجموعة بصوت عالٍ.

Un chœur sauvage s'éleva derrière Buck, plein de joie sombre.

ارتفعت جوقة وحشية من خلف باك، مليئة بالبهجة المظلمة.

Buck n'a émis aucun cri, aucun son, et a chargé directement Spitz.

لم يصدر باك أي صرخة أو صوت، واندفع مباشرة نحو سبيتز.

Il a visé la gorge, mais a touché l'épaule à la place.

كان يهدف إلى الحلق، لكنه ضرب الكتف بدلا من ذلك.

Ils dégringolèrent dans la neige molle, leurs corps bloqués dans le combat.

لقد تدحرجوا عبر الثلج الناعم، وكانت أجسادهم متشابكة في قتال.

Spitz se releva rapidement, comme s'il n'avait jamais été renversé.

قفز سبيتز بسرعة، كما لو أنه لم يُسقط على الإطلاق.

Il a entaillé l'épaule de Buck, puis s'est éloigné du combat.

لقد قطع كتف باك، ثم قفز بعيدًا عن القتال.

À deux reprises, ses dents claquèrent comme des pièges en acier, ses lèvres se retroussèrent et devinrent féroces.

انكسرت أسنانه مرتين مثل مصائد الفولاذ، شفتيه ملتفة وشرسة.

Il recula lentement, cherchant un sol ferme sous ses pieds.

تراجع ببطء، باحثًا عن أرض ثابتة تحت قدميه.

Buck a compris le moment instantanément et pleinement.

لقد فهم باك اللحظة على الفور وبشكل كامل.

Le moment était venu ; le combat allait être un combat à mort.

لقد حان الوقت، وكان القتال سيكون قتالًا حتى الموت.

Les deux chiens tournaient en rond, grognant, les oreilles plates, les yeux plissés.

كان الكلبان يدوران، وهما يزأران، وآذانهما مسطحة، وعيونهما ضيقة.

Chaque chien attendait que l'autre montre une faiblesse ou fasse un faux pas.

كان كل كلب ينتظر من الآخر أن يظهر الضعف أو الخطأ.

Pour Buck, la scène semblait étrangement connue et profondément ancrée dans ses souvenirs.

بالنسبة لباك، كان المشهد يبدو مألوفًا بشكل مخيف ولا يزال في الذاكرة بعمق.

Les bois blancs, la terre froide, la bataille au clair de lune.

الغابات البيضاء، والأرض الباردة، والمعركة تحت ضوء القمر.

Un silence pesant emplissait le pays, profond et contre nature.

ملأ صمت ثقيل الأرض، عميق وغير طبيعي.

Aucun vent ne soufflait, aucune feuille ne bougeait, aucun bruit ne brisait le silence.

لم تحرك الرياح، ولم تتحرك الأوراق، ولم يكسر الصمت أي صوت.

Le souffle des chiens s'élevait comme de la fumée dans l'air glacial et calme.

ارتفعت أنفاس الكلاب مثل الدخان في الهواء المتجمد والهادئ.

Le lapin a été depuis longtemps oublié par la meute de bêtes sauvages.

لقد نسي قطيع الوحوش البرية الأرنب منذ زمن طويل.

Ces loups à moitié apprivoisés se tenaient maintenant immobiles dans un large cercle.

الآن، وقفت هذه الذئاب نصف المروضة في دائرة واسعة.

Ils étaient silencieux, seuls leurs yeux brillants révélaient leur faim.

لقد كانوا هادئين، فقط عيونهم المتوهجة كشفت عن جوعهم.

Leur souffle s'éleva, regardant le combat final commencer.

ارتفع أنفاسهم إلى الأعلى، وهم يشاهدون بداية القتال النهائي.

Pour Buck, cette bataille était ancienne et attendue, pas du tout étrange.

بالنسبة لباك، كانت هذه المعركة قديمة ومتوقعة، وليست غريبة على الإطلاق.

C'était comme un souvenir de quelque chose qui devait arriver depuis toujours.

لقد شعرت وكأنها ذكرى لشيء كان من المفترض أن يحدث دائمًا.

Le Spitz était un chien de combat entraîné, affiné par d'innombrables bagarres sauvages.

كان سبيتز كلبًا مدربًا على القتال، وتم صقل مهاراته من خلال المشاركة في عدد لا يحصى من المعارك البرية.

Du Spitzberg au Canada, il a vaincu de nombreux ennemis.

من سبيتسبيرجن إلى كندا، كان قد تغلب على العديد من الأعداء.

Il était rempli de fureur, mais n'a jamais cédé au contrôle de la rage.

لقد كان مليئا بالغضب، لكنه لم يسمح أبدا بالسيطرة على الغضب.

Sa passion était vive, mais toujours tempérée par un instinct dur.

لقد كان شغفه حادًا، لكنه كان دائمًا مخففًا بالغريزة القاسية.

Il n'a jamais attaqué jusqu'à ce que sa propre défense soit en place.

لم يهاجم أبدًا حتى أصبح دفاعه جاهزًا.

Buck a essayé encore et encore d'atteindre le cou vulnérable de Spitz.

حاول باك مرارا وتكرارا الوصول إلى رقبة سبيتز الضعيفة.

Mais chaque coup était accueilli par un coup des dents
acérées de Spitz.

لكن كل ضربة قوبلت بضربة من أسنان سبيتز الحادة.

Leurs crocs se sont heurtés et les deux chiens ont saigné de
leurs lèvres déchirées.

تصادمت أنيابهما، وسقطت الدماء من شفتيهما الممزقتين.

Peu importe comment Buck s'est lancé, il n'a pas pu briser la
défense.

بغض النظر عن الطريقة التي انقض بها باك، فإنه لم يتمكن من اختراق
الدفاع.

Il devint de plus en plus furieux, se précipitant avec des
explosions de puissance sauvages.

لقد أصبح أكثر غضبًا، واندفع نحوها بدفعات جامحة من القوة.

À maintes reprises, Buck frappait la gorge blanche du Spitz.

مرة تلو الأخرى، ضرب باك الحلق الأبيض لسبيتز.

À chaque fois, Spitz esquivait et riposta avec une morsure
tranchante.

في كل مرة كان سبيتز يتجنب ويضرب بقوة.

Buck changea alors de tactique, se précipitant à nouveau
comme pour atteindre la gorge.

ثم غيّر باك تكتيكاته، واندفع كما لو كان يتجه نحو الحلق مرة أخرى.

Mais il s'est retiré au milieu de l'attaque, se tournant pour
frapper sur le côté.

ولكنه تراجع في منتصف الهجوم، وتحول لضرب من الجانب.

Il a lancé son épaule sur Spitz, dans le but de le faire tomber.

ألقى بكتفه على سبيتز، بهدف إسقاطه.

À chaque fois qu'il essayait, Spitz esquivait et ripostait avec
une frappe.

في كل مرة حاول فيها، كان سبيتز يتفادى الهجوم ويرد بضربة.

L'épaule de Buck était à vif alors que Spitz s'écartait après
chaque coup.

أصبح كتف باك خامًا عندما قفز سبيتز بوضوح بعد كل ضربة.

Spitz n'avait pas été touché, tandis que Buck saignait de
nombreuses blessures.

لم يتأثر سبيتز، في حين كان باك ينزف من العديد من الجروح.

La respiration de Buck était rapide et lourde, son corps était
couvert de sang.

كان أنفاس باك سريعة وثقيلة، وكان جسده زلقًا بالدماء.

Le combat devenait plus brutal à chaque morsure et à chaque charge.

أصبح القتال أكثر وحشية مع كل عضة وهجمة.

Autour d'eux, soixante chiens silencieux attendaient le premier à tomber.

حولهم، كان هناك ستون كلبًا صامتًا ينتظرون السقوط الأول.

Si un chien tombait, la meute allait mettre fin au combat.

إذا سقط كلب واحد، فإن المجموعة سوف تنهي القتال.

Spitz vit Buck faiblir et commença à attaquer.

رأى سبيتز أن باك أصبح ضعيفًا، وبدأ في الضغط على الهجوم.

Il a maintenu Buck en déséquilibre, le forçant à lutter pour garder pied.

لقد أبقى باك خارج التوازن، مما أجبره على القتال من أجل موطئ قدم.

Un jour, Buck trébucha et tomba, et tous les chiens se relevèrent.

في إحدى المرات، تعثر باك وسقط، فنهضت كل الكلاب.

Mais Buck s'est redressé au milieu de sa chute, et tout le monde s'est affalé.

لكن باك استعاد توازنه في منتصف السقوط، وسقط الجميع إلى الأسفل.

Buck avait quelque chose de rare : une imagination née d'un instinct profond.

كان لدى باك شيئًا نادرًا - الخيال المولود من غريزة عميقة.

Il combattait par instinct naturel, mais aussi par ruse.

لقد قاتل بدافع طبيعي، لكنه قاتل أيضًا بالمكر.

Il chargea à nouveau comme s'il répétait son tour d'attaque à l'épaule.

لقد هاجم مرة أخرى كما لو كان يكرر خدعة هجوم كتفه.

Mais à la dernière seconde, il s'est laissé tomber et a balayé Spitz.

ولكن في اللحظة الأخيرة، هبط إلى مستوى منخفض وحلق تحت سبيتز.

Ses dents se sont bloquées sur la patte avant gauche de Spitz avec un claquement.

انغلقت أسنانه على الساق اليسرى الأمامية لسبيتز بقوة.

Spitz était maintenant instable, son poids reposant sur seulement trois pattes.

أصبح سبيتز الآن غير مستقر، وكان وزنه يعتمد على ثلاث أرجل فقط

Buck frappa à nouveau, essaya trois fois de le faire tomber.

ضرب باك مرة أخرى، وحاول ثلاث مرات إسقاطه.

À la quatrième tentative, il a utilisé le même mouvement avec succès.

وفي المحاولة الرابعة استخدم نفس الحركة بنجاح

Cette fois, Buck a réussi à mordre la jambe droite du Spitz.

هذه المرة نجح باك في عض الساق اليمنى لسبيتز.

Spitz, bien que paralysé et souffrant, continuait à lutter pour survivre.

على الرغم من إصابته بالشلل ومعاناته، ظل سبيتز يكافح من أجل البقاء.

Il vit le cercle de huskies se resserrer, la langue tirée, les yeux brillants.

لقد رأى دائرة الهاسكي تتقلص، وألسنتها تخرج، وعيون متوهجة.

Ils attendaient de le dévorer, comme ils l'avaient fait pour les autres.

وانتظروا أن يلتهموه، كما فعلوا مع الآخرين.

Cette fois, il se tenait au centre, vaincu et condamné.

هذه المرة، وقف في الوسط؛ مهزومًا ومحكومًا عليه بالهلاك.

Le chien blanc n'avait désormais plus aucune possibilité de s'échapper.

لم يعد هناك خيار للهروب بالنسبة للكلب الأبيض الآن.

Buck n'a montré aucune pitié, car la pitié n'avait pas sa place dans la nature.

لم يُظهر باك أي رحمة، لأن الرحمة لا تنتمي إلى البرية.

Buck se déplaçait prudemment, se préparant à la charge finale.

تحرك باك بحذر، استعدادًا للهجوم النهائي.

Le cercle des huskies se referma ; il sentit leur souffle chaud.

اقتربت دائرة الهاسكي منه، وشعر بأنفاسهم الدافئة.

Ils s'accroupirent, prêts à bondir lorsque le moment viendrait.

انحنوا منخفضين، مستعدين للقفز عندما تأتي اللحظة.

Spitz tremblait dans la neige, grognant et changeant de position.

ارتجف سبيتز في الثلج، وهو يزأر ويغير من موقفه.

Ses yeux brillaient, ses lèvres se courbaient, ses dents brillaient dans une menace désespérée.

كانت عيناه متوهجتين، وشفتاه ملتفة، وأسنانه تتألق في تهديد يائس.

Il tituba, essayant toujours de résister à la morsure froide de la mort.

لقد ترنح، وهو لا يزال يحاول صد لدغة الموت الباردة.

Il avait déjà vu cela auparavant, mais toujours du côté des gagnants.

لقد رأى هذا من قبل، ولكن دائمًا من الجانب المنتصر.

Il était désormais du côté des perdants, des vaincus, de la proie, de la mort.

الآن أصبح على الجانب الخاسر؛ المهزوم؛ الفريسة؛ الموت.

Buck tourna en rond pour porter le coup final, le cercle de chiens se rapprochant.

دار باك حول نفسه استعدادًا للضربة النهائية، وكانت مجموعة الكلاب تضغط عليه بشكل أقرب.

Il pouvait sentir leur souffle chaud, prêt à tuer.

كان بإمكانه أن يشعر بأنفاسهم الساخنة؛ مستعدين للقتل.

Un silence s'installa ; tout était à sa place ; le temps s'était arrêté.

ساد الصمت؛ كل شيء كان في مكانه؛ توقف الزمن.

Même l'air froid entre eux se figea un dernier instant.

حتى الهواء البارد بينهما تجمد للحظة أخيرة.

Seul Spitz bougea, essayant de retenir sa fin amère.

كان سبيتز هو الوحيد الذي تحرك، محاولاً صد نهايته المريرة.

Le cercle des chiens se refermait autour de lui, comme l'était son destin.

كانت دائرة الكلاب تقترب منه، كما كان مصيره.

Il était désespéré maintenant, sachant ce qui allait se passer.

لقد كان يائسًا الآن، لأنه كان يعلم ما كان على وشك الحدوث.

Buck bondit, épaule contre épaule une dernière fois.

اندفع باك إلى الداخل، والتقى كتفه بكتفه للمرة الأخيرة.

Les chiens se sont précipités en avant, couvrant Spitz dans l'obscurité neigeuse.

انطلقت الكلاب إلى الأمام، وغطت سبيتز بالظلام الثلجي.

Buck regardait, debout, le vainqueur dans un monde sauvage.

كان باك يراقب، وهو يقف طويل القامة؛ المنتصر في عالم وحشي.

La bête primordiale dominante avait fait sa proie, et c'était bien.

لقد حقق الوحش البدائي المهيمن هدفه، وكان جيّدًا.

Celui qui a gagné la maîtrise
هو الذي فاز بالسيادة

« Hein ? Qu'est-ce que j'ai dit ? Je dis vrai quand je dis que Buck est un démon. »

"إيه؟ ماذا قلت؟ صدقت عندما قلت إن باك شيطان."

François a dit cela le lendemain matin après avoir constaté la disparition de Spitz.

قال فرانسوا هذا في صباح اليوم التالي بعد العثور على سبيتز في عداد المفقودين.

Buck se tenait là, couvert de blessures dues au combat acharné.

كان باك واقفا هناك، مغطى بالجروح من القتال الشرس.

François tira Buck près du feu et lui montra les blessures.

سحب فرانسوا باك بالقرب من النار وأشار إلى الإصابات.

« Ce Spitz s'est battu comme le Devik », dit Perrault en observant les profondes entailles.

قال بيرولت وهو ينظر إلى الجروح العميقة: "لقد قاتل هذا الشبيتز مثل الديفيك".

« Et ce Buck s'est battu comme deux diables », répondit aussitôt François.

"وذلك باك قاتل مثل شيطانين"، أجاب فرانسوا على الفور.

« Maintenant, nous allons faire du bon temps ; plus de Spitz, plus de problèmes. »

"الآن سوف نحقق الوقت المناسب؛ لا مزيد من سبيتز، لا مزيد من المتاعب."

Perrault préparait le matériel et chargeait le traîneau avec soin.

كان بيرولت يحزم المعدات ويحمل الزلاجة بعناية.

François a attelé les chiens en prévision de la course du jour.

قام فرانسوا بتسخير الكلاب استعدادًا للركض في ذلك اليوم.

Buck a trotté directement vers la position de tête autrefois détenue par Spitz.

انطلق باك مباشرة إلى موقع الصدارة الذي كان يحتله سبيتز.

Mais François, sans s'en apercevoir, conduisit Solleks vers l'avant.

ولكن فرانسوا، دون أن يلاحظ، قاد سوليكس إلى الأمام.

Aux yeux de François, Solleks était désormais le meilleur chien de tête.

في رأي فرانسوا، أصبح سوليكس الآن أفضل كلب قائد.

Buck se jeta sur Solleks avec fureur et le repoussa en signe de protestation.

اندفع باك نحو سوليكس بغضب ودفعه إلى الوراء احتجاجًا.

Il se tenait là où Spitz s'était autrefois tenu, revendiquant la position de leader.

لقد وقف حيث كان سبيتز يقف ذات يوم، مدعيًا موقع القيادة.

« Hein ? Hein ? » s'écria François en se frappant les cuisses d'un air amusé.

إيه؟ إيه؟ "صرخ فرانسوا وهو يصفع فخذيه بمرح."

« Regardez Buck, il a tué Spitz, et maintenant il veut prendre le poste ! »

"إنظر إلى باك ـ لقد قتل سبيتز، والآن يريد أن يأخذ الوظيفة"

« Va-t'en, Chook ! » cria-t-il, essayant de chasser Buck.

اذهب بعيدًا يا تشوك "إصرخ محاولًا إبعاد باك."

Mais Buck refusa de bouger et resta ferme dans la neige.

لكن باك رفض التحرك وظل ثابتًا في الثلج.

François attrapa Buck par la peau du cou et le tira sur le côté.

أمسك فرانسوا باك من قفاه، وسحبه جانبًا.

Buck grogna bas et menaçant mais n'attaqua pas.

أطلق باك صوتًا منخفضًا وتهديديًا لكنه لم يهاجم.

François a remis Solleks en tête, tentant de régler le différend

أعاد فرانسوا سوليكس إلى الصدارة، محاولًا تسوية النزاع

Le vieux chien avait peur de Buck et ne voulait pas rester.

أظهر الكلب العجوز خوفًا من باك ولم يرغب في البقاء.

Quand François lui tourna le dos, Buck chassa à nouveau Solleks.

عندما أدار فرانسوا ظهره، أخرج باك سوليكس مرة أخرى.

Solleks n'a pas résisté et s'est discrètement écarté une fois de plus.

لم يقاوم سوليكس وتنحى جانبا بهدوء مرة أخرى.

François s'est mis en colère et a crié : « Par Dieu, je te répare ! »

إفغضب فرانسوا وصاح :والله إني أشفيك

Il s'approcha de Buck en tenant une lourde massue à la main.

لقد جاء نحو باك وهو يحمل هراوة ثقيلة في يده.

Buck se souvenait bien de l'homme au pull rouge.

تذكر باك الرجل ذو السترة الحمراء جيدًا.

Il recula lentement, observant François, mais grognant profondément.

تراجع ببطء، وهو يراقب فرانسوا، لكنه كان يزأر بعمق.

Il ne s'est pas précipité en arrière, même lorsque Solleks s'est levé à sa place.

ولم يسارع إلى العودة، حتى عندما وقف سوليكس في مكانه.

Buck tourna en rond juste hors de portée, grognant de fureur et de protestation.

كان باك يدور بعيدًا عن متناول يده، وهو يزأر بغضب واحتجاج.

Il gardait les yeux fixés sur le gourdin, prêt à esquiver si François lançait.

لقد أبقى عينيه على النادي، مستعدًا للتهرب إذا رمى فرانسوا.

Il était devenu sage et prudent quant aux manières des hommes armés.

لقد أصبح حكيماً وحذراً في التعامل مع الرجال الذين يحملون الأسلحة.

François abandonna et rappela Buck à son ancienne place.

استسلم فرانسوا واستدعى باك إلى مكانه السابق مرة أخرى.

Mais Buck recula prudemment, refusant d'obéir à l'ordre.

لكن باك تراجع بحذر، رافضًا تنفيذ الأمر.

François le suivit, mais Buck ne recula que de quelques pas supplémentaires.

وتبعه فرانسوا، لكن باك لم يتراجع إلا بضع خطوات أخرى.

Après un certain temps, François jeta l'arme par frustration.

وبعد مرور بعض الوقت، ألقى فرانسوا السلاح أرضًا في إحباط

Il pensait que Buck craignait d'être battu et qu'il allait venir tranquillement.

اعتقد أن باك كان خائفًا من الضرب وكان سيأتي بهدوء.

Mais Buck n'évitait pas la punition : il se battait pour son rang.

لكن باك لم يكن يتجنب العقاب، بل كان يقاتل من أجل رتبته.

Il avait gagné la place de chien de tête grâce à un combat à mort.

لقد حصل على مكان الكلب الرائد من خلال قتال حتى الموت

il n'allait pas se contenter de moins que d'être le leader.

لم يكن ليرضى بأقل من أن يكون الزعيم.

Perrault a participé à la poursuite pour aider à attraper le Buck rebelle.

أخذ بيرولت يده في المطاردة للمساعدة في القبض على باك المتمرد.

Ensemble, ils l'ont fait courir dans le camp pendant près d'une heure.

قاموا معًا بحمله حول المخيم لمدة ساعة تقريبًا.

Ils lui lancèrent des coups de massue, mais Buck les esquiva habilement.

لقد ألقوا عليه الهراوات، لكن باك تهرب من كل واحدة منها بمهارة.

Ils l'ont maudit, lui, ses ancêtres, ses descendants et chaque cheveu de sa personne.

لعنوه، وآبائه، وذريته، وكل شعرة عليه.

Mais Buck se contenta de gronder en retour et resta hors de leur portée.

لكن باك اكتفى بالهدير وظل بعيدًا عن متناولهم.

Il n'a jamais essayé de s'enfuir mais a délibérément tourné autour du camp.

لم يحاول الهروب أبدًا، بل كان يدور حول المخيم عمدًا.

Il a clairement fait savoir qu'il obéirait une fois qu'ils lui auraient donné ce qu'il voulait.

وأوضح أنه سوف يطيع بمجرد أن يعطوه ما يريد.

François s'est finalement assis et s'est gratté la tête avec frustration.

جلس فرانسوا أخيرًا وحك رأسه من الإحباط

Perrault consulta sa montre, jura et marmonna à propos du temps perdu.

تحقق بيرولت من ساعته، وأقسم، وتذمر بشأن الوقت الضائع.

Une heure s'était déjà écoulée alors qu'ils auraient dû être sur la piste.

لقد مرت ساعة بالفعل عندما كان من المفترض أن يكونوا على الطريق.

François haussa les épaules d'un air penaud en direction du coursier, qui soupira de défaite.

هز فرانسوا كتفيه بخجل في وجه الرسول الذي تنهد هزيمة.

François se dirigea alors vers Solleks et appela Buck une fois de plus.

ثم ذهب فرانسوا إلى سوليكس ونادى على باك مرة أخرى.

Buck rit comme rit un chien, mais garda une distance prudente.

ضحك باك كما يضحك الكلب، لكنه أبقى على مسافة حذرة.

François retira le harnais de Solleks et le remit à sa place.

قام فرانسوا بإزالة حزام سوليكس وأعاده إلى مكانه.

L'équipe de traîneau était entièrement harnachée, avec seulement une place libre.

كان فريق الزلاجات جاهزًا بالكامل، مع وجود مكان واحد فقط شاغرًا.

La position de tête est restée vide, clairement destinée à Buck seul.

ظل موقع الصدارة فارغًا، ومن الواضح أنه مخصص لباك وحده.

François appela à nouveau, et à nouveau Buck rit et tint bon.

نادى فرانسوا مرة أخرى، وضحك باك مرة أخرى وثبت على موقفه.

« Jetez le gourdin», ordonna Perrault sans hésitation.

"ألقِ بالنادي أرضًا"، أمر بيرولت دون تردد."

François obéit et Buck trotta immédiatement en avant, fièrement.

أطاع فرانسوا، وركض باك على الفور إلى الأمام بفخر.

Il rit triomphalement et prit la tête.

ضحك منتصرا وصعد إلى موقع القيادة.

François a sécurisé ses traces et le traîneau a été détaché.

قام فرانسوا بتأمين آثاره، وتم تحرير الزلاجة.

Les deux hommes couraient côte à côte tandis que l'équipe s'engageait sur le sentier de la rivière.

ركض الرجلان جنبًا إلى جنب بينما كان الفريق يتسابق نحو مسار النهر.

François avait une haute opinion des « deux diables » de
Buck,

"كان فرانسوا قد فكر كثيرًا في "شيطاني باك

mais il s'est vite rendu compte qu'il avait en fait sous-estimé
le chien.

ولكنه سرعان ما أدرك أنه في الواقع قد قلل من شأن الكلب.

Buck a rapidement pris le leadership et a fait preuve
d'excellence.

تولى باك القيادة بسرعة وأدى بشكل ممتاز.

En termes de jugement, de réflexion rapide et d'action, Buck
a surpassé Spitz.

في الحكم، والتفكير السريع، والتصرف السريع، تفوق باك على سبيتز.

François n'avait jamais vu un chien égal à celui que Buck
présentait maintenant.

لم يسبق لفرانسوا أن رأى كلبًا مساوٍ لما يعرضه باك الآن.

Mais Buck excellait vraiment dans l'art de faire respecter
l'ordre et d'imposer le respect.

لكن باك كان متميزًا حقًا في فرض النظام وفرض الاحترام.

Dave et Solleks ont accepté le changement sans inquiétude
ni protestation.

لقد تقبل ديف وسوليكس التغيير دون قلق أو احتجاج.

Ils se concentraient uniquement sur le travail et tiraient fort
sur les rênes.

لقد ركزوا فقط على العمل والضغط بقوة على زمام الأمور.

Peu leur importait de savoir qui menait, tant que le traîneau
continuait d'avancer.

لم يهتموا كثيرًا بمن يقود، طالما استمرت الزلاجة في الحركة.

Billee, la joyeuse, aurait pu diriger pour autant qu'ils s'en
soucient.

كان بإمكان بيلي، البشوش، أن يقود الجميع مهما كان الأمر.

Ce qui comptait pour eux, c'était la paix et l'ordre dans les
rangs.

ما كان يهمهم هو السلام والنظام في صفوفهم.

Le reste de l'équipe était devenu indiscipliné pendant le
déclin de Spitz.

أصبح بقية الفريق غير منضبط أثناء انحدار سبيتز.

Ils furent choqués lorsque Buck les ramena immédiatement à l'ordre.

لقد صدموا عندما أحضرهم باك على الفور إلى النظام.

Pike avait toujours été paresseux et traînait les pieds derrière Buck.

لقد كان بايك دائمًا كسولًا ويجر قدميه خلف باك.

Mais maintenant, il a été sévèrement discipliné par la nouvelle direction.

لكن الآن تم تأديبه بشدة من قبل القيادة الجديدة.

Et il a rapidement appris à faire sa part dans l'équipe.

وسرعان ما تعلم كيفية تحمل مسؤولياته في الفريق.

À la fin de la journée, Pike avait travaillé plus dur que jamais.

وبحلول نهاية اليوم، كان بايك يعمل بجهد أكبر من أي وقت مضى.

Cette nuit-là, au camp, Joe, le chien aigri, fut finalement maîtrisé.

في تلك الليلة في المخيم، تم إخضاع جو، الكلب الحامض، أخيرًا.

Spitz n'avait pas réussi à le discipliner, mais Buck n'avait pas échoué.

لقد فشل سبيتز في تأديبه، لكن باك لم يفشل.

Grâce à son poids plus important, Buck a vaincu Joe en quelques secondes.

وباستخدام وزنه الأكبر، تمكن باك من التغلب على جو في ثوانٍ.

Il a mordu et battu Joe jusqu'à ce qu'il gémisse et cesse de résister.

لقد عض جو وضربه حتى أنين وتوقف عن المقاومة.

Toute l'équipe s'est améliorée à partir de ce moment-là.

لقد تحسن الفريق بأكمله منذ تلك اللحظة.

Les chiens ont retrouvé leur ancienne unité et leur discipline.

استعادت الكلاب وحدتها وانضباطها القديم.

À Rink Rapids, deux nouveaux huskies indigènes, Teek et Koona, nous ont rejoint.

في رينك رابيدز، انضم اثنان من كلاب الهاسكي الأصلية الجديدة، تيك وكونا.

La rapidité avec laquelle Buck les dressa étonna même François.

لقد أذهل تدريب باك السريع لهم حتى فرانسوا.

« Il n'y a jamais eu de chien comme ce Buck ! » s'écria-t-il
avec stupéfaction.

لم يكن هناك قط كلب مثل هذا باك "إصرخ في دهشة."

« Non, jamais ! Il vaut mille dollars, bon sang ! »

إلا، أبدًا! إنه يستحق ألف دولار، والله

« Hein ? Qu'en dis-tu, Perrault ? » demanda-t-il avec fierté.

إيه؟ ماذا تقول يا بيرولت؟ "سأل بفخر."

Perrault hocha la tête en signe d'accord et vérifia ses notes.

أومأ بيرولت برأسه موافقًا وراجع ملاحظاته.

Nous sommes déjà en avance sur le calendrier et gagnons
chaque jour davantage.

نحن بالفعل متقدمون على الجدول الزمني ونكتسب المزيد كل يوم.

Le sentier était dur et lisse, sans neige fraîche.

كان الطريق ممهدًا وواسعًا، ولم يكن به أي ثلوج جديدة.

Le froid était constant, oscillant autour de cinquante degrés
en dessous de zéro.

كان البرد مستمرًا، حيث وصلت درجة الحرارة إلى خمسين درجة تحت
الصفر في كل مكان.

Les hommes montaient et couraient à tour de rôle pour se
réchauffer et gagner du temps.

ركب الرجال وركضوا بالتناوب للتدفئة وإيجاد الوقت.

Les chiens couraient vite avec peu d'arrêts, poussant
toujours vers l'avant.

ركضت الكلاب بسرعة مع توقفات قليلة، وكانت دائمًا تدفع إلى الأمام.

La rivière Thirty Mile était en grande partie gelée et facile à
traverser.

كان نهر الثلاثين ميلاً متجمدًا في معظمه وكان من السهل السفر عبره.

Ils sont sortis en un jour, ce qui leur avait pris dix jours pour
venir.

لقد خرجوا في يوم واحد ما استغرق دخوله عشرة أيام.

Ils ont parcouru une distance de soixante milles du lac Le
Barge jusqu'à White Horse.

لقد قاموا برحلة مسافتها ستين ميلاً من بحيرة لو بارج إلى وايت هورس.

À travers les lacs Marsh, Tagish et Bennett, ils se déplaçaient
incroyablement vite.

وعبروا بحيرات مارش وتاجيش وبينيت، تحركوا بسرعة لا تصدق.

L'homme qui courait était tiré derrière le traîneau par une corde.

الرجل الذي يركض مسحوبًا خلف الزلاجة بحبل.

La dernière nuit de la deuxième semaine, ils sont arrivés à destination.

وفي الليلة الأخيرة من الأسبوع الثاني وصلوا إلى وجهتهم.

Ils avaient atteint ensemble le sommet du col White.

لقد وصلوا إلى قمة وايت باس معًا.

Ils sont descendus au niveau de la mer avec les lumières de Skaguay en dessous d'eux.

لقد هبطوا إلى مستوى سطح البحر مع أضواء سكاغواي تحتهم.

Il s'agissait d'une course record à travers des kilomètres de nature froide et sauvage.

لقد كان هذا سباقًا قياسيًا عبر أميال من البرية الباردة.

Pendant quatorze jours d'affilée, ils ont parcouru en moyenne quarante miles.

على مدى أربعة عشر يومًا متواصلة، قطعوا مسافة أربعين ميلًا في المتوسط.

À Skaguay, Perrault et François transportaient des marchandises à travers la ville.

وفي سكاغواي، قام بيرولت وفرانسوا بنقل البضائع عبر المدينة.

Ils ont été acclamés et ont reçu de nombreuses boissons de la part d'une foule admirative.

وقد تم الترحيب بهم وتزويدهم بالعديد من المشروبات من قبل الحشود المعجبة.

Les chasseurs de chiens et les ouvriers se sont rassemblés autour du célèbre attelage de chiens.

تجمع صائدو الكلاب والعمال حول فريق الكلاب الشهير.

Puis les hors-la-loi de l'Ouest arrivèrent en ville et subirent une violente défaite.

ثم جاء الخارجون عن القانون الغربيون إلى المدينة وواجهوا هزيمة عنيفة.

Les gens ont vite oublié l'équipe et se sont concentrés sur un nouveau drame.

سرعان ما نسي الناس الفريق وركزوا على الدراما الجديدة.

Puis sont arrivées les nouvelles commandes qui ont tout changé d'un coup.

ثم جاءت الأوامر الجديدة التي غيرت كل شيء دفعة واحدة.

François appela Buck à lui et le serra dans ses bras avec une fierté larmoyante.

نادى فرانسوا باك عليه وعانقه بفخر دامع.

Ce moment fut la dernière fois que Buck revit François.

كانت تلك اللحظة هي المرة الأخيرة التي رأى فيها باك فرانسوا مرة أخرى.

Comme beaucoup d'hommes avant eux, François et Perrault étaient tous deux partis.

وكما حدث مع العديد من الرجال من قبل، فقد رحل كل من فرانسوا وبيرو.

Un métis écossais a pris en charge Buck et ses coéquipiers de chiens de traîneau.

تولى رجل من أصل اسكتلندي مختلط مسؤولية باك وزملائه في فريق كلاب الزلاجات.

Avec une douzaine d'autres équipes de chiens, ils sont retournés par le sentier jusqu'à Dawson.

ومع اثني عشر فريقًا آخر من الكلاب، عادوا على طول الطريق إلى داووسن.

Ce n'était plus une course rapide, juste un travail pénible avec une lourde charge chaque jour.

لم يعد الأمر سريعًا الآن - فقط عمل شاق مع حمل ثقيل كل يوم.

C'était le train postal qui apportait des nouvelles aux chercheurs d'or près du pôle.

كان هذا قطار البريد، الذي ينقل الأخبار إلى صائدي الذهب بالقرب من القطب.

Buck n'aimait pas le travail mais le supportait bien, étant fier de ses efforts.

لم يكن باك يحب العمل، لكنه تحمله جيدًا، وكان فخوراً بجهوده.

Comme Dave et Solleks, Buck a fait preuve de dévouement dans chaque tâche quotidienne.

مثل ديف وسوليكس، أظهر باك تفانيًا في كل مهمة يومية.

Il s'est assuré que chacun de ses coéquipiers fasse sa part du travail.

لقد تأكد من أن زملائه في الفريق قاموا بكل ما في وسعهم.

La vie sur les sentiers est devenue ennuyeuse, répétée avec la précision d'une machine.

أصبحت حياة الدرب مملة، تتكرر بدقة الآلة.

Chaque jour était le même, un matin se fondant dans le suivant.

كان كل يوم يبدو متشابهًا، كل صباح يمتزج بالصباح التالي۔

À la même heure, les cuisiniers se levèrent pour allumer des feux et préparer la nourriture.

وفي نفس الساعة، نهض الطهاة لإشعال النيران وإعداد الطعام۔

Après le petit-déjeuner, certains quittèrent le camp tandis que d'autres attelèrent les chiens.

بعد الإفطار، غادر البعض المخيم بينما قام آخرون بتسخير الكلاب۔

Ils ont pris la route avant que le faible avertissement de l'aube ne touche le ciel.

لقد بدأوا رحلتهم قبل أن يلامس ضوء الفجر الخافت السماء۔

La nuit, ils s'arrêtaient pour camper, chaque homme ayant une tâche précise.

وفي الليل، توقفوا لإقامة المخيم، وكان لكل رجل منهم مهمة محددة۔

Certains ont monté les tentes, d'autres ont coupé du bois de chauffage et ramassé des branches de pin.

قام البعض بنصب الخيام، وقام آخرون بقطع الحطب وجمع أغصان الصنوبر۔

De l'eau ou de la glace étaient ramenées aux cuisiniers pour le repas du soir.

تم نقل الماء أو الثلج إلى الطهاة لتناول وجبة العشاء۔

Les chiens ont été nourris et c'était le meilleur moment de la journée pour eux.

تم إطعام الكلاب، وكان هذا أفضل جزء من اليوم بالنسبة لهم۔

Après avoir mangé du poisson, les chiens se sont détendus et se sont allongés près du feu.

بعد تناول السمك، استرخى الكلاب وجلسوا بالقرب من النار۔

Il y avait une centaine d'autres chiens dans le convoi avec lesquels se mêler.

وكان هناك مائة كلب آخر في القافلة ليختلطوا معهم۔

Beaucoup de ces chiens étaient féroces et prompts à se battre sans prévenir.

وكان العديد من تلك الكلاب شرسة وسريعة القتال دون سابق إنذار۔

Mais après trois victoires, Buck a maîtrisé même les combattants les plus féroces.

لكن بعد ثلاثة انتصارات، تمكن باك من التغلب حتى على أقوى المقاتلين۔

Maintenant, quand Buck grogna et montra ses dents, ils s'écartèrent.

والآن عندما زأر باك وأظهر أسنانه، تنحوا جانباً.

Mais le plus beau dans tout ça, c'est que Buck aimait s'allonger près du feu de camp vacillant.

وربما كان الأفضل من كل هذا هو أن باك كان يحب الاستلقاء بالقرب من نار المخيم المتوهجة.

Il s'accroupit, les pattes arrière repliées et les pattes avant tendues vers l'avant.

كان يجلس القرفصاء مع رجليه الخلفيتين مطوية ورجليه الأماميتين ممتدة إلى الأمام.

Sa tête était levée tandis qu'il cligna doucement des yeux devant les flammes rougeoyantes.

رفع رأسه وهو يرمش بهدوء عند رؤية النيران المتوهجة.

Parfois, il se souvenait de la grande maison du juge Miller à Santa Clara.

وفي بعض الأحيان كان يتذكر منزل القاضي ميلر الكبير في سانتا كلارا.

Il pensait à la piscine en ciment, à Ysabel et au carlin appelé Toots.

كان يفكر في حوض الأسمنت، وفي إيزابيل، وفي الكلب الصغير الذي يدعى توتس.

Mais le plus souvent, il se souvenait du gourdin de l'homme au pull rouge.

لكن في أغلب الأحيان كان يتذكر الرجل ذو السترة الحمراء.

Il se souvenait de la mort de Curly et de sa bataille acharnée contre Spitz.

تذكر موت كيرلي ومعركته الشرسة مع سبيتز.

Il se souvenait aussi des bons plats qu'il avait mangés ou dont il rêvait encore.

وتذكر أيضًا الطعام اللذيذ الذي أكله أو ما زال يحلم به.

Buck n'avait pas le mal du pays : la vallée chaude était lointaine et irréelle.

لم يكن باك يشعر بالحنين إلى الوطن - كان الوادي الدافئ بعيدًا وغير حقيقي.

Les souvenirs de Californie n'avaient plus vraiment d'influence sur lui.

لم تعد ذكريات كاليفورنيا تشكل له أي تأثير حقيقي.

Plus forts que la mémoire étaient les instincts profondément ancrés dans sa lignée.

كانت الغرائز العميقة في سلالته أقوى من الذاكرة.

Les habitudes autrefois perdues étaient revenues, ravivées par le sentier et la nature sauvage.

لقد عادت العادات التي فقدناها ذات يوم، وأحيتها الطريق والبرية.

Tandis que Buck regardait la lumière du feu, cela devenait parfois autre chose.

بينما كان باك يراقب ضوء النار، كان أحيانًا يتحول إلى شيء آخر.

Il vit à la lueur du feu un autre feu, plus vieux et plus profond que celui-ci.

رأى في ضوء النار نارًا أخرى، أقدم وأعمق من النار الحالية.

À côté de cet autre feu se tenait accroupi un homme qui ne ressemblait pas au cuisinier métis.

بجانب تلك النار الأخرى كان يجلس رجل لا يشبه الطاهي الهجين.

Cette figurine avait des jambes courtes, de longs bras et des muscles durs et noués.

كان لهذا الشكل أرجل قصيرة، وأذرع طويلة، وعضلات صلبة ومعقدة.

Ses cheveux étaient longs et emmêlés, tombant en arrière à partir des yeux.

كان شعره طويلاً ومتشابكًا، وينحدر إلى الخلف بعيدًا عن العينين.

Il émit des sons étranges et regarda l'obscurité avec peur.

أصدر أصواتًا غريبة وحدق في الظلام بخوف.

Il tenait une massue en pierre basse, fermement serrée dans sa longue main rugueuse.

كان يحمل عصا حجرية منخفضة، ممسكًا بها بإحكام في يده الخشنة الطويلة.

L'homme portait peu de vêtements ; juste une peau carbonisée qui pendait dans son dos.

كان الرجل يرتدي القليل؛ مجرد جلد متفحم يتدلى على ظهره.

Son corps était couvert de poils épais sur les bras, la poitrine et les cuisses.

كان جسده مغطى بشعر كثيف على ذراعيه وصدره وفخذيه.

Certaines parties des cheveux étaient emmêlées en plaques de fourrure rugueuse.

كانت بعض أجزاء الشعر متشابكة في بقع من الفراء الخشن.

Il ne se tenait pas droit mais penché en avant des hanches jusqu'aux genoux.

لم يكن يقف بشكل مستقيم بل كان ينحني للأمام من الوركين إلى الركبتين.

Ses pas étaient élastiques et félins, comme s'il était toujours prêt à bondir.

وكانت خطواته مرنة وخطوات القطط، كما لو كان مستعدًا دائمًا للقفز.

Il y avait une vive vigilance, comme s'il vivait dans une peur constante.

كان هناك يقظة حادة، كما لو كان يعيش في خوف دائم.

Cet homme ancien semblait s'attendre au danger, que le danger soit perçu ou non.

يبدو أن هذا الرجل القديم كان يتوقع الخطر، سواء كان الخطر مرئيًا أم لا.

Parfois, l'homme poilu dormait près du feu, la tête entre les jambes.

في بعض الأحيان كان الرجل المشعر ينام بجانب النار، ورأسه بين ساقيه.

Ses coudes reposaient sur ses genoux, ses mains jointes au-dessus de sa tête.

كانت مرفقيه مستندة على ركبتيه، ويديه مضمومتين فوق رأسه.

Comme un chien, il utilisait ses bras velus pour se débarrasser de la pluie qui tombait.

مثل الكلب استخدم ذراعيه المشعرتين للتخلص من المطر المتساقط

Au-delà de la lumière du feu, Buck vit deux charbons jumeaux briller dans l'obscurité.

خلف ضوء النار، رأى باك جمرين متوهجين في الظلام.

Toujours deux par deux, ils étaient les yeux des bêtes de proie traquantes.

كانوا دائمًا اثنان اثنان، وكانوا بمثابة عيون الوحوش المفترسة المتسللة.

Il entendit des corps s'écraser à travers les broussailles et des bruits se faire entendre dans la nuit.

سمع أصوات أجساد تتحطم وسط الشجيرات وأصواتًا تحدث في الليل.

Allongé sur la rive du Yukon, clignant des yeux, Buck rêvait près du feu.

مستلقيا على ضفة نهر يوكون، يرمش، باك يحلم بالنار.

Les images et les sons de ce monde sauvage lui faisaient dresser les cheveux sur la tête.

إن مشاهد وأصوات هذا العالم البري جعلت شعره يقف.

La fourrure s'élevait le long de son dos, de ses épaules et de son cou.

ارتفع الفراء على طول ظهره، وكتفيه، ورقبته.

Il gémissait doucement ou émettait un grognement sourd au plus profond de sa poitrine.

كان يئن بهدوء أو يصدر صوت هدير منخفض عميق في صدره.

Alors le cuisinier métis cria : « Hé, toi Buck, réveille-toi ! »

ثم صاح الطاهي ذو السلالة المختلطة، "يا باك، استيقظ!"

Le monde des rêves a disparu et la vraie vie est revenue aux yeux de Buck.

لقد اختفى عالم الأحلام، وعادت الحياة الحقيقية إلى عيون باك.

Il allait se lever, s'étirer et bâiller, comme s'il venait de se réveiller d'une sieste.

كان على وشك النهوض، والتمدد، والتثاؤب، وكأنه استيقظ من قيلولة.

Le voyage était difficile, avec le traîneau postal qui traînait derrière eux.

كانت الرحلة صعبة، وكان زلاجة البريد تجر خلفهم.

Les lourdes charges et le travail pénible épuisaient les chiens à chaque longue journée.

كانت الأحمال الثقيلة والعمل الشاق يرهق الكلاب كل يوم طويل.

Ils arrivèrent à Dawson maigres, fatigués et ayant besoin de plus d'une semaine de repos.

وصلوا إلى داوسون نحيفين، متعبين، ويحتاجون إلى أكثر من أسبوع من الراحة.

Mais seulement deux jours plus tard, ils repartaient sur le Yukon.

ولكن بعد يومين فقط، انطلقوا في رحلة أخرى عبر نهر يوكون.

Ils étaient chargés de lettres supplémentaires destinées au monde extérieur.

لقد تم تحميلهم بالمزيد من الرسائل الموجهة إلى العالم الخارجي.

Les chiens étaient épuisés et les hommes se plaignaient constamment.

لقد كانت الكلاب منهكة وكان الرجال يشكون باستمرار.

La neige tombait tous les jours, ramollissant le sentier et ralentissant les traîneaux.

كان الثلج يتساقط كل يوم، مما أدى إلى تليين المسار وإبطاء الزلاجات.

Cela a rendu la traction plus difficile et a entraîné plus de traînée sur les patins.

أدى هذا إلى زيادة صعوبة السحب وزيادة السحب على العدائين.

Malgré cela, les pilotes étaient justes et se souciaient de leurs équipes.

وعلى الرغم من ذلك، كان السائقون منصفين واهتموا بفرقهم.

Chaque nuit, les chiens étaient nourris avant que les hommes ne puissent manger.

في كل ليلة، يتم إطعام الكلاب قبل أن يحصل الرجال على الطعام.

Aucun homme ne dormait avant de vérifier les pattes de son propre chien.

لم ينم رجل قبل أن يتفقد أقدام كلبه.

Cependant, les chiens s'affaiblissaient à mesure que les kilomètres s'écoulaient sur leur corps.

ومع ذلك، أصبحت الكلاب أضعف مع مرور الأميال على أجسادها.

Ils avaient parcouru mille huit cents kilomètres pendant l'hiver.

لقد سافروا مسافة ألف وثمانمائة ميل خلال فصل الشتاء.

Ils ont tiré des traîneaux sur chaque kilomètre de cette distance brutale.

لقد سحبوا الزلاجات عبر كل ميل من تلك المسافة الوحشية.

Même les chiens de traîneau les plus robustes ressentent de la tension après tant de kilomètres.

حتى أقوى كلاب الزلاجات تشعر بالإجهاد بعد كل هذه الأميال.

Buck a tenu bon, a permis à son équipe de travailler et a maintenu la discipline.

لقد صمد باك، وأبقى فريقه يعمل، وحافظ على الانضباط.

Mais Buck était fatigué, tout comme les autres pendant le long voyage.

لكن باك كان متعبًا، تمامًا مثل الآخرين في الرحلة الطويلة.

Billee gémissait et pleurait dans son sommeil chaque nuit sans faute.

كان بيلي يئن ويبكي أثناء نومه كل ليلة دون انقطاع.

Joe devint encore plus amer et Solleks resta froid et distant.

أصبح جو أكثر مرارة، وبقي سوليكس باردًا وبعيدًا.

Mais c'est Dave qui a le plus souffert de toute l'équipe.

لكن ديف هو الذي عانى أكثر من الفريق بأكمله.

Quelque chose n'allait pas en lui, même si personne ne savait quoi.

لقد حدث خطأ ما في داخله، على الرغم من أن لا أحد يعرف ما هو.

Il est devenu de plus en plus maussade et s'en est pris aux autres avec une colère croissante.

لقد أصبح متقلب المزاج وبدأ يهاجم الآخرين بغضب متزايد.

Chaque nuit, il se rendait directement à son nid, attendant d'être nourri.

كل ليلة كان يذهب مباشرة إلى عشه، في انتظار أن يتم إطعامه.

Une fois tombé, Dave ne s'est pas relevé avant le matin.

وبمجرد سقوطه، لم يتمكن ديف من النهوض مرة أخرى حتى الصباح.

Sur les rênes, des secousses ou des sursauts brusques le faisaient crier de douleur.

على اللجام، الهزات المفاجئة أو الحركات المفاجئة جعلته يصرخ من الألم.

Son chauffeur a recherché la cause du sinistre, mais n'a constaté aucune blessure.

قام سائقه بالبحث عن السبب، لكنه لم يعثر على أي إصابات.

Tous les conducteurs ont commencé à regarder Dave et ont discuté de son cas.

بدأ جميع السائقين بمراقبة ديف ومناقشة قضيته.

Ils ont discuté pendant les repas et pendant leur dernière cigarette de la journée.

وتحدثوا أثناء تناول وجبات الطعام وأثناء تدخينهم الأخير في ذلك اليوم.

Une nuit, ils ont tenu une réunion et ont amené Dave au feu.

في أحد الليالي عقدوا اجتماعًا وأحضروا ديف إلى النار.

Ils pressèrent et sondèrent son corps, et il cria souvent.

فضغطوا على جسده وفحصوه، وكان يصرخ كثيرًا.

De toute évidence, quelque chose n'allait pas, même si aucun os ne semblait cassé.

من الواضح أن هناك خطأ ما، على الرغم من عدم ظهور أي عظام مكسورة.

Au moment où ils atteignirent Cassiar Bar, Dave était en train de tomber.

بحلول الوقت الذي وصلوا فيه إلى بار كاسيار، كان ديف يسقط.

Le métis écossais a appelé à la fin et a retiré Dave de l'équipe.

أوقف الفريق ذو السلالة المختلطة الاسكتلندية وأزال ديف من الفريق.

Il a attaché Solleks à la place de Dave, le plus près de l'avant du traîneau.

قام بتثبيت سوليكس في مكان ديف، الأقرب إلى مقدمة الزلاجة.

Il avait l'intention de laisser Dave se reposer et courir librement derrière le traîneau en mouvement.

كان يقصد أن يترك ديف يستريح ويركض بحرية خلف الزلاجة المتحركة.

Mais même malade, Dave détestait être privé du travail qu'il avait occupé.

ولكن حتى عندما كان مريضًا، كان ديف يكره أن يتم إبعاده من الوظيفة التي كان يمتلكها.

Il grogna et gémit tandis que les rênes étaient retirées de son corps.

لقد هدّر وأنين عندما تم سحب اللجام من جسده.

Quand il vit Solleks à sa place, il pleura de douleur.

عندما رأى سوليكس في مكانه، بكى من الألم الشديد.

La fierté du travail sur les sentiers était profonde chez Dave, même à l'approche de la mort.

كان فخر العمل على الطريق عميقًا في قلب ديف، حتى مع اقتراب الموت.

Alors que le traîneau se déplaçait, Dave pataugeait dans la neige molle près du sentier.

وبينما كانت الزلاجة تتحرك، كان ديف يتخبط في الثلج الناعم بالقرب من الطريق.

Il a attaqué Solleks, le mordant et le poussant du côté du traîneau.

هاجم سوليكس، فعضه ودفعه من جانب الزلاجة.

Dave a essayé de sauter dans le harnais et de récupérer sa place de travail.

حاول ديف القفز إلى الحزام واستعادة مكان عمله.

Il hurlait, gémissait et pleurait, déchiré entre la douleur et la fierté du travail.

لقد صرخ، وتذمر، وبكى، ممزقًا بين الألم والفخر بالعمل.

Le métis a utilisé son fouet pour essayer de chasser Dave de l'équipe.

استخدم الهجين سوطه لمحاولة إبعاد ديف عن الفريق.

Mais Dave ignora le coup de fouet, et l'homme ne put pas le frapper plus fort.

لكن ديف تجاهل السوط، ولم يتمكن الرجل من ضربه بقوة أكبر.

Dave a refusé le chemin le plus facile derrière le traîneau, où la neige était tassée.

رفض ديف المسار الأسهل خلف الزلاجة، حيث كان الثلج كثيفًا.

Au lieu de cela, il se débattait dans la neige profonde à côté du sentier, dans la misère.

وبدلاً من ذلك، كان يكافح في الثلوج العميقة بجانب الطريق، في بؤس.

Finalement, Dave s'est effondré, allongé dans la neige et hurlant de douleur.

في النهاية، انهار ديف، مستلقيا على الثلج ويصرخ من الألم.

Il cria tandis que le long train de traîneaux le dépassait un par un.

صرخ عندما مر به قطار الزلاجات الطويل واحدًا تلو الآخر.

Pourtant, avec ce qu'il lui restait de force, il se leva et trébucha après eux.

ومع ذلك، بما تبقى له من قوة، نهض وتعثر خلفهم.

Il l'a rattrapé lorsque le train s'est arrêté à nouveau et a retrouvé son vieux traîneau.

لقد لحق به عندما توقف القطار مرة أخرى ووجد زلاجته القديمة.

Il a dépassé les autres équipes et s'est retrouvé à nouveau aux côtés de Solleks.

لقد تخطى الفرق الأخرى ووقف بجانب سوليكس مرة أخرى.

Alors que le conducteur s'arrêtait pour allumer sa pipe, Dave saisit sa dernière chance.

وبينما توقف السائق لإشعال غليونه، انتهز ديف فرصته الأخيرة.

Lorsque le chauffeur est revenu et a crié, l'équipe n'a pas avancé.

وعندما عاد السائق وصاح، لم يتحرك الفريق إلى الأمام.

Les chiens avaient tourné la tête, déconcertés par l'arrêt soudain.

لقد حركت الكلاب رؤوسها، في حيرة من التوقف المفاجئ.

Le conducteur était également choqué : le traîneau n'avait pas avancé d'un pouce.

لقد صدم السائق أيضًا ـ فالزلاجة لم تتحرك قيد أنملة إلى الأمام.

Il a appelé les autres pour qu'ils viennent voir ce qui s'était passé.

ودعا الآخرين إلى الحضور ورؤية ما حدث.

Dave avait mâché les rênes de Solleks, les brisant toutes les deux.

كان ديف قد قضم زمام سوليكس، مما أدى إلى كسر كليهما.

Il se tenait maintenant devant le traîneau, de retour à sa position légitime.

والآن وقف أمام الزلاجة، في مكانه الصحيح.

Dave leva les yeux vers le conducteur, le suppliant silencieusement de rester dans les traces.

نظر ديف إلى السائق، متوسلاً في صمت أن يبقى على المسار.

Le conducteur était perplexe, ne sachant pas quoi faire pour le chien en difficulté.

كان السائق في حيرة من أمره، وغير متأكد مما يجب فعله للكلب الذي يعاني من صعوبات.

Les autres hommes parlaient de chiens qui étaient morts après avoir été emmenés dehors.

وتحدث الرجال الآخرون عن الكلاب التي ماتت بسبب إخراجها.

Ils ont parlé de chiens âgés ou blessés dont le cœur se brisait lorsqu'ils étaient abandonnés.

وتحدثوا عن الكلاب العجوز أو المصابة التي تحطمت قلوبها عندما تركت وراءها.

Ils ont convenu que c'était une preuve de miséricorde de laisser Dave mourir alors qu'il était encore dans son harnais.

واتفقوا على أنه من الرحمة أن يتركوا ديف يموت وهو لا يزال في حزامه.

Il était attaché au traîneau et Dave tirait avec fierté.

تم ربطه مرة أخرى على الزلاجة، وسحبه ديف بفخر.

Même s'il criait parfois, il travaillait comme si la douleur pouvait être ignorée.

رغم أنه كان يبكي في بعض الأحيان، إلا أنه كان يعمل كما لو كان الألم يمكن تجاهله.

Plus d'une fois, il est tombé et a été traîné avant de se relever.

سقط أكثر من مرة وسُحب قبل أن ينهض مرة أخرى.

Un jour, le traîneau l'a écrasé et il a boité à partir de ce moment-là.

في إحدى المرات، انقلبت عليه الزلاجة، وأصبح يعرج منذ تلك اللحظة.

Il travailla néanmoins jusqu'à ce qu'il atteigne le camp, puis s'allongea près du feu.

ومع ذلك، فقد عمل حتى وصل إلى المخيم، ثم استلقى بجانب النار.

Le matin, Dave était trop faible pour voyager ou même se tenir debout.

بحلول الصباح، كان ديف ضعيفًا جدًا بحيث لم يتمكن من السفر أو حتى الوقوف بشكل مستقيم.

Au moment de l'attelage, il essaya d'atteindre son conducteur avec un effort tremblant.

عندما حان وقت ربط الحزام، حاول الوصول إلى سائقه بجهد مرتجف.

Il se força à se relever, tituba et s'effondra sur le sol enneigé.

أجبر نفسه على النهوض، وتعثر، وانهار على الأرض الثلجية.

À l'aide de ses pattes avant, il a traîné son corps vers la zone de harnais.

استخدم رجليه الأماميتين لسحب جسده نحو منطقة التسخير.

Il s'avança, pouce par pouce, vers les chiens de travail.

لقد سحب نفسه إلى الأمام، بوصة بوصة، نحو الكلاب العاملة.

Ses forces l'abandonnèrent, mais il continua d'avancer dans sa dernière poussée désespérée.

لقد انهارت قوته، لكنه استمر في التحرك في دفعته اليائسة الأخيرة.

Ses coéquipiers l'ont vu haleter dans la neige, impatients de les rejoindre.

لقد رأى زملاؤه في الفريق أنه يلهث في الثلج، ولا يزال يتوقون للانضمام إليهم.

Ils l'entendirent hurler de tristesse alors qu'ils quittaient le camp.

سمعوه يصرخ من الحزن عندما غادروا المخيم خلفهم.

Alors que l'équipe disparaissait dans les arbres, le cri de Dave résonna derrière eux.

وبينما اختفى الفريق بين الأشجار، تردد صدى صرخة ديف خلفهم.

Le train de traîneaux s'est brièvement arrêté après avoir traversé un tronçon de forêt fluviale.

توقف قطار الزلاجات لفترة وجيزة بعد عبور جزء من نهر الأخشاب.

Le métis écossais retourna lentement vers le camp situé derrière lui.

سار الهجين الاسكتلندي ببطء نحو المخيم خلفه.

Les hommes ont arrêté de parler quand ils l'ont vu quitter le train de traîneaux.

توقف الرجال عن الكلام عندما رأوه يغادر قطار الزلاجات.

Puis un coup de feu retentit clairement et distinctement de l'autre côté du sentier.

ثم سمعت طلقة نارية واحدة واضحة وحادة عبر الطريق.

L'homme revint rapidement et reprit sa place sans un mot.

عاد الرجل بسرعة وجلس في مكانه دون أن يقول كلمة.

Les fouets claquaient, les cloches tintaient et les traîneaux roulaient dans la neige.

انطلقت أصوات السياط، ورنّ الأجراس، وتدحرجت الزلاجات عبر الثلوج.

Mais Buck savait ce qui s'était passé, et tous les autres chiens aussi.

لكن باك كان يعلم ما حدث، وكان كل كلب آخر يعلم ذلك أيضًا.

Le travail des rênes et du sentier
عناء اللجام والطريق

Trente jours après avoir quitté Dawson, le Salt Water Mail atteignit Skaguay.

بعد ثلاثين يومًا من مغادرة داوسون، وصلت سفينة بريد المياه المالحة إلى سكاجواي.

Buck et ses coéquipiers ont pris la tête, arrivant dans un état pitoyable.

باك وزملاؤه حققوا التقدم، ووصلوا في حالة يرثى لها.

Buck était passé de cent quarante à cent quinze livres.

انخفض وزن باك من مائة وأربعين إلى مائة وخمسة عشر رطلاً.

Les autres chiens, bien que plus petits, avaient perdu encore plus de poids.

أما الكلاب الأخرى، على الرغم من صغر حجمها، فقد فقدت المزيد من وزن الجسم.

Pike, autrefois un faux boiteux, traînait désormais derrière lui une jambe véritablement blessée.

بايك، الذي كان يعرج في السابق بشكل مزيف، يسحب الآن ساقًا مصابة حقًا خلفه.

Solleks boitait beaucoup et Dub avait une omoplate déchirée.

كان سوليكس يعرج بشدة، وكان دوب يعاني من تمزق في لوح كتفه.

Tous les chiens de l'équipe avaient mal aux pieds après des semaines passées sur le sentier gelé.

كان كل كلب في الفريق يعاني من آلام في قدميه بسبب الأسابيع التي قضاها على الطريق المتجمد.

Ils n'avaient plus aucun ressort dans leurs pas, seulement un mouvement lent et traînant.

لم يعد لديهم أي نشاط في خطواتهم، فقط حركة بطيئة ومتثاقلة.

Leurs pieds heurtent durement le sentier, chaque pas ajoutant plus de tension à leur corps.

ضربت أقدامهم الطريق بقوة، وكانت كل خطوة تضيف المزيد من الضغط على أجسادهم.

Ils n'étaient pas malades, seulement épuisés au-delà de toute guérison naturelle.

لم يكونوا مرضى، بل كانوا مستنزفين إلى حد لا يمكن الشفاء منه بشكل طبيعي.

Ce n'était pas la fatigue d'une dure journée, guérie par une nuit de repos.

لم يكن هذا تعبًا من يوم شاق، تم علاجه بالراحة الليلية.

C'était un épuisement qui s'était construit lentement au fil de mois d'efforts épuisants.

لقد كان إرهاقًا تراكم ببطء عبر أشهر من الجهد الشاق.

Il ne leur restait plus aucune force de réserve : ils avaient épuisé toutes leurs forces.

لم يتبق لديهم أي احتياطي من القوة - فقد استنفدوا كل ما لديهم.

Chaque muscle, chaque fibre et chaque cellule de leur corps étaient épuisés et usés.

لقد استُنفدت كل عضلة وليفة وخلية في أجسادهم.

Et il y avait une raison : ils avaient parcouru deux mille cinq cents kilomètres.

وكان هناك سبب - لقد قطعوا مسافة ألفين وخمسمائة ميل.

Ils ne s'étaient reposés que cinq jours au cours des mille huit cents derniers kilomètres.

لقد استراحوا لمدة خمسة أيام فقط خلال الثمانية عشر ميلاً الأخيرة.

Lorsqu'ils arrivèrent à Skaguay, ils semblaient à peine capables de se tenir debout.

عندما وصلوا إلى سكاجواي، بدا أنهم بالكاد قادرين على الوقوف بشكل مستقيم.

Ils ont lutté pour garder les rênes serrées et rester devant le traîneau.

لقد كافحوا من أجل إبقاء زمام الأمور مشدودة والبقاء في المقدمة أمام الزلاجة.

Dans les descentes, ils ont tout juste réussi à éviter d'être écrasés.

على المنحدرات، تمكنوا فقط من تجنب التعرض للدهس.

« Continuez, pauvres pieds endoloris », dit le chauffeur tandis qu'ils boitaient.

استمروا في السير، أيها المسكين ذو الأقدام المؤلمة"، قال السائق بينما كانوا يعرجون على الطريق.

« C'est la dernière ligne droite, après quoi nous aurons tous droit à un long repos, c'est sûr. »

هذه هي المرحلة الأخيرة، وبعدها سنحصل جميعًا على قسط من الراحة "
"الطويلة، بالتأكيد.

« Un très long repos », promit-il en les regardant avancer en titubant.

راحة طويلة حقًا"، وعدهم وهو يراقبهم وهم يتقدمون للأمام."

Les pilotes s'attendaient à bénéficier d'une longue pause bien méritée.

وكان السائقون يتوقعون الآن أنهم سيحصلون على استراحة طويلة وضرورية.

Ils avaient parcouru douze cents milles avec seulement deux jours de repos.

لقد سافروا مسافة ألف ومائتي ميل مع يومين راحة فقط

Par souci d'équité et de raison, ils estimaient avoir mérité un temps de détente.

ومن باب الإنصاف والمنطق، فقد شعروا أنهم استحقوا الوقت للاسترخاء.

Mais trop de gens étaient venus au Klondike et trop peu étaient restés chez eux.

لكن الكثيرين جاؤوا إلى كلوندايك، وقليل منهم بقي في المنزل.

Les lettres des familles ont afflué, créant des piles de courrier en retard.

تدفقت الرسائل من العائلات، مما أدى إلى أكوام من البريد المتأخر.

Les ordres officiels sont arrivés : de nouveaux chiens de la Baie d'Hudson allaient prendre le relais.

وصلت الأوامر الرسمية ـ كان من المقرر أن يتولى كلاب هدسون باي الجدد المسؤولية.

Les chiens épuisés, désormais considérés comme sans valeur, devaient être éliminés.

كان من المقرر التخلص من الكلاب المنهكة، والتي أصبحت الآن عديمة القيمة.

Comme l'argent comptait plus que les chiens, ils allaient être vendus à bas prix.

وبما أن المال كان أكثر أهمية من الكلاب، فقد كان من المقرر بيعها بثمن بخس.

Trois jours supplémentaires passèrent avant que les chiens ne ressentent à quel point ils étaient faibles.

مرت ثلاثة أيام أخرى قبل أن يشعر الكلاب بمدى ضعفهم.

Le quatrième matin, deux hommes venus des États-Unis ont acheté toute l'équipe.

وفي صباح اليوم الرابع، اشترى رجلان من الولايات المتحدة الفريق بأكمله.

La vente comprenait tous les chiens, ainsi que leur harnais usagé.

شمل البيع جميع الكلاب، بالإضافة إلى أحزمة الأمان التي كانت تستخدمها.

Les hommes s'appelaient mutuellement « Hal » et « Charles » lorsqu'ils concluaient l'affaire.

أطلق الرجال على بعضهم البعض اسم "هال "و"تشارلز "عندما أكملوا الصفقة.

Charles était d'âge moyen, pâle, avec des lèvres molles et des pointes de moustache féroces.

كان تشارلز في منتصف العمر، شاحبًا، بشفاه مترهلة وشاربه كثيف.

Hal était un jeune homme, peut-être âgé de dix-neuf ans, portant une ceinture bourrée de cartouches.

كان هال شابًا، ربما يبلغ من العمر تسعة عشر عامًا، يرتدي حزامًا محشوًا بالخرطوش.

La ceinture contenait un gros revolver et un couteau de chasse, tous deux inutilisés.

كان الحزام يحمل مسدسًا كبيرًا وسكين صيد، وكلاهما لم يستخدما.

Cela a montré à quel point il était inexpérimenté et inapte à la vie dans le Nord.

وأظهر ذلك مدى قلة خبرته وعدم ملاءمته للحياة الشمالية.

Aucun des deux hommes n'appartenait à la nature sauvage ; leur présence défiait toute raison.

لم يكن أي من الرجلين ينتمي إلى البرية؛ فوجودهما يتحدى كل المنطق.

Buck a regardé l'argent échanger des mains entre l'acheteur et l'agent.

كان باك يراقب الأموال وهي تنتقل بين المشتري والوكيل.

Il savait que les conducteurs du train postal allaient le quitter comme les autres.

لقد علم أن سائقي قطار البريد يغادرون حياته مثل بقية الناس.

Ils suivirent Perrault et François, désormais irrévocables.

وتبعوا بيرولت وفرانسوا، اللذين أصبحا الآن في وضع لا يمكن تذكره.

Buck et l'équipe ont été conduits dans le camp négligé de leurs nouveaux propriétaires.

تم أخذ باك وفريقه إلى المعسكر غير المنظم لأصحابهم الجدد.

La tente s'affaissait, la vaisselle était sale et tout était en désordre.

كانت الخيمة مترهلة، والأطباق متسخة، وكل شيء في حالة من الفوضى.

Buck remarqua également une femme : Mercedes, la femme de Charles et la sœur de Hal.

لاحظ باك وجود امرأة هناك أيضًا - مرسيدس، زوجة تشارلز وشقيقة هال.

Ils formaient une famille complète, bien que loin d'être adaptée au sentier.

لقد شكلوا عائلة متكاملة، رغم أنهم لم يكونوا مناسبين للمسار.

Buck regarda nerveusement le trio commencer à emballer les fournitures.

كان باك يراقب بتوتر بينما بدأ الثلاثي في تعبئة الإمدادات.

Ils ont travaillé dur mais sans ordre, juste du grabuge et des efforts gaspillés.

لقد عملوا بجد ولكن دون نظام - مجرد ضجة وجهد ضائع.

La tente a été roulée dans une forme volumineuse, beaucoup trop grande pour le traîneau.

تم لف الخيمة إلى شكل ضخم، أكبر بكثير من الزلاجة.

La vaisselle sale a été emballée sans avoir été nettoyée ni séchée du tout.

تم تعبئة الأطباق المتسخة دون تنظيفها أو تجفيفها على الإطلاق.

Mercedes voltigeait, parlant constamment, corrigeant et intervenant.

كانت مرسيدس ترفرف هنا وهناك، وتتحدث باستمرار، وتصحح، وتتدخل.

Lorsqu'un sac était placé à l'avant, elle insistait pour qu'il soit placé à l'arrière.

عندما تم وضع الكيس في المقدمة، أصرت على وضعه في الخلف.

Elle a mis le sac au fond, et l'instant d'après, elle en avait besoin.

وضعت الكيس في الأسفل، وفي اللحظة التالية احتاجته.

Le traîneau a donc été déballé à nouveau pour atteindre le sac spécifique.

لذلك تم تفريغ الزلاجة مرة أخرى للوصول إلى الحقيبة المحددة.

À proximité, trois hommes se tenaient devant une tente, observant la scène se dérouler.

وفي مكان قريب، كان هناك ثلاثة رجال يقفون خارج خيمة، يراقبون المشهد.

Ils souriaient, faisaient des clins d'œil et souriaient à la confusion évidente des nouveaux arrivants.

ابتسموا، وغمزوا، وضحكوا على الارتباك الواضح الذي أصاب الوافدين الجدد.

« Vous avez déjà une charge très lourde », dit l'un des hommes.

لقد حصلت على حمل ثقيل بالفعل"، قال أحد الرجال."

« Je ne pense pas que tu devrais porter cette tente, mais c'est ton choix. »

"لا أعتقد أنه يجب عليك حمل تلك الخيمة، لكن هذا اختيارك."

« Inimaginable ! » s'écria Mercedes en levant les mains de désespoir.

لم أحلم به "إصرخت مرسيدس وهي ترفع يديها في يأس."

« Comment pourrais-je voyager sans une tente sous laquelle dormir ? »

"كيف يمكنني أن أسافر دون خيمة للبقاء تحتها؟"

« C'est le printemps, vous ne verrez plus jamais de froid », répondit l'homme.

إنه فصل الربيع، ولن ترى الطقس البارد مرة أخرى"، أجاب الرجل."

Mais elle secoua la tête et ils continuèrent à empiler des objets sur le traîneau.

لكنها هزت رأسها، واستمروا في تكديس الأشياء على الزلاجة.

La charge s'élevait dangereusement alors qu'ils ajoutaient les dernières choses.

ارتفعت الأحمال بشكل خطير عندما أضافوا الأشياء النهائية.

« Tu penses que le traîneau va rouler ? » demanda l'un des hommes avec un regard sceptique.

هل تعتقد أن الزلاجة سوف تتحرك؟ "سأل أحد الرجال بنظرة متشككة."

« Pourquoi pas ? » rétorqua Charles, vivement agacé.

لماذا لا نفعل ذلك؟ "رد تشارلز بانزعاج حاد."

« Oh, ce n'est pas grave », dit rapidement l'homme, s'éloignant de l'offense.

أوه، لا بأس بذلك، "قال الرجل بسرعة، متراجعًا عن الإساءة."

« Je me demandais juste – ça me semblait un peu trop lourd. »

"كنت أتساءل فقط ـ لقد بدا الأمر ثقيلًا بعض الشيء بالنسبة لي-"

Charles se détourna et attacha la charge du mieux qu'il put.

استدار تشارلز وربط الحمولة بأفضل ما استطاع.

Mais les attaches étaient lâches et l'emballage mal fait dans l'ensemble.

لكن الربط كان فضفاضًا والتعبئة كانت سيئة بشكل عام.

« Bien sûr, les chiens tireront ça toute la journée », a dit un autre homme avec sarcasme.

بالتأكيد، الكلاب ستفعل ذلك طوال اليوم"، قال رجل آخر ساخرًا."

« Bien sûr », répondit froidement Hal en saisissant le long mât du traîneau.

بالطبع، "أجاب هال ببرود، وهو يمسك بعمود الزلاجة الطويل-"

D'une main sur le poteau, il faisait tournoyer le fouet dans l'autre.

وبإحدى يديه على العمود، كان يلوح بالسوط في اليد الأخرى-

« Allons-y ! » cria-t-il. « Allez ! » exhortant les chiens à démarrer.

هيا بنا "إصرخ. "تحركوا "إحاثًا الكلاب على الانطلاق-"

Les chiens se sont penchés sur le harnais et ont tendu pendant quelques instants.

انحنت الكلاب إلى الحزام وتوترت لعدة لحظات-

Puis ils s'arrêtèrent, incapables de déplacer d'un pouce le traîneau surchargé.

ثم توقفوا، غير قادرين على تحريك الزلاجة المحملة قيد أنملة-

« Ces brutes paresseuses ! » hurla Hal en levant le fouet pour les frapper.

الوحوش الكسالى "إصرخ هال، ورفع السوط ليضربهم-"

Mais Mercedes s'est précipitée et a saisi le fouet des mains de Hal.

لكن مرسيدس هرعت وانتزعت السوط من يد هال-

« Oh, Hal, n'ose pas leur faire de mal », s'écria-t-elle, alarmée.

أوه، هال، لا تجرؤ على إيذائهم، "صرخت في حالة من الفزع-"

« Promets-moi que tu seras gentil avec eux, sinon je n'irai pas plus loin. »

"وعدني بأنك ستكون لطيفًا معهم، وإلا فلن أتخذ خطوة أخرى."

« Tu ne connais rien aux chiens », lança Hal à sa sœur.

أنت لا تعرفين شيئًا عن الكلاب"، قال هال لأخته."

« Ils sont paresseux, et la seule façon de les déplacer est de
les fouetter. »

"إنهم كسالى، والطريقة الوحيدة لتحريكهم هي ضربهم بالسوط"

« Demandez à n'importe qui, demandez à l'un de ces
hommes là-bas si vous doutez de moi. »

"اسأل أي شخص، اسأل أحد هؤلاء الرجال هناك إذا كنت تشك بي."

Mercedes regarda les spectateurs avec des yeux suppliants et
pleins de larmes.

نظرت مرسيدس إلى المتفرجين بعيون متوسلة مليئة بالدموع.

Son visage montrait à quel point elle détestait la vue de la
douleur.

أظهر وجهها مدى كرهها لرؤية أي ألم.

« Ils sont faibles, c'est tout », dit un homme. « Ils sont
épuisés. »

إنهم ضعفاء، هذا كل ما في الأمر"، قال أحد الرجال. "لقد أُنهكوا"."

« Ils ont besoin de repos, ils ont travaillé trop longtemps
sans pause. »

"إنهم يحتاجون إلى الراحة - لقد عملوا لفترة طويلة دون انقطاع."

« Que le repos soit maudit », murmura Hal, la lèvre
retroussée.

الباقي ملعون "تمتم هال مع شفتيه ملتفة."

Mercedes haleta, clairement peinée par ce mot grossier de sa
part.

شهقت مرسيدس، من الواضح أنها شعرت بالألم بسبب الكلمة البذيئة التي
قالها لها.

Pourtant, elle est restée loyale et a immédiatement défendu
son frère.

ومع ذلك، ظلت مخلصة ودافعت عن شقيقها على الفور.

« Ne fais pas attention à cet homme », dit-elle à Hal. « Ce
sont nos chiens. »

لا تهتم لهذا الرجل"، قالت لهال. "إنهم كلابنا"."

« Vous les conduisez comme bon vous semble, faites ce que
vous pensez être juste. »

"أنت تقودهم كما تراه مناسبًا - افعل ما تعتقد أنه صحيح."

Hal leva le fouet et frappa à nouveau les chiens sans pitié.

رفع هال السوط وضرب الكلاب مرة أخرى دون رحمة.

Ils se sont précipités en avant, le corps bas, les pieds poussant dans la neige.

اندفعوا إلى الأمام، أجسادهم منخفضة، وأقدامهم تدفع في الثلج.

Toutes leurs forces étaient utilisées pour tirer, mais le traîneau ne bougeait pas.

لقد بذلوا كل قوتهم في السحب، لكن الزلاجة لم تكن تتحرك.

Le traîneau est resté coincé, comme une ancre figée dans la neige tassée.

ظلت الزلاجة عالقة، مثل مرساة متجمدة في الثلج المتراكم.

Après un deuxième effort, les chiens s'arrêtèrent à nouveau, haletants.

وبعد محاولة ثانية، توقفت الكلاب مرة أخرى، وهي تلهث بشدة.

Hal leva à nouveau le fouet, juste au moment où Mercedes intervenait à nouveau.

رفع هال السوط مرة أخرى، في الوقت الذي تدخلت فيه مرسيدس مرة أخرى.

Elle tomba à genoux devant Buck et lui serra le cou.

نزلت على ركبتيها أمام باك وعانقت رقبته.

Les larmes lui montèrent aux yeux tandis qu'elle suppliait le chien épuisé.

امتلأت عيناها بالدموع وهي تتوسل إلى الكلب المنهك.

« Pauvres chéris », dit-elle, « pourquoi ne tirez-vous pas plus fort ? »

"يا مساكين، "قالت، "لماذا لا تسحبون بقوة أكبر؟"

« Si tu tires, tu ne seras pas fouetté comme ça. »

"إذا قمت بالسحب، فلن يتم جلدك بهذه الطريقة."

Buck n'aimait pas Mercedes, mais il était trop fatigué pour lui résister maintenant.

لم يكن باك يحب مرسيدس، لكنه كان متعبًا جدًا بحيث لم يتمكن من مقاومتها الآن.

Il accepta ses larmes comme une simple partie de cette journée misérable.

لقد تقبل دموعها باعتبارها جزءًا آخر من يومه البائس.

L'un des hommes qui regardaient a finalement parlé après avoir retenu sa colère.

تحدث أحد الرجال الذين كانوا يراقبون أخيرًا بعد أن تمكن من كبت غضبه.

« Je me fiche de ce qui vous arrive, mais ces chiens comptent. »

"لا يهمني ما يحدث لكم أيها الناس، ولكن تلك الكلاب مهمة."

« Si vous voulez aider, détachez ce traîneau, il est gelé dans la neige. »

"إذا كنت تريد المساعدة، قم بكسر تلك الزلاجة - فهي متجمدة في الثلج."

« Appuyez fort sur la perche, à droite et à gauche, et brisez le sceau de glace. »

"اضغط بقوة على عمود الجي، يمينًا ويسارًا، واكسر ختم الجليد."

Une troisième tentative a été faite, cette fois-ci suite à la suggestion de l'homme.

وتم إجراء محاولة ثالثة، هذه المرة بناء على اقتراح الرجل.

Hal a balancé le traîneau d'un côté à l'autre, libérant les patins.

هز هال الزلاجة من جانب إلى آخر، مما أدى إلى تحرير العدائين.

Le traîneau, bien que surchargé et maladroit, a finalement fait un bond en avant.

رغم أن الزلاجة كانت مثقلة وخرقاء، إلا أنها اندفعت إلى الأمام في النهاية.

Buck et les autres tiraient sauvagement, poussés par une tempête de coups de fouet.

سحب باك والآخرون أنفسهم بعنف، تحت وطأة عاصفة من الضربات العنيفة.

Une centaine de mètres plus loin, le sentier courbait et descendait en pente dans la rue.

على بعد مائة ياردة إلى الأمام، انحنى المسار وانحدر إلى الشارع.

Il aurait fallu un conducteur expérimenté pour maintenir le traîneau droit.

كان من المفترض أن يحتاج الأمر إلى سائق ماهر للحفاظ على الزلاجة في وضع مستقيم.

Hal n'était pas habile et le traîneau a basculé en tournant dans le virage.

لم يكن هال ماهرًا، وانقلبت الزلاجة عندما تأرجحت حول المنحنى.

Les sangles lâches ont cédé et la moitié de la charge s'est répandue sur la neige.

انهارت الأربطة، وسقط نصف الحمولة على الثلج.

Les chiens ne s'arrêtèrent pas ; le traîneau le plus léger volait sur le côté.

لم تتوقف الكلاب، وكانت الزلاجة الخفيفة تطير على جانبها.

En colère à cause des mauvais traitements et du lourd fardeau, les chiens couraient plus vite.

غاضبين من الإساءة والعبء الثقيل، ركضت الكلاب بشكل أسرع.

Buck, furieux, s'est mis à courir, suivi par l'équipe.

اندفع باك في غضب شديد، وتبعه الفريق.

Hal a crié « Whoa ! Whoa ! » mais l'équipe ne lui a pas prêté attention.

صرخ هال "واو إواو "إلكن الفريق لم ينتبه له.

Il a trébuché, est tombé et a été traîné au sol par le harnais.

لقد تعثر وسقط وسحبه الحزام على الأرض.

Le traîneau renversé l'a heurté tandis que les chiens couraient devant.

ارتطمت الزلاجة المقلوبة به بينما كانت الكلاب تتسابق أمامه.

Le reste des fournitures est dispersé dans la rue animée de Skaguay.

بقية الإمدادات متناثرة في شوارع سكاغواي المزدحمة.

Des personnes au grand cœur se sont précipitées pour arrêter les chiens et rassembler le matériel.

هرع الناس طيبو القلوب لإيقاف الكلاب وجمع المعدات.

Ils ont également donné des conseils, directs et pratiques, aux nouveaux voyageurs.

كما قدموا نصائح مباشرة وعملية للمسافرين الجدد.

« Si vous voulez atteindre Dawson, prenez la moitié du chargement et doublez les chiens. »

إذا كنت تريد الوصول إلى داوسون، خذ نصف الحمولة وضاعف عدد "
"الكلاب.

Hal, Charles et Mercedes écoutaient, mais sans enthousiasme.

استمع هال، وتشارلز، ومرسيدس، ولكن ليس بحماس.

Ils ont installé leur tente et ont commencé à trier leurs provisions.

قاموا بنصب خيمتهم وبدأوا بفرز إمداداتهم.

Des conserves sont sorties, ce qui a fait rire les spectateurs.

وخرجت الأطعمة المعلبة، مما جعل المتفرجين يضحكون بصوت عالٍ.

« Des conserves sur le sentier ? Tu vas mourir de faim avant qu'elles ne fondent », a dit l'un d'eux.

"معلبات على الطريق؟ ستموت جوعًا قبل أن تذوب"، قال أحدهم.

« Des couvertures d'hôtel ? Tu ferais mieux de toutes les jeter. »

بطانيات الفنادق؟ من الأفضل التخلص منها جميعًا.

« Laissez tomber la tente aussi, et personne ne fait la vaisselle ici. »

"تخلص من الخيمة أيضًا، ولن يغسل أحد الأطباق هنا."

« Tu crois que tu voyages dans un train Pullman avec des domestiques à bord ? »

"هل تعتقد أنك تركب قطار بولمان مع الخدم على متنه؟"

Le processus a commencé : chaque objet inutile a été jeté de côté.

بدأت العملية - تم إلقاء كل عنصر عديم الفائدة جانبًا.

Mercedes a pleuré lorsque ses sacs ont été vidés sur le sol enneigé.

بكت مرسيدس عندما أفرغت حقائبها على الأرض الثلجية.

Elle sanglotait sur chaque objet jeté, un par un, sans pause.

كانت تبكي بشدة على كل قطعة تم إلقاؤها، واحدة تلو الأخرى، دون توقف.

Elle jura de ne plus faire un pas de plus, même pas pendant dix Charles.

لقد أقسمت على عدم الذهاب خطوة أخرى - حتى ولو لعشرة تشارلز.

Elle a supplié chaque personne à proximité de la laisser garder ses objets précieux.

وتوسلت إلى كل شخص قريب منها أن يسمح لها بالاحتفاظ بأشياءها الثمينة.

Finalement, elle s'essuya les yeux et commença à jeter même les vêtements essentiels.

وأخيراً مسحت عينيها وبدأت تتخلص حتى من الملابس الحيوية.

Une fois les siennes terminées, elle commença à vider les provisions des hommes.

عندما انتهت من أعمالها، بدأت في إفراغ إمدادات الرجال.

Comme un tourbillon, elle a déchiré les affaires de Charles et Hal.

مثل عاصفة، مزقت ممتلكات تشارلز وهال.

Même si la charge était réduite de moitié, elle était encore bien plus lourde que nécessaire.

على الرغم من أن الحمل انخفض إلى النصف، إلا أنه كان لا يزال أثقل بكثير من اللازم.

Cette nuit-là, Charles et Hal sont sortis et ont acheté six nouveaux chiens.

في تلك الليلة، خرج تشارلز وهال واشتريا ستة كلاب جديدة.

Ces nouveaux chiens ont rejoint les six originaux, plus Teek et Koona.

انضمت هذه الكلاب الجديدة إلى الكلاب الستة الأصلية، بالإضافة إلى تيك وكونا.

Ensemble, ils formaient une équipe de quatorze chiens attelés au traîneau.

لقد شكلوا معًا فريقًا مكونًا من أربعة عشر كلبًا مربوطين بالزلاجة.

Mais les nouveaux chiens n'étaient pas aptes et mal entraînés au travail en traîneau.

لكن الكلاب الجديدة كانت غير صالحة للعمل على الزلاجات ولم يتم تدريبها بشكل جيد.

Trois des chiens étaient des pointeurs à poil court et un était un Terre-Neuve.

ثلاثة من الكلاب كانت من نوع المؤشرات ذات الشعر القصير، وكان واحد منها من نوع نيوفاوندلاند.

Les deux derniers chiens étaient des bâtards sans race ni objectif clairement définis.

كان الكلبان الأخيران من الكلاب الهجينة التي ليس لها سلالة واضحة أو غرض على الإطلاق.

Ils n'ont pas compris le sentier et ne l'ont pas appris rapidement.

لم يفهموا المسار، ولم يتعلموه بسرعة.

Buck et ses compagnons les regardaient avec mépris et une profonde irritation.

كان باك وأصدقاؤه يراقبونهم بازدراء وانزعاج عميق.

Bien que Buck leur ait appris ce qu'il ne fallait pas faire, il ne pouvait pas leur enseigner le devoir.

على الرغم من أن باك علمهم ما لا ينبغي لهم فعله، إلا أنه لم يكن قادرًا على تعليمهم الواجب.

Ils n'ont pas bien supporté la vie sur les sentiers ni la traction des rênes et des traîneaux.

لم يتقبلوا بشكل جيد تتبع الحياة أو سحب اللجام والزلاجات.

Seuls les bâtards essayaient de s'adapter, et même eux manquaient d'esprit combatif.

حاول الهجينون فقط التكيف، وحتى هم كانوا يفتقرون إلى روح القتال.

Les autres chiens étaient confus, affaiblis et brisés par leur nouvelle vie.

كانت الكلاب الأخرى مرتبكة، ضعيفة، ومنكسرة بسبب حياتها الجديدة.

Les nouveaux chiens étant désemparés et les anciens épuisés, l'espoir était mince.

مع الكلاب الجديدة التي كانت في حيرة من أمرها والكلاب القديمة المنهكة، كان الأمل ضئيلاً.

L'équipe de Buck avait parcouru deux mille cinq cents kilomètres de sentiers difficiles.

لقد قطع فريق باك مسافة ألفين وخمسمائة ميل من الطريق القاسي.

Pourtant, les deux hommes étaient joyeux et fiers de leur grande équipe de chiens.

ومع ذلك، كان الرجلان مبتهجين وفخورين بفريق الكلاب الكبير الخاص بهم.

Ils pensaient voyager avec style, avec quatorze chiens attelés.

ظنوا أنهم يسافرون بأناقة، مع أربعة عشر كلبًا مربوطين.

Ils avaient vu des traîneaux partir pour Dawson, et d'autres en arriver.

لقد شاهدوا زلاجات تغادر إلى داوسون، وأخرى تصل منها.

Mais ils n'en avaient jamais vu un tiré par quatorze chiens.

لكنهم لم يروا قط واحدًا يسحبه ما يصل إلى أربعة عشر كلبًا.

Il y avait une raison pour laquelle de telles équipes étaient rares dans la nature sauvage de l'Arctique.

وكان هناك سبب لكون مثل هذه الفرق نادرة في البرية القطبية الشمالية.

Aucun traîneau ne pouvait transporter suffisamment de nourriture pour nourrir quatorze chiens pendant le voyage.

لم يكن بمقدور أي مزلجة أن تحمل ما يكفي من الطعام لإطعام أربعة عشر كلبًا طوال الرحلة.

Mais Charles et Hal ne le savaient pas : ils avaient fait le calcul.

لكن تشارلز وهال لم يعرفا ذلك ـ لقد أجريا الحسابات.

Ils ont planifié la nourriture : tant par chien, tant de jours, et c'est fait.

لقد خططوا للطعام :كمية محددة لكل كلب، وعدد محدد من الأيام، وتم الانتهاء من ذلك.

Mercedes regarda leurs chiffres et hocha la tête comme si cela avait du sens.

نظرت مرسيدس إلى أرقامهم وأومأت برأسها كما لو كان الأمر منطقيًا.

Tout cela lui semblait très simple, du moins sur le papier.

لقد بدا الأمر كله بسيطًا جدًا بالنسبة لها، على الأقل على الورق.

Le lendemain matin, Buck conduisit lentement l'équipe dans la rue enneigée.

وفي صباح اليوم التالي، قاد باك الفريق ببطء إلى الشارع الثلجي.

Il n'y avait aucune énergie ni aucun esprit en lui ou chez les chiens derrière lui.

لم تكن هناك طاقة أو روح فيه أو في الكلاب خلفه.

Ils étaient épuisés dès le départ, il n'y avait plus de réserve.

لقد كانوا متعبين للغاية منذ البداية - لم يتبق لديهم أي احتياطي.

Buck avait déjà effectué quatre voyages entre Salt Water et Dawson.

لقد قام باك بأربع رحلات بين سولت ووتر وداوسون بالفعل.

Maintenant, confronté à nouveau à la même épreuve, il ne ressentait que de l'amertume.

والآن، عندما واجه نفس المسار مرة أخرى، لم يشعر إلا بالمرارة.

Son cœur n'y était pas, ni celui des autres chiens.

لم يكن قلبه فيه، ولا قلوب الكلاب الأخرى.

Les nouveaux chiens étaient timides et les huskies manquaient totalement de confiance.

كانت الكلاب الجديدة خجولة، وكانت كلاب الهاسكي تفتقر إلى الثقة.

Buck sentait qu'il ne pouvait pas compter sur ces deux hommes ou sur leur sœur.

أحس باك أنه لا يستطيع الاعتماد على هذين الرجلين أو أختهما.

Ils ne savaient rien et ne montraient aucun signe d'apprentissage sur le sentier.

لم يعرفوا شيئًا ولم يظهروا أي علامات على التعلم أثناء الرحلة.

Ils étaient désorganisés et manquaient de tout sens de la discipline.

لقد كانوا غير منظمين ويفتقرون إلى أي حس بالانضباط

Il leur fallait à chaque fois la moitié de la nuit pour monter un campement bâclé.

استغرق الأمر منهم نصف الليل لإقامة معسكر غير منظم في كل مرة.

Et ils passèrent la moitié de la matinée suivante à tâtonner à nouveau avec le traîneau.

وفي الصباح التالي قضوا نصف الوقت في محاولة التعامل مع الزلاجة مرة أخرى.

À midi, ils s'arrêtaient souvent juste pour réparer la charge inégale.

بحلول الظهر، كانوا يتوقفون في كثير من الأحيان فقط لإصلاح الحمل غير المتساوي.

Certains jours, ils parcouraient moins de dix milles au total.

وفي بعض الأيام، سافروا مسافة أقل من عشرة أميال إجمالاً.

D'autres jours, ils ne parvenaient pas du tout à quitter le camp.

وفي أيام أخرى، لم يتمكنوا من مغادرة المخيم على الإطلاق.

Ils n'ont jamais réussi à couvrir la distance alimentaire prévue.

ولم يقتربوا أبدًا من تغطية مسافة الغذاء المخطط لها.

Comme prévu, ils ont très vite manqué de nourriture pour les chiens.

كما كان متوقعًا، نفد الطعام المخصص للكلاب بسرعة كبيرة.

Ils ont aggravé la situation en les suralimentant au début.

لقد جعلوا الأمور أسوأ بسبب الإفراط في التغذية في الأيام الأولى.

À chaque ration négligée, la famine se rapprochait.

وقد أدى هذا إلى تقريب المجاعة منا مع كل حصة غير مدروسة.

Les nouveaux chiens n'avaient pas appris à survivre avec très peu.

لم تتعلم الكلاب الجديدة كيفية البقاء على قيد الحياة على القليل جدًا.

Ils mangeaient avec faim, avec un appétit trop grand pour le sentier.

لقد أكلوا بشراهة، وكانت شهيتهم كبيرة جدًا بالنسبة للطريق.

Voyant les chiens s'affaiblir, Hal pensait que la nourriture n'était pas suffisante.

عندما رأى هال الكلاب تضعف، اعتقد أن الطعام لم يكن كافيا.

Il a doublé les rations, rendant l'erreur encore pire.

لقد ضاعف الحصص، مما جعل الخطأ أسوأ.

Mercedes a aggravé le problème avec ses larmes et ses douces supplications.

أضافت مرسيدس إلى المشكلة دموعها وتوسلاتها الناعمة.

Comme elle n'arrivait pas à convaincre Hal, elle nourrissait les chiens en secret.

عندما لم تتمكن من إقناع هال، قامت بإطعام الكلاب سراً.

Elle a volé des sacs de poissons et les leur a donnés dans son dos.

سرقت من أكياس السمك وأعطتها لهم من وراء ظهره.

Mais ce dont les chiens avaient réellement besoin, ce n'était pas de plus de nourriture, mais de repos.

لكن ما يحتاجه الكلاب حقًا لم يكن المزيد من الطعام، بل الراحة.

Ils progressaient mal, mais le lourd traîneau continuait à avancer.

لقد كانوا يحققون وقتًا سيئًا، لكن الزلاجة الثقيلة كانت لا تزال مستمرة.

Ce poids à lui seul épuisait chaque jour leurs forces restantes.

كان هذا الوزن وحده يستنزف قوتهم المتبقية كل يوم.

Puis vint l'étape de la sous-alimentation, les réserves s'épuisant.

ثم جاءت مرحلة نقص التغذية حيث انخفضت الإمدادات.

Un matin, Hal s'est rendu compte que la moitié de la nourriture pour chien avait déjà disparu.

أدرك هال في أحد الصباحات أن نصف طعام الكلب قد نفد بالفعل.

Ils n'avaient parcouru qu'un quart de la distance totale du sentier.

لقد سافروا ربع المسافة الإجمالية للمسار فقط.

On ne pouvait plus acheter de nourriture, quel que soit le prix proposé.

لم يعد من الممكن شراء المزيد من الطعام، بغض النظر عن السعر المعروض.

Il a réduit les portions des chiens en dessous de la ration quotidienne standard.

لقد خفض حصص الكلاب إلى ما دون الحصة اليومية القياسية.

Dans le même temps, il a exigé des voyages plus longs pour compenser la perte.

وفي الوقت نفسه، طالب برحلة أطول لتعويض الخسارة.

Mercedes et Charles ont soutenu ce plan, mais ont échoué dans son exécution.

وقد دعم مرسيدس وتشارلز هذه الخطة، لكنهما فشلا في تنفيذها.

Leur lourd traîneau et leur manque de compétences rendaient la progression presque impossible.

إن زلاجاتهم الثقيلة وافتقارهم إلى المهارة جعل التقدم مستحيلاً تقريباً.

Il était facile de donner moins de nourriture, mais impossible de forcer plus d'efforts.

كان من السهل تقديم كمية أقل من الطعام، ولكن من المستحيل إجبار الناس على بذل المزيد من الجهد.

Ils ne pouvaient pas commencer plus tôt, ni voyager pendant des heures supplémentaires.

لم يتمكنوا من البدء مبكّراً، ولم يتمكنوا من السفر لساعات إضافية.

Ils ne savaient pas comment travailler les chiens, ni eux-mêmes d'ailleurs.

لم يعرفوا كيفية التعامل مع الكلاب، ولا حتى مع أنفسهم، في هذا الشأن.

Le premier chien à mourir était Dub, le voleur malchanceux mais travailleur.

كان الكلب الأول الذي مات هو دوب، اللص غير المحظوظ ولكنه مجتهد.

Bien que souvent puni, Dub avait fait sa part sans se plaindre.

على الرغم من معاقبته في كثير من الأحيان، كان داب يحمل ثقله دون شكوى.

Son épaule blessée s'est aggravée sans qu'il soit nécessaire de prendre soin de lui et de se reposer.

ازدادت إصابة كتفه سوءًا دون رعاية أو حاجة للراحة.

Finalement, Hal a utilisé le revolver pour mettre fin aux souffrances de Dub.

وأخيرًا، استخدم هال المسدس لإنهاء معاناة داب.

Un dicton courant dit que les chiens normaux meurent à cause des rations de husky.

هناك مقولة شائعة تقول أن الكلاب الطبيعية تموت على حصص الهاسكي.

Les six nouveaux compagnons de Buck n'avaient que la moitié de la part de nourriture du husky.

كان لدى رفاق باك الستة الجدد نصف حصة الهاسكي من الطعام فقط

Le Terre-Neuve est mort en premier, puis les trois braques à
poil court.

مات نيوفاوندلاند أولاً، ثم الكلاب الثلاثة ذات الشعر القصير.

Les deux bâtards résistèrent plus longtemps mais finirent
par périr comme les autres.

صمدت السلالتان الهجينتان لفترة أطول ولكن في النهاية هلكتا مثل البقية.

À cette époque, toutes les commodités et la douceur du
Southland avaient disparu.

بحلول هذا الوقت، اختفت كل وسائل الراحة واللطف التي كانت موجودة
في منطقة الجنوب.

Les trois personnes avaient perdu les dernières traces de leur
éducation civilisée.

لقد تخلص الأشخاص الثلاثة من آخر آثار تربيتهم المتحضرة.

Dépouillé de glamour et de romantisme, le voyage dans
l'Arctique est devenu brutalement réel.

بعد أن جردوها من السحر والرومانسية، أصبحت السفر إلى القطب
الشمالي حقيقة واقعة.

C'était une réalité trop dure pour leur sens de la virilité et de
la féminité.

لقد كان الواقع قاسياً للغاية بالنسبة لإحساسهم بالرجولة والأنوثة.

Mercedes ne pleurait plus pour les chiens, mais maintenant
elle pleurait seulement pour elle-même.

لم تعد مرسيدس تبكي على الكلاب، بل أصبحت تبكي على نفسها فقط

Elle passait son temps à pleurer et à se disputer avec Hal et
Charles.

لقد أمضت وقتها في البكاء والشجار مع هال وتشارلز.

Se disputer était la seule chose qu'ils n'étaient jamais trop
fatigués de faire.

كان الشجار هو الشيء الوحيد الذي لم يتعبوا من فعله أبدًا.

Leur irritabilité provenait de la misère, grandissait avec elle
et la surpassait.

إن انفعالهم كان نابعاً من البؤس، ونما معه، وتجاوزه.

La patience du sentier, connue de ceux qui peinent et
souffrent avec bienveillance, n'est jamais venue.

إن صبر الطريق، المعروف لدى أولئك الذين يتعبون ويعانون بلطف، لم
يأتِ أبدًا.

Cette patience, qui garde la parole douce malgré la douleur, leur était inconnue.

إن الصبر الذي يحفظ الكلام حلواً رغم الألم لم يكن معروفاً لهم.

Ils n'avaient aucune trace de patience, aucune force tirée de la souffrance avec grâce.

لم يكن لديهم أدنى قدر من الصبر، ولم تكن لديهم القوة التي تستمد من المعاناة بالنعمة.

Ils étaient raides de douleur : leurs muscles, leurs os et leur cœur étaient douloureux.

كانوا متيبسين من الألم - وجع في عضلاتهم وعظامهم وقلوبهم.

À cause de cela, ils devinrent acerbes et prompts à prononcer des paroles dures.

وبسبب هذا، أصبحوا حادي اللسان وسريعي الكلام القاسي.

Chaque jour commençait et se terminait par des voix en colère et des plaintes amères.

كان كل يوم يبدأ وينتهي بأصوات غاضبة وشكاوى مريرة.

Charles et Hal se disputaient chaque fois que Mercedes leur en donnait l'occasion.

كان تشارلز وهال يتجادلان كلما أعطتهم مرسيدس فرصة.

Chaque homme estimait avoir fait plus que sa juste part du travail.

كان كل رجل يعتقد أنه قام بأكثر من نصيبه العادل من العمل.

Aucun des deux n'a jamais manqué une occasion de le dire, encore et encore.

ولم يفوت أي منهما فرصة ليقول ذلك مرارا وتكرارا.

Parfois, Mercedes se rangeait du côté de Charles, parfois du côté de Hal.

في بعض الأحيان كانت مرسيدس تقف إلى جانب تشارلز، وفي بعض الأحيان كانت تقف إلى جانب هال.

Cela a conduit à une grande et interminable querelle entre les trois.

وأدى هذا إلى شجار كبير لا نهاية له بين الثلاثة.

Une dispute sur la question de savoir qui devait couper le bois de chauffage est devenue incontrôlable.

نشأ نزاع حول من يجب أن يقوم بتقطيع الحطب إلى حد خارج عن السيطرة.

Bientôt, les pères, les mères, les cousins et les parents décédés ont été nommés.

وبعد قليل، تم ذكر أسماء الآباء والأمهات وأبناء العمومة والأقارب المتوفين.

Les opinions de Hal sur l'art ou les pièces de son oncle sont devenues partie intégrante du combat.

أصبحت آراء هال حول الفن أو مسرحيات عمه جزءًا من القتال.

Les convictions politiques de Charles sont également entrées dans le débat.

ودخلت المعتقدات السياسية لتشارلز أيضًا في المناقشة.

Pour Mercedes, même les ragots de la sœur de son mari semblaient pertinents.

بالنسبة لمرسيدس، حتى ثرثرة أخت زوجها بدت ذات صلة.

Elle a exprimé son opinion sur ce sujet et sur de nombreux défauts de la famille de Charles.

وقد أعربت عن آرائها حول هذا الموضوع وحول العديد من عيوب عائلة تشارلز.

Pendant qu'ils se disputaient, le feu restait éteint et le camp à moitié monté.

بينما كانوا يتجادلون، ظلت النار مطفأة والمخيم نصف مشتعل.

Pendant ce temps, les chiens restaient froids et sans nourriture.

وفي هذه الأثناء، ظلت الكلاب باردة وبدون أي طعام.

Mercedes avait un grief qu'elle considérait comme profondément personnel.

كان لدى مرسيدس شكوى اعتبرتها شخصية للغاية.

Elle se sentait maltraitée en tant que femme, privée de ses doux privilèges.

لقد شعرت بالمعاملة السيئة كامرأة، وحُرمت من امتيازاتها اللطيفة.

Elle était jolie et douce, et habituée à la chevalerie toute sa vie.

لقد كانت جميلة وناعمة، وكانت معتادة على الفروسية طوال حياتها.

Mais son mari et son frère la traitaient désormais avec impatience.

لكن زوجها وشقيقها الآن يعاملانها بفارغ الصبر.

Elle avait pour habitude d'agir comme si elle était impuissante, et ils commencèrent à se plaindre.

كانت عادتها أن تتصرف بعجز، فبدأوا يشكون.

Offensée par cela, elle leur rendit la vie encore plus difficile.

لقد أساءت إليهم، مما جعل حياتهم أكثر صعوبة.

Elle a ignoré les chiens et a insisté pour conduire elle-même le traîneau.

تجاهلت الكلاب وأصرت على ركوب الزلاجة بنفسها.

Bien que légère en apparence, elle pesait cent vingt livres.

رغم مظهرها الخفيف، كان وزنها مائة وعشرين رطلاً.

Ce fardeau supplémentaire était trop lourd pour les chiens affamés et faibles.

كان هذا العبء الإضافي أكثر مما تستطيع الكلاب الجائعة والضعيفة أن تتحمله.

Elle a continué à monter pendant des jours, jusqu'à ce que les chiens s'effondrent sous les rênes.

ومع ذلك، فقد ظلت تركب لعدة أيام، حتى انهارت الكلاب في اللجام.

Le traîneau s'arrêta et Charles et Hal la supplièrent de marcher.

ظلت الزلاجة واقفة في مكانها، وتوسل تشارلز وهال إليها أن تمشي.

Ils la supplièrent et la supplièrent, mais elle pleura et les traita de cruels.

لقد توسلوا إليها وتوسلوا إليها، لكنها بكت ووصفتهم بالقسوة.

À une occasion, ils l'ont tirée du traîneau avec force et colère.

في إحدى المرات، سحبوها من الزلاجة بقوة شديدة وغضب.

Ils n'ont plus jamais essayé après ce qui s'est passé cette fois-là.

ولم يحاولوا مرة أخرى بعد ما حدث تلك المرة.

Elle devint molle comme un enfant gâté et s'assit dans la neige.

أصبحت مترهلة مثل طفل مدلل وجلست في الثلج.

Ils continuèrent leur chemin, mais elle refusa de se lever ou de les suivre.

لقد تحركوا، لكنها رفضت أن تنهض أو تتبعهم.

Après trois milles, ils s'arrêtèrent, revinrent et la ramenèrent.

وبعد ثلاثة أميال، توقفوا، وعادوا، وحملوها.

Ils l'ont rechargée sur le traîneau, en utilisant encore une fois la force brute.

ثم أعادوا تحميلها على الزلاجة، مستخدمين القوة الغاشمة مرة أخرى.

Dans leur profonde misère, ils étaient insensibles à la souffrance des chiens.

في بؤسهم العميق، كانوا قساة القلب تجاه معاناة الكلاب.

Hal croyait qu'il fallait s'endurcir et il a imposé cette croyance aux autres.

كان هال يعتقد أنه يجب على الإنسان أن يصبح أكثر صلابة ويفرض هذا الاعتقاد على الآخرين.

Il a d'abord essayé de prêcher sa philosophie à sa sœur

حاول أولاً أن يبشر أخته بفلسفته

et puis, sans succès, il prêcha à son beau-frère.

وبعد ذلك، دون جدوى، قام بالوعظ إلى صهره.

Il a eu plus de succès avec les chiens, mais seulement parce qu'il leur a fait du mal.

لقد حقق نجاحا أكبر مع الكلاب، ولكن فقط لأنه كان يؤذيهم.

Chez Five Fingers, la nourriture pour chiens est complètement épuisée.

في مطعم فايف فينجرز، نفد طعام الكلاب بالكامل.

Une vieille squaw édentée a vendu quelques kilos de peau de cheval congelée

باعت امرأة عجوز بلا أسنان بضعة أرطال من جلود الخيول المجمدة

Hal a échangé son revolver contre la peau de cheval séchée.

قام هال بتبديل مسدسه بجلد الحصان المجفف.

La viande provenait de chevaux affamés d'éleveurs de bétail des mois auparavant.

لقد جاء اللحم من خيول مربي الماشية الجائعة قبل أشهر.

Gelée, la peau était comme du fer galvanisé ; dure et immangeable.

كان الجلد متجمدًا مثل الحديد المجلفن، قاسيًا وغير صالح للأكل.

Les chiens devaient mâcher la peau sans fin pour la manger.

كان على الكلاب أن تمضغ الجلد بلا نهاية حتى تأكله.

Mais les cordes en cuir et les cheveux courts n'étaient guère une nourriture.

لكن الأوتار الجلدية والشعر القصير لم يكونا غذاءً على الإطلاق.

La majeure partie de la peau était irritante et ne constituait pas véritablement de la nourriture.

كانت معظم الجلود مزعجة، ولم تكن طعامًا بالمعنى الحقيقي للكلمة.

Et pendant tout ce temps, Buck titubait en tête, comme dans un cauchemar.

وعلى الرغم من كل ذلك، ظل باك يترنح في المقدمة، كما لو كان في كابوس.

Il tirait quand il le pouvait ; quand il ne le pouvait pas, il restait allongé jusqu'à ce qu'un fouet ou un gourdin le relève.

كان يسحب عندما يكون قادرًا على ذلك، وعندما لا يكون قادرًا على ذلك، كان يظل مستلقيًا حتى يرفعه السوط أو الهراوة.

Son pelage fin et brillant avait perdu toute sa rigidité et son éclat d'autrefois.

لقد فقد معطفه الناعم اللامع كل صلابته ولمعانه الذي كان يتمتع به من قبل.

Ses cheveux pendaient, mous, en bataille et coagulés par le sang séché des coups.

كان شعره متدليًا، متطايرًا، ومتخثرًا بالدم الجاف من الضربات.

Ses muscles se sont réduits à l'état de cordes et ses coussinets de chair étaient tous usés.

تقلصت عضلاته إلى حبال، وتآكلت جميع وسادات لحمه.

Chaque côte, chaque os apparaissait clairement à travers les plis de la peau ridée.

كل ضلع وكل عظمة ظهرت بوضوح من خلال طيات الجلد المتجعد.

C'était déchirant, mais le cœur de Buck ne pouvait pas se briser.

لقد كان الأمر مفجعًا، لكن قلب باك لم يستطع أن ينكسر.

L'homme au pull rouge avait testé cela et l'avait prouvé il y a longtemps.

لقد اختبر الرجل ذو السترة الحمراء ذلك وأثبته منذ زمن طويل.

Comme ce fut le cas pour Buck, ce fut le cas pour tous ses coéquipiers restants.

كما كان الحال مع باك، كذلك كان الحال مع جميع زملائه المتبقين في الفريق.

Il y en avait sept au total, chacun étant un squelette ambulant de misère.

كان هناك سبعة في المجموع، كل واحد منهم عبارة عن هيكل عظمي متحرك من البؤس.

Ils étaient devenus insensibles au fouet, ne ressentant qu'une douleur lointaine.

لقد أصبحوا مخدرين للجلد، ويشعرون بألم بعيد فقط

Même la vue et le son leur parvenaient faiblement, comme à travers un épais brouillard.

حتى أن البصر والصوت وصلا إليهما بشكل خافت، كما لو كانا من خلال ضباب كثيف.

Ils n'étaient pas à moitié vivants : c'étaient des os avec de faibles étincelles à l'intérieur.

لم يكونوا على قيد الحياة إلى النصف، بل كانوا عظامًا تحمل شرارات خافتة في داخلها.

Lorsqu'ils s'arrêtèrent, ils s'effondrèrent comme des cadavres, leurs étincelles presque éteintes.

عندما توقفوا، انهاروا مثل الجثث، واختفت شراراتهم تقريبًا.

Et lorsque le fouet ou le gourdin frappaient à nouveau, les étincelles voltigeaient faiblement.

وعندما ضرب السوط أو الهراوة مرة أخرى، تطايرت الشرارات بشكل ضعيف.

Puis ils se levèrent, titubèrent en avant et traînèrent leurs membres en avant.

ثم نهضوا، وتقدموا متعثرين، وجرروا أطرافهم إلى الأمام.

Un jour, le gentil Billee tomba et ne put plus se relever du tout.

ذات يوم سقط بيلي اللطيف ولم يعد قادرًا على النهوض على الإطلاق.

Hal avait échangé son revolver, alors il a utilisé une hache pour tuer Billee à la place.

لقد قام هال بتبديل مسدسه، لذلك استخدم فأسًا لقتل بيلي بدلاً من ذلك.

Il le frappa à la tête, puis lui coupa le corps et le traîna.

ضربه على رأسه، ثم قطع جسده وسحبه بعيدًا.

Buck vit cela, et les autres aussi ; ils savaient que la mort était proche.

لقد رأى باك هذا، ورأى الآخرون أيضًا؛ لقد عرفوا أن الموت كان قريبًا.

Le lendemain, Koona partit, ne laissant que cinq chiens dans l'équipe affamée.

في اليوم التالي ذهب كونا، ولم يترك سوى خمسة كلاب في الفريق الجائع.

Joe, qui n'était plus méchant, était trop loin pour se rendre compte de quoi que ce soit.

جو لم يعد سيئًا، لكنه أصبح بعيدًا جدًا عن الوعي بأي شيء على الإطلاق.

Pike, ne faisant plus semblant d'être blessé, était à peine conscient.

لم يعد بايك يتظاهر بالإصابة، وكان فاقدًا للوعي تقريبًا.

Solleks, toujours fidèle, se lamentait de ne plus avoir de force à donner.

كان سوليكس لا يزال مخلصًا، لكنه حزن لأنه لم يعد لديه القوة ليقدمها.

Teek a été le plus battu parce qu'il était plus frais, mais qu'il s'estompait rapidement.

لقد تعرض تيك للضرب أكثر من غيره لأنه كان أكثر نضارة، لكنه كان يتلاشى بسرعة.

Et Buck, toujours en tête, ne maintenait plus l'ordre ni ne le faisait respecter.

وباك، الذي لا يزال في المقدمة، لم يعد يحافظ على النظام أو ينفذه.

À moitié aveugle à cause de sa faiblesse, Buck suivit la piste au toucher seul.

كان باك نصف أعمى من الضعف، فتبع المسار بمفرده.

C'était un beau temps printanier, mais aucun d'entre eux ne l'a remarqué.

لقد كان الطقس ربيعيًا جميلًا، لكن لم يلاحظه أحد منهم.

Chaque jour, le soleil se levait plus tôt et se couchait plus tard qu'avant.

كل يوم تشرق الشمس مبكرا وتغرب متأخرا عن ذي قبل.

À trois heures du matin, l'aube était arrivée ; le crépuscule durait jusqu'à neuf heures.

بحلول الساعة الثالثة صباحًا، جاء الفجر، واستمر الشفق حتى الساعة التاسعة.

Les longues journées étaient remplies du plein soleil printanier.

كانت الأيام الطويلة مليئة بأشعة شمس الربيع الساطعة.

Le silence fantomatique de l'hiver s'était transformé en un murmure chaleureux.

لقد تحول الصمت الشبحي للشتاء إلى همهمة دافئة.

Toute la terre s'éveillait, animée par la joie des êtres vivants.

كانت الأرض كلها تستيقظ، على قيد الحياة بفرحة الكائنات الحية.

Le bruit provenant de ce qui était resté mort et immobile pendant l'hiver.

لقد جاء الصوت من شيء كان ميتًا وساكنًا طوال الشتاء.

Maintenant, ces choses bougeaient à nouveau, secouant le long sommeil de gel.

الآن، تحركت تلك الأشياء مرة أخرى، متخلصة من نوم الصقيع الطويل.

La sève montait à travers les troncs sombres des pins en attente.

كان النسغ يرتفع من خلال جذوع أشجار الصنوبر المظلمة المنتظرة.

Les saules et les trembles font apparaître de jeunes bourgeons brillants sur chaque brindille.

تنبت براعم صغيرة لامعة على كل غصن من أشجار الصفصاف والحور الرجراج.

Les arbustes et les vignes se parent d'un vert frais tandis que les bois prennent vie.

أصبحت الشجيرات والكروم خضراء اللون بينما أصبحت الغابات حية.

Les grillons chantaient la nuit et les insectes rampaient au soleil.

كانت الصراصير تزقزق في الليل، وكانت الحشرات تزحف في ضوء الشمس في النهار.

Les perdrix résonnaient et les pics frappaient profondément dans les arbres.

كانت طيور الحجل تدوي، وكان نقار الخشب يطرق الأشجار بعمق.

Les écureuils bavardaient, les oiseaux chantaient et les oies klaxonnaient au-dessus des chiens.

ثرثرت السناجب، وغنت الطيور، وأطلقت الأوز أصواتها فوق الكلاب.

Les oiseaux sauvages arrivaient en groupes serrés, volant vers le haut depuis le sud.

جاءت الطيور البرية في أسافين حادة، تطير من الجنوب.

De chaque colline venait la musique des ruisseaux cachés et impétueux.

من كل سفح تل جاءت موسيقى الجداول المتدفقة المخفية.

Toutes choses ont dégelé et se sont brisées, se sont pliées et ont repris leur mouvement.

كل الأشياء ذابت وانكسرت وانحنت ثم عادت إلى الحركة.

Le Yukon s'efforçait de briser les chaînes de froid de la glace gelée.

بذلت منطقة يوكون قصارى جهدها لكسر السلاسل الباردة من الجليد المتجمد.

La glace fondait en dessous, tandis que le soleil la faisait fondre par le dessus.

ذاب الجليد من تحته، بينما أذابته الشمس من الأعلى.

Des trous d'aération se sont ouverts, des fissures se sont propagées et des morceaux sont tombés dans la rivière.

فتحت ثقوب الهواء، وانتشرت الشقوق، وسقطت قطع منها في النهر.

Au milieu de toute cette vie débordante et flamboyante, les voyageurs titubaient.

وفي وسط كل هذه الحياة الصاخبة والمشتعلة، تعثر المسافرون.

Deux hommes, une femme et une meute de huskies marchaient comme des morts.

كان هناك رجلان وامرأة ومجموعة من الكلاب الهاسكي يمشون كالأموات.

Les chiens tombaient, Mercedes pleurait, mais continuait à conduire le traîneau.

كانت الكلاب تتساقط، وبكت مرسيدس، لكنها لا تزال تركب الزلاجة.

Hal jura faiblement et Charles cligna des yeux à travers ses yeux larmoyants.

لعن هال بصوت ضعيف، وأغمض تشارلز عينيه الدامعتين.

Ils tombèrent sur le camp de John Thornton à l'embouchure de la rivière White.

لقد تعثروا في معسكر جون ثورنتون عند مصب نهر وايت.

Lorsqu'ils s'arrêtèrent, les chiens s'effondrèrent, comme s'ils étaient tous morts.

عندما توقفوا، سقطت الكلاب على الأرض، كما لو أنهم جميعًا ماتوا.

Mercedes essuya ses larmes et regarda John Thornton.

مسحت مرسيدس دموعها ونظرت إلى جون ثورنتون.

Charles s'assit sur une bûche, lentement et raidement, souffrant du sentier.

جلس تشارلز على جذع شجرة، ببطء وبصعوبة، وهو يتألم من الطريق.

Hal parlait pendant que Thornton sculptait l'extrémité d'un manche de hache.

كان هال يتحدث بينما كان ثورنتون يقطع نهاية مقبض الفأس.

Il taillait du bois de bouleau et répondait par des réponses brèves et fermes.

قام بنحت خشب البتولا وأجاب بإجابات موجزة وحازمة.

Lorsqu'on lui a demandé son avis, il a donné des conseils, certain qu'ils ne seraient pas suivis.

عندما سُئل، أعطى النصيحة، متأكدًا من أنها لن يتم اتباعها.

Hal a expliqué : « Ils nous ont dit que la glace du sentier disparaissait. »

وأوضح هال قائلاً: "لقد أخبرونا أن الجليد على الطريق كان يتساقط".

« Ils ont dit que nous devions rester sur place, mais nous sommes arrivés à White River. »

"قالوا لنا أنه يجب علينا البقاء في مكاننا - لكننا وصلنا إلى وايت ريفر".

Il a terminé sur un ton moqueur, comme pour crier victoire dans les difficultés.

وانتهى كلامه بنبرة ساخرة، وكأنه يريد أن يدعي النصر في محنة.

« Et ils t'ont dit la vérité », répondit doucement John Thornton à Hal.

وقالوا لك الحقيقة"، أجاب جون ثورنتون هال بهدوء."

« La glace peut céder à tout moment, elle est prête à tomber. »

"قد ينهار الجليد في أي لحظة، فهو جاهز للسقوط"

« Seuls un peu de chance et des imbéciles ont pu arriver jusqu'ici en vie. »

فقط الحظ الأعمى والحمقى كان بإمكانهم الوصول إلى هذه المرحلة على " قيد الحياة".

« Je vous le dis franchement, je ne risquerais pas ma vie pour tout l'or de l'Alaska. »

"سأقول لك بصراحة، أنا لن أخاطر بحياتي من أجل كل ذهب ألاسكا".

« C'est parce que tu n'es pas un imbécile, je suppose », répondit Hal.

هذا لأنك لست أحمقًا، على ما أعتقد، "أجاب هال".

« Tout de même, nous irons à Dawson. » Il déroula son fouet.

على أية حال، سنذهب إلى داوسون. "فك سوطه".

« Monte là-haut, Buck ! Salut ! Debout ! Vas-y ! » cria-t-il durement.

اصعد يا باك !أهلاً !انهض !هيا "إصرخ بعنف".

Thornton continuait à tailler, sachant que les imbéciles n'entendraient pas la raison.

واصل ثورنتون النحت، لأنه كان يعلم أن الحمقى لن يستمعوا إلى المنطق.

Arrêter un imbécile était futile, et deux ou trois imbéciles ne changeaient rien.

إن إيقاف الأحمق كان أمراً غير مجدٍ، وخداع اثنين أو ثلاثة لن يغير شيئاً.

Mais l'équipe n'a pas bougé au son de l'ordre de Hal.

لكن الفريق لم يتحرك عند سماع أمر هال.

Désormais, seuls les coups pouvaient les faire se relever et avancer.

بحلول هذا الوقت، لم يعد هناك ما يمكن أن يجعلهم ينهضون ويتقدمون إلى الأمام سوى الضربات.

Le fouet claquait encore et encore sur les chiens affaiblis.

انطلقت السوط مرارا وتكرارا عبر الكلاب الضعيفة.

John Thornton serra fermement ses lèvres et regarda en silence.

ضغط جون ثورنتون على شفتيه بقوة وراقب في صمت.

Solleks fut le premier à se relever sous le fouet.

كان سوليكس هو أول من زحف إلى قدميه تحت السوط

Puis Teek le suivit, tremblant. Joe poussa un cri en se relevant.

ثم تبعه تيك وهو يرتجف. صرخ جو وهو يتعثر.

Pike a essayé de se relever, a échoué deux fois, puis est finalement resté debout, chancelant.

حاول بايك النهوض، لكنه فشل مرتين، ثم وقف أخيرا غير ثابت.

Mais Buck resta là où il était tombé, sans bouger du tout cette fois.

لكن باك ظل مستلقيا حيث سقط، ولم يتحرك على الإطلاق هذه المرة.

Le fouet le frappait à plusieurs reprises, mais il ne faisait aucun bruit.

لقد ضربه السوط مرارا وتكرارا، لكنه لم يصدر أي صوت.

Il n'a pas bronché ni résisté, il est simplement resté immobile et silencieux.

لم يتراجع أو يقاوم، بل ظل ساكنًا وهادئًا.

Thornton remua plus d'une fois, comme pour parler, mais ne le fit pas.

تحرك ثورنتون أكثر من مرة، وكأنه يريد أن يتكلم، لكنه لم يفعل.

Ses yeux s'humidifièrent, et le fouet continuait à claquer contre Buck.

أصبحت عيناه مبللة، وما زالت السوط تتكسر في وجه باك.

Finalement, Thornton commença à marcher lentement, ne sachant pas quoi faire.

وأخيرًا، بدأ ثورنتون في المشي ببطء، غير متأكد مما يجب فعله.

C'était la première fois que Buck échouait, et Hal devint furieux.

لقد كانت هذه هي المرة الأولى التي يفشل فيها باك، مما أثار غضب هال.

Il a jeté le fouet et a pris la lourde massue à la place.

ألقى بالسوط والتقط الهراوة الثقيلة بدلاً من ذلك.

Le gourdin en bois s'abattit violemment, mais Buck ne se releva toujours pas pour bouger.

سقطت العصا الخشبية بقوة، لكن باك لم يتمكن من النهوض للتحرك.

Comme ses coéquipiers, il était trop faible, mais plus que cela.

مثل زملائه في الفريق، كان ضعيفًا جدًا - ولكن أكثر من ذلك.

Buck avait décidé de ne pas bouger, quoi qu'il arrive.

قرر باك عدم التحرك، بغض النظر عما سيأتي بعد ذلك.

Il sentait quelque chose de sombre et de certain planer juste devant lui.

لقد شعر بشيء مظلم ومؤكد يحوم في الأفق.

Cette peur l'avait saisi dès qu'il avait atteint la rive du fleuve.

لقد استولى عليه هذا الرعب بمجرد وصوله إلى ضفة النهر.

Cette sensation ne l'avait pas quitté depuis qu'il sentait la glace s'amincir sous ses pattes.

لم يتركه هذا الشعور منذ أن شعر بالجليد الرقيق تحت كفوفه.

Quelque chose de terrible l'attendait – il le sentait juste au bout du sentier.

لقد كان هناك شيء فظيع في انتظاره - شعر به في نهاية الطريق.

Il n'allait pas marcher vers cette terrible chose devant lui.

لم يكن ينوي السير نحو ذلك الشيء الرهيب الذي أمامه

Il n'allait pas obéir à un quelconque ordre qui le conduirait à cette chose.

لم يكن ليطيع أي أمر يأخذه إلى هذا الشيء.

La douleur des coups ne l'atteignait plus guère, il était trop loin.

لم يعد ألم الضربات يؤثر عليه الآن - لقد كان بعيدًا جدًا.

L'étincelle de vie vacillait faiblement, s'affaiblissant sous chaque coup cruel.

كانت شرارة الحياة تتلألأ، وتتلاشى تحت كل ضربة قاسية.

Ses membres semblaient lointains ; tout son corps semblait appartenir à un autre.

كان يشعر وكأن أطرافه بعيدة، لكن جسده كله بدا وكأنه ينتمي إلى شخص آخر.

Il ressentit un étrange engourdissement alors que la douleur disparaissait complètement.

لقد شعر بخدر غريب حيث اختفى الألم تمامًا.

De loin, il sentait qu'il était battu, mais il le savait à peine.

من بعيد، شعر أنه يتعرض للضرب، لكنه لم يكن يعلم.

Il pouvait entendre les coups sourds faiblement, mais ils ne faisaient plus vraiment mal.

كان بإمكانه سماع الضربات الخفيفة، لكنها لم تعد تؤلمه حقًا.

Les coups ont porté, mais son corps ne semblait plus être le sien.

لقد هبطت الضربات عليه، لكن جسده لم يعد يبدو وكأنه ملكه.

Puis, soudain, sans prévenir, John Thornton poussa un cri sauvage.

ثم فجأة، وبدون سابق إنذار، أطلق جون ثورنتون صرخة جنونية.

C'était inarticulé, plus le cri d'une bête que celui d'un homme.

لقد كان صراخًا غير قابل للتعبير، أشبه بصراخ وحش أكثر من صراخ إنسان.

Il sauta sur l'homme avec la massue et renversa Hal en arrière.

قفز على الرجل الذي يحمل النادي وضرب هال على ظهره.

Hal vola comme s'il avait été frappé par un arbre, atterrissant durement sur le sol.

طار هال كما لو أنه أصيب بشجرة، فهبط بقوة على الأرض.

Mercedes a crié de panique et s'est agrippée au visage.

صرخت مرسيدس بصوت عالي في حالة من الذعر وأمسكت بوجهها.

Charles se contenta de regarder, s'essuya les yeux et resta assis.

كان تشارلز ينظر فقط، ويمسح عينيه، ويبقى جالسًا.

Son corps était trop raide à cause de la douleur pour se lever ou aider au combat.

كان جسده متيبسًا للغاية بسبب الألم ولم يتمكن من النهوض أو المساعدة في القتال.

Thornton se tenait au-dessus de Buck, tremblant de fureur, incapable de parler.

وقف ثورنتون فوق باك، يرتجف من الغضب، غير قادر على الكلام.

Il tremblait de rage et luttait pour trouver sa voix à travers elle.

لقد ارتجف من الغضب وحارب ليجد صوته من خلالها.

« Si tu frappes encore ce chien, je te tue », dit-il finalement.

إذا ضربت هذا الكلب مرة أخرى، سأقتلك"، قال أخيرًا."

Hal essuya le sang de sa bouche et s'avança à nouveau.

مسح هال الدم من فمه وتقدم إلى الأمام مرة أخرى.

« C'est mon chien », murmura-t-il. « Dégage, ou je te répare. »

"إنه كلبي، "تمتم. "ابتعد عن الطريق، وإلا سأصلحك."

« Je vais à Dawson, et vous ne m'en empêcherez pas », a-t-il ajouté.

سأذهب إلى داوسون، ولن تمنعني"، أضاف."

Thornton se tenait fermement entre Buck et le jeune homme en colère.

وقف ثورنتون بثبات بين باك والشاب الغاضب.

Il n'avait aucune intention de s'écarter ou de laisser passer Hal.

لم يكن لديه أي نية للتنحي جانباً أو السماح لهال بالمرور.

Hal sortit son couteau de chasse, long et dangereux à la main.

أخرج هال سكين الصيد الخاص به، الطويل والخطير في يده.

Mercedes a crié, puis pleuré, puis ri dans une hystérie sauvage.

صرخت مرسيدس، ثم بكت، ثم ضحكت في هستيريا جامحة.

Thornton frappa la main de Hal avec le manche de sa hache, fort et vite.

ضرب ثورنتون يد هال بمقبض الفأس، بقوة وبسرعة.

Le couteau s'est détaché de la main de Hal et a volé au sol.

لقد تم انتزاع السكين من قبضة هال وطار إلى الأرض.

Hal essaya de ramasser le couteau, et Thornton frappa à nouveau ses jointures.

حاول هال التقاط السكين، وضربه ثورنتون على مفاصله مرة أخرى.

Thornton se baissa alors, attrapa le couteau et le tint.

ثم انحنى ثورنتون، وأمسك بالسكين، وأبقى عليه.

D'un coup rapide de manche de hache, il coupa les rênes de Buck.

وبضربتين سريعتين بمقبض الفأس، قطع زمام باك.

Hal n'avait plus aucune résistance et s'éloigna du chien.

لم يعد لدى هال أي قدرة على القتال وتراجع عن الكلب.

De plus, Mercedes avait désormais besoin de ses deux bras pour se maintenir debout.

وبالإضافة إلى ذلك، أصبحت مرسيدس بحاجة إلى ذراعيها الآن لتتمكن من البقاء منتصبة.

Buck était trop proche de la mort pour pouvoir à nouveau tirer un traîneau.

كان باك قريبًا جدًا من الموت لدرجة أنه لم يعد قادرًا على سحب الزلاجة مرة أخرى.

Quelques minutes plus tard, ils se sont retirés et ont descendu la rivière.

وبعد دقائق قليلة، انسحبوا، متجهين إلى أسفل النهر.

Buck leva faiblement la tête et les regarda quitter la banque.

رفع باك رأسه ضعيفًا وشاهدهم يغادرون البنك.

Pike a mené l'équipe, avec Solleks à l'arrière dans la roue.

كان بايك على رأس الفريق، بينما كان سوليكس في الخلف في مركز القيادة.

Joe et Teek marchaient entre eux, tous deux boitant d'épuisement.

كان جو وتيك يمشيان بينهما، وكلاهما يعرج من الإرهاق.

Mercedes s'assit sur le traîneau et Hal saisit le long mât.

جلست مرسيدس على الزلاجة، وأمسك هال بالعمود الطويل.

Charles trébuchait derrière, ses pas maladroits et incertains.

تعثر تشارلز في الخلف، وكانت خطواته خرقاء وغير مؤكدة.

Thornton s'agenouilla près de Buck et chercha doucement des os cassés.

ركع ثورنتون بجانب باك وشعر بلطف بالعظام المكسورة.

Ses mains étaient rudes mais bougeaient avec gentillesse et attention.

كانت يداه خشنة ولكنها كانت تتحرك بلطف وعناية.

Le corps de Buck était meurtri mais ne présentait aucune blessure durable.

كان جسد باك مصابًا بكدمات ولكن لم تظهر عليه أي إصابة دائمة.

Ce qui restait, c'était une faim terrible et une faiblesse quasi totale.

كل ما تبقى كان الجوع الشديد والضعف شبه الكامل.

Au moment où cela fut clair, le traîneau était déjà loin en aval.

بحلول الوقت الذي أصبح فيه الأمر واضحًا، كانت الزلاجة قد ذهبت بعيدًا في مجرى النهر.

L'homme et le chien regardaient le traîneau ramper lentement sur la glace fissurée.

كان الرجل والكلب يراقبان الزلاجة وهي تزحف ببطء فوق الجليد المتصدع.

Puis, ils virent le traîneau s'enfoncer dans un creux.

ثم رأوا الزلاجة تغرق في حفرة.

Le mât s'est envolé, Hal s'y accrochant toujours en vain.

طار العمود الجي إلى الأعلى، وكان هال لا يزال متشبثًا به دون جدوى.

Le cri de Mercedes les atteignit à travers la distance froide.

وصل صراخ مرسيدس إليهم عبر المسافة الباردة.

Charles se retourna et recula, mais il était trop tard.

استدار تشارلز وتراجع إلى الوراء - لكنه كان متأخرًا جدًا.

Une calotte glaciaire entière a cédé et ils sont tous tombés à travers.

انهارت طبقة جليدية بأكملها، وسقطوا جميعًا من خلالها.

Les chiens, le traîneau et les gens ont disparu dans l'eau noire en contrebas.

اختفت الكلاب والزلاجات والأشخاص في المياه السوداء أدناه.

Il ne restait qu'un large trou dans la glace là où ils étaient passés.

لم يبق سوى حفرة واسعة في الجليد حيث مروا.

Le fond du sentier s'était affaissé, comme Thornton l'avait prévenu.

لقد انخفض قاع الطريق - تمامًا كما حذر ثورنتون.

Thornton et Buck se regardèrent, silencieux pendant un moment.

نظر ثورنتون وبوك إلى بعضهما البعض، وظلا صامتين لبعض الوقت.

« Pauvre diable », dit doucement Thornton, et Buck lui lécha la main.

أيها الشيطان المسكين"، قال ثورنتون بهدوء، ولعق باك يده."

Pour l'amour d'un homme
من أجل حب الرجل

John Thornton s'est gelé les pieds dans le froid du mois de décembre précédent.

تجمد جون ثورنتون قدميه في البرد في شهر ديسمبر الماضي۔

Ses partenaires l'ont mis à l'aise et l'ont laissé se rétablir seul.

لقد جعله شركاؤه مرتاحًا وتركوه يتعافى بمفرده۔

Ils remontèrent la rivière pour rassembler un radeau de billes de bois pour Dawson.

لقد صعدوا إلى النهر لجمع مجموعة من جذوع الأشجار لداووس۔

Il boitait encore légèrement lorsqu'il a sauvé Buck de la mort.

كان لا يزال يعرج قليلاً عندما أنقذ باك من الموت۔

Mais avec le temps chaud qui continue, même cette boiterie a disparu.

ولكن مع استمرار الطقس الدافئ، اختفى هذا العرج أيضًا۔

Allongé au bord de la rivière pendant les longues journées de printemps, Buck se reposait.

أثناء أيام الربيع الطويلة، كان باك يستريح على ضفة النهر۔

Il regardait l'eau couler et écoutait les oiseaux et les insectes.

كان يراقب المياه المتدفقة ويستمع إلى الطيور والحشرات۔

Lentement, Buck reprit ses forces sous le soleil et le ciel.

ببطء، استعاد باك قوته تحت الشمس والسماء۔

Un repos merveilleux après avoir parcouru trois mille kilomètres.

كان الحصول على قسط من الراحة أمرًا رائعًا بعد السفر لمسافة ثلاثة آلاف ميل۔

Buck est devenu paresseux à mesure que ses blessures guérissaient et que son corps se remplissait.

أصبح باك كسولًا حيث شُفيت جروحه وامتلأ جسده۔

Ses muscles se raffermirent et la chair revint recouvrir ses os.

أصبحت عضلاته مشدودة، وعاد اللحم ليغطي عظامه۔

Ils se reposaient tous : Buck, Thornton, Skeet et Nig.

وكانوا جميعًا يستريحون - باك، ثورنتون، سكيت، ونيج۔

Ils attendaient le radeau qui allait les transporter jusqu'à Dawson.

لقد انتظروا الطوافة التي ستحملهم إلى داوسون.

Skeet était un petit setter irlandais qui s'est lié d'amitié avec Buck.

كان سكيت كلبًا أيرلنديًا صغيرًا أصبح صديقًا لبوك.

Buck était trop faible et malade pour lui résister lors de leur première rencontre.

كان باك ضعيفًا ومريضًا للغاية بحيث لم يتمكن من مقاومتها في لقائهما الأول.

Skeet avait le trait de guérisseur que certains chiens possèdent naturellement.

كان لدى سكيت سمة الشفاء التي يمتلكها بعض الكلاب بشكل طبيعي.

Comme une mère chatte, elle lécha et nettoya les blessures à vif de Buck.

مثل قطة الأم، قامت بلعق وتنظيف جروح باك الخام.

Chaque matin, après le petit-déjeuner, elle répétait son travail minutieux.

كل صباح بعد الإفطار، كانت تكرر عملها الدقيق.

Buck s'attendait à son aide autant qu'à celle de Thornton.

لقد أصبح باك يتوقع مساعدتها بقدر ما كان يتوقع مساعدة ثورنتون.

Nig était également amical, mais moins ouvert et moins affectueux.

كان نيج ودودًا أيضًا، لكنه كان أقل انفتاحًا وأقل عاطفية.

Nig était un gros chien noir, à la fois chien de Saint-Hubert et chien de chasse.

كان نيج كلبًا أسودًا كبيرًا، نصفه كلب صيد ونصفه كلب صيد الغزلان.

Il avait des yeux rieurs et une infinie bonne nature dans son esprit.

كان لديه عيون ضاحكة وطبيعة طيبة لا نهاية لها في روحه.

À la surprise de Buck, aucun des deux chiens n'a montré de jalousie envers lui.

لدهشة باك، لم يظهر أي من الكلبين الغيرة تجاهه.

Skeet et Nig ont tous deux partagé la gentillesse de John Thornton.

لقد تقاسم كل من سكيت ونيج لطف جون ثورنتون.

À mesure que Buck devenait plus fort, ils l'ont attiré dans des jeux de chiens stupides.

عندما أصبح باك أقوى، قاموا بإغرائه بألعاب الكلاب الحمقاء۔

Thornton jouait souvent avec eux aussi, incapable de résister à leur joie.

وكان ثورنتون يلعب معهم في كثير من الأحيان أيضًا، غير قادر على مقاومة فرحتهم۔

De cette manière ludique, Buck est passé de la maladie à une nouvelle vie.

بهذه الطريقة المرحة، انتقل باك من المرض إلى حياة جديدة۔

L'amour – un amour véritable, brûlant et passionné – était enfin à lui.

الحب - الحب الحقيقي، المشتعل، والعاطفي - أصبح ملكه في النهاية۔

Il n'avait jamais connu ce genre d'amour dans le domaine de Miller.

لم يكن قد عرف هذا النوع من الحب في منزل ميلر من قبل۔

Avec les fils du juge, il avait partagé le travail et l'aventure.

وكان يتقاسم العمل والمغامرة مع أبناء القاضي۔

Chez les petits-fils, il vit une fierté raide et vantarde.

مع الأحفاد رأى الكبرياء المتصلب والمتبجح۔

Il entretenait avec le juge Miller lui-même une amitié respectueuse.

وكانت تربطه بالقاضي ميلر صداقة محترمة۔

Mais l'amour qui était feu, folie et adoration est venu avec Thornton.

لكن الحب الذي كان نارًا وجنونًا وعبادة جاء مع ثورنتون۔

Cet homme avait sauvé la vie de Buck, et cela seul signifiait beaucoup.

لقد أنقذ هذا الرجل حياة باك، وهذا وحده كان يعني الكثير۔

Mais plus que cela, John Thornton était le type de maître idéal.

ولكن أكثر من ذلك، كان جون ثورنتون هو النوع المثالي من المعلمين۔

D'autres hommes s'occupaient de chiens par devoir ou par nécessité professionnelle.

كان الرجال الآخرون يهتمون بالكلاب من باب الواجب أو ضرورة العمل۔

John Thornton prenait soin de ses chiens comme s'ils étaient ses enfants.

كان جون ثورنتون يهتم بكلابه كما لو كانوا أبنائه.

Il prenait soin d'eux parce qu'il les aimait et qu'il ne pouvait tout simplement pas s'en empêcher.

لقد اهتم بهم لأنه أحبهم ولم يكن يستطيع مساعدة أنفسهم.

John Thornton a vu encore plus loin que la plupart des hommes n'ont jamais réussi à voir.

لقد رأى جون ثورنتون أبعد مما تمكن معظم الرجال من رؤيته.

Il n'oubliait jamais de les saluer gentiment ou de leur adresser un mot d'encouragement.

لم ينس أبدًا أن يحييهم بلطف أو يتحدث إليهم بكلمة تشجيع.

Il adorait s'asseoir avec les chiens pour de longues conversations, ou « gazeuses », comme il disait.

كان يحب الجلوس مع الكلاب لإجراء محادثات طويلة، أو "الغازات"، كما قال.

Il aimait saisir brutalement la tête de Buck entre ses mains fortes.

كان يحب أن يمسك رأس باك بقوة بين يديه القويتين.

Puis il posa sa tête contre celle de Buck et le secoua doucement.

ثم أراح رأسه على رأس باك وهزه بلطف.

Pendant tout ce temps, il traitait Buck de noms grossiers qui signifiaient de l'amour pour Buck.

في هذه الأثناء، كان يطلق على باك أسماءً فظة كانت تعني الحب بالنسبة له.

Pour Buck, cette étreinte brutale et ces mots ont apporté une joie profonde.

بالنسبة لباك، تلك العناق الخشن وتلك الكلمات جلبت له فرحة عميقة.

Son cœur semblait se déchaîner de bonheur à chaque mouvement.

بدا قلبه وكأنه يرتجف من السعادة عند كل حركة.

Lorsqu'il se releva ensuite, sa bouche semblait rire.

وعندما قفز بعد ذلك، بدا فمه وكأنه يضحك.

Ses yeux brillaient et sa gorge tremblait d'une joie inexprimée.

أشرقت عيناه ببراعة وارتجف حلقه بفرح غير منطوق.

Son sourire resta figé dans cet état d'émotion et d'affection rayonnante.

ظلت ابتسامته ثابتة في تلك الحالة من العاطفة والمودة المتوهجة.

Thornton s'exclama alors pensivement : « Mon Dieu ! Il peut presque parler ! »

"إثم صاح ثورنتون متأملاً" :يا إلهي !إنه يستطيع التحدث تقريبًا

Buck avait une étrange façon d'exprimer son amour qui causait presque de la douleur.

كان لدى باك طريقة غريبة للتعبير عن الحب والتي كادت أن تسبب الألم.

Il serrait souvent très fort la main de Thornton entre ses dents.

كان يمسك بيد ثورنتون بين أسنانه بقوة في كثير من الأحيان.

La morsure allait laisser des marques profondes qui resteraient un certain temps après.

كانت العضة ستترك علامات عميقة ستبقى لبعض الوقت بعد ذلك.

Buck croyait que ces serments étaient de l'amour, et Thornton savait la même chose.

كان باك يعتقد أن هذه القسمات هي الحب، وكان ثورنتون يعرف الشيء نفسه.

Le plus souvent, l'amour de Buck se manifestait par une adoration silencieuse, presque silencieuse.

في أغلب الأحيان، كان حب باك يظهر في عبادة هادئة وصامتة تقريبًا.

Bien qu'il soit ravi lorsqu'on le touche ou qu'on lui parle, il ne cherche pas à attirer l'attention.

على الرغم من أنه كان يشعر بسعادة غامرة عندما يلمسه أحد أو يتحدث إليه، إلا أنه لم يسعى إلى جذب الانتباه.

Skeet a poussé son nez sous la main de Thornton jusqu'à ce qu'il la caresse.

دفعت سكيت أنفها تحت يد ثورنتون حتى قام بمداعبتها.

Nig s'approcha tranquillement et posa sa grosse tête sur le genou de Thornton.

صعد نيج بهدوء وأراح رأسه الكبير على ركبة ثورنتون.

Buck, au contraire, se contentait d'aimer à distance respectueuse.

على النقيض من ذلك، كان باك راضيًا بالحب من مسافة محترمة.

Il resta allongé pendant des heures aux pieds de Thornton, alerte et observant attentivement.

لقد ظل مستلقيا لساعات عند قدمي ثورنتون، متيقظا ويراقب عن كثب.

Buck étudiait chaque détail du visage de son maître et le moindre mouvement.

درس باك كل تفاصيل وجه سيده وأدنى حركة.

Ou bien il était allongé plus loin, étudiant la silhouette de l'homme en silence.

أو كذب في مكان أبعد، يدرس شكل الرجل في صمت.

Buck observait chaque petit mouvement, chaque changement de posture ou de geste.

كان باك يراقب كل حركة صغيرة، وكل تحول في الوضعية أو الإيماءة.

Ce lien était si puissant qu'il attirait souvent le regard de Thornton.

لقد كانت هذه الصلة قوية جدًا لدرجة أنها جذبت انتباه ثورنتون في كثير من الأحيان.

Il rencontra les yeux de Buck sans un mot, l'amour brillant clairement à travers.

التقى عيون باك دون أي كلمات، وكان الحب يتألق بوضوح من خلال عيونه.

Pendant longtemps après avoir été sauvé, Buck n'a jamais laissé Thornton hors de vue.

لمدة طويلة بعد أن تم إنقاذه، لم يترك باك ثورنتون خارج نطاق رؤيته أبدًا.

Chaque fois que Thornton quittait la tente, Buck le suivait de près à l'extérieur.

كلما غادر ثورنتون الخيمة، كان باك يتبعه عن كثب إلى الخارج.

Tous les maîtres sévères du Northland avaient fait que Buck avait peur de faire confiance.

لقد جعل كل الأسياد القساة في نورثلاند باك خائفًا من الثقة.

Il craignait qu'aucun homme ne puisse rester son maître plus d'un court instant.

كان يخشى ألا يتمكن أي رجل من البقاء سيدًا لنفسه لأكثر من فترة قصيرة.

Il craignait que John Thornton ne disparaisse comme Perrault et François.

كان يخشى أن يختفي جون ثورنتون مثل بيرولت وفرانسوا.

Même la nuit, la peur de le perdre hantait le sommeil agité de Buck.

حتى في الليل، كان الخوف من فقدانه يطارد نوم باك المضطرب.

Quand Buck se réveilla, il se glissa dehors dans le froid et se dirigea vers la tente.

عندما استيقظ باك، تسلل إلى البرد، وذهب إلى الخيمة.

Il écoutait attentivement le doux bruit de la respiration à l'intérieur.

كان يستمع بعناية إلى صوت التنفس الناعم في الداخل.

Malgré l'amour profond de Buck pour John Thornton, la nature sauvage est restée vivante.

على الرغم من حب باك العميق لجون ثورنتون، إلا أن البرية ظلت على قيد الحياة.

Cet instinct primitif, éveillé dans le Nord, n'a pas disparu.

إن تلك الغريزة البدائية التي استيقظت في الشمال لم تختفِ.

L'amour a apporté la dévotion, la loyauté et le lien chaleureux du coin du feu.

جلب الحب الإخلاص والولاء والرابطة الدافئة بجانب النار.

Mais Buck a également conservé son instinct sauvage, vif et toujours en alerte.

لكن باك احتفظ أيضًا بغرائزه البرية، حادة ومتيقظة دائمًا.

Il n'était pas seulement un animal de compagnie apprivoisé venu des terres douces de la civilisation.

لم يكن مجرد حيوان أليف مروض من الأراضي الناعمة للحضارة.

Buck était un être sauvage qui était venu s'asseoir près du feu de Thornton.

كان باك كائنًا بريًا جاء ليجلس بجوار نار ثورنتون.

Il ressemblait à un chien du Southland, mais la sauvagerie vivait en lui.

لقد كان يبدو مثل كلب من ساوثلاند، لكن البرية كانت تعيش بداخله.

Son amour pour Thornton était trop grand pour permettre de voler cet homme.

كان حبه لثورنتون كبيرًا جدًا لدرجة أنه لم يسمح له بالسرقة من الرجل.

Mais dans n'importe quel autre camp, il volerait avec audace et sans relâche.

لكن في أي معسكر آخر، كان يسرق بجرأة ودون توقف.

Il était si habile à voler que personne ne pouvait l'attraper ou l'accuser.

لقد كان ذكيًا جدًا في السرقة لدرجة أنه لم يتمكن أحد من القبض عليه أو اتهامه.

Son visage et son corps étaient couverts de cicatrices dues à de nombreux combats passés.

كان وجهه وجسده مغطيين بالندوب من العديد من المعارك الماضية.

Buck se battait toujours avec acharnement, mais maintenant il se battait avec plus de ruse.

لا يزال باك يقاتل بشراسة، لكنه الآن يقاتل بمكر أكثر.

Skeet et Nig étaient trop doux pour se battre, et ils appartenaient à Thornton.

كان سكيت ونيج لطيفين للغاية بحيث لا يستطيعان القتال، وكانا تابعين لثورنتون.

Mais tout chien étranger, aussi fort ou courageux soit-il, cédait.

لكن أي كلب غريب، مهما كان قوياً أو شجاعاً، استسلم.

Sinon, le chien se retrouvait à lutter contre Buck, à se battre pour sa vie.

وإلا، وجد الكلب نفسه يقاتل باك؛ يقاتل من أجل حياته.

Buck n'a eu aucune pitié une fois qu'il a choisi de se battre contre un autre chien.

لم يكن لدى باك أي رحمة عندما اختار القتال ضد كلب آخر.

Il avait bien appris la loi du gourdin et des crocs dans le Nord.

لقد تعلم جيدًا قانون النادي والأنياب في نورثلاند.

Il n'a jamais abandonné un avantage et n'a jamais reculé devant la bataille.

لم يتنازل أبدًا عن أي ميزة ولم يتراجع أبدًا عن المعركة.

Il avait étudié les Spitz et les chiens les plus féroces de la poste et de la police.

لقد درس سبيتز وأشرس كلاب البريد والشرطة.

Il savait clairement qu'il n'y avait pas de juste milieu dans un combat sauvage.

لقد كان يعلم بوضوح أنه لا يوجد منطقة وسطى في القتال البري.

Il doit gouverner ou être gouverné ; faire preuve de miséricorde signifie faire preuve de faiblesse.

يجب عليه أن يحكم أو يُحكم؛ إظهار الرحمة يعني إظهار الضعف.

La miséricorde était inconnue dans le monde brut et brutal de la survie.

لم تكن الرحمة معروفة في عالم البقاء القاسي والوحشي.

Faire preuve de miséricorde était perçu comme de la peur, et
la peur menait rapidement à la mort.

كان يُنظر إلى إظهار الرحمة على أنه خوف، والخوف يؤدي سريعًا إلى
الموت.

L'ancienne loi était simple : tuer ou être tué, manger ou être
mangé.

كان القانون القديم بسيطًا :اقتل أو تُقتل، كل أو تؤكل.

Cette loi venait des profondeurs du temps, et Buck la suivait
pleinement.

لقد جاء هذا القانون من أعماق الزمن، وقد اتبعه باك بشكل كامل.

Buck était plus vieux que son âge et que le nombre de
respirations qu'il prenait.

كان باك أكبر من عمره وعدد الأنفاس التي أخذها.

Il a clairement relié le passé ancien au moment présent.

لقد ربط الماضي القديم باللحظة الحالية بشكل واضح.

Les rythmes profonds des âges le traversaient comme les
marées.

تحركت فيه إيقاعات العصور العميقة مثل المد والجزر.

Le temps pulsait dans son sang aussi sûrement que les
saisons faisaient bouger la terre.

كان الزمن ينبض في دمه مثلما تتحرك الفصول في الأرض.

Il était assis près du feu de Thornton, la poitrine forte et les
crocs blancs.

كان يجلس بجانب نار ثورنتون، قوي الصدر وأنيابه بيضاء.

Sa longue fourrure ondulait, mais derrière lui, les esprits des
chiens sauvages observaient.

كان فراءه الطويل يلوح، ولكن خلفه كانت أرواح الكلاب البرية تراقب.

Des demi-loups et des loups à part entière s'agitaient dans
son cœur et dans ses sens.

تحركت الذئاب النصفية والذئاب الكاملة في قلبه وحواسه.

Ils goûtèrent sa viande et burent la même eau que lui.

فتذوقوا لحمه وشربوا نفس الماء الذي شربه.

Ils reniflaient le vent à ses côtés et écoutaient la forêt.

كانوا يشتمون الريح بجانبه ويستمعون إلى الغابة.

Ils murmuraient la signification des sons sauvages dans
l'obscurité.

لقد همسوا بمعاني الأصوات البرية في الظلام.

Ils façonnaient ses humeurs et guidaient chacune de ses réactions silencieuses.

لقد شكلوا مزاجه وأرشدوا كل ردود أفعاله الهادئة.

Ils se sont couchés avec lui pendant son sommeil et sont devenus une partie de ses rêves profonds.

لقد ظلوا معه أثناء نومه وأصبحوا جزءًا من أحلامه العميقة.

Ils rêvaient avec lui, au-delà de lui, et constituaient son esprit même.

لقد حلموا معه، وأبعد منه، وصنعوا روحه.

Les esprits de la nature appelèrent si fort que Buck se sentit attiré.

لقد نادت أرواح البرية بقوة لدرجة أن باك شعر بالانجذاب.

Chaque jour, l'humanité et ses revendications s'affaiblissaient dans le cœur de Buck.

يوما بعد يوم، أصبحت البشرية ومطالبها أضعف في قلب باك.

Au plus profond de la forêt, un appel étrange et palpitant allait s'élever.

في أعماق الغابة، كان من المقرر أن يرتفع نداء غريب ومثير.

Chaque fois qu'il entendait l'appel, Buck ressentait une envie à laquelle il ne pouvait résister.

في كل مرة سمع فيها النداء، شعر باك برغبة لا يستطيع مقاومتها.

Il allait se détourner du feu et des sentiers battus des humains.

وكان ينوي أن يبتعد عن النار وعن الطرق البشرية المهترئة.

Il allait s'enfoncer dans la forêt, avançant sans savoir pourquoi.

كان ينوي أن يقفز إلى الغابة، ويمضي قدمًا دون أن يعرف السبب.

Il ne remettait pas en question cette attraction, car l'appel était profond et puissant.

ولم يشكك في هذا الجذب، لأن الدعوة كانت عميقة وقوية.

Souvent, il atteignait l'ombre verte et la terre douce et intacte

في كثير من الأحيان، وصل إلى الظل الأخضر والأرض الناعمة غير الملموسة

Mais ensuite, son amour profond pour John Thornton l'a ramené vers le feu.

ولكن بعد ذلك، أعاده حبه القوي لجون ثورنتون إلى النار.

Seul John Thornton tenait véritablement le cœur sauvage de Buck entre ses mains.

كان جون ثورنتون هو الوحيد الذي امتلك قلب باك الجامح حقًا.

Le reste de l'humanité n'avait aucune valeur ni signification durable pour Buck.

لم يكن لبقية البشرية أي قيمة أو معنى دائم بالنسبة لباك.

Les étrangers pourraient le féliciter ou caresser sa fourrure avec des mains amicales.

قد يمدحه الغرباء أو يداعبون فروه بأيديهم الودودة.

Buck resta impassible et s'éloigna à cause de trop d'affection.

ظل باك ثابتًا ومشى بعيدًا بسبب كثرة المودة.

Hans et Pete sont arrivés avec le radeau qu'ils attendaient depuis longtemps

وصل هانز وبيت مع الطوافة التي طال انتظارها

Buck les a ignorés jusqu'à ce qu'il apprenne qu'ils étaient proches de Thornton.

تجاهلهم باك حتى علم أنهم قريبون من ثورنتون.

Après cela, il les a tolérés, mais ne leur a jamais montré toute sa chaleur.

وبعد ذلك، تحملهم، لكنه لم يظهر لهم الدفء الكامل أبدًا.

Il prenait de la nourriture ou des marques de gentillesse de leur part comme s'il leur rendait service.

كان يأخذ منهم الطعام أو المعروف كأنه يقدم لهم معروفًا.

Ils étaient comme Thornton : simples, honnêtes et clairs dans leurs pensées.

لقد كانوا مثل ثورنتون - بسيطين، صادقين، وواضحين في أفكارهم.

Tous ensemble, ils se rendirent à la scierie de Dawson et au grand tourbillon

سافروا جميعًا معًا إلى منشرة داوسون والدوامة العظيمة

Au cours de leur voyage, ils ont appris à comprendre profondément la nature de Buck.

خلال رحلتهم، تعلموا فهم طبيعة باك بشكل عميق.

Ils n'ont pas essayé de se rapprocher comme Skeet et Nig l'avaient fait.

لم يحاولوا أن يصبحوا قريبين من بعضهم البعض مثلما فعل سكيت ونيج.

Mais l'amour de Buck pour John Thornton n'a fait que s'approfondir avec le temps.

لكن حب باك لجون ثورنتون تعمق مع مرور الوقت.

Seul Thornton pouvait placer un sac sur le dos de Buck en été.

كان ثورنتون وحده القادر على حمل حقيبة على ظهر باك في الصيف.

Quoi que Thornton ordonne, Buck était prêt à l'exécuter pleinement.

مهما كان ما أمر به ثورنتون، كان باك على استعداد للقيام به بالكامل.

Un jour, après avoir quitté Dawson pour les sources du Tanana,

،ذات يوم، بعد أن غادروا داوسون إلى منابع نهر تانانا

le groupe était assis sur une falaise qui descendait d'un mètre jusqu'au substrat rocheux nu.

جلست المجموعة على جرف ينخفض ثلاثة أقدام إلى الصخر الأساسي العاري.

John Thornton était assis près du bord et Buck se reposait à côté de lui.

جلس جون ثورنتون بالقرب من الحافة، واستراح باك بجانبه.

Thornton eut une pensée soudaine et attira l'attention des hommes.

خطرت في ذهن ثورنتون فكرة مفاجئة، فلفت انتباه الرجال.

Il désigna le gouffre et donna un seul ordre à Buck.

وأشار عبر الهاوية وأعطى باك أمرًا واحدًا.

« Saute, Buck ! » dit-il en balançant son bras au-dessus de la chute.

اقفز يا باك "إقال وهو يلوح بذراعه فوق السقوط"

En un instant, il dut attraper Buck, qui sautait pour obéir.

في لحظة، كان عليه أن يمسك باك، الذي كان يقفز ليطيعه.

Hans et Pete se sont précipités en avant et ont ramené les deux hommes en sécurité.

اندفع هانز وبيت إلى الأمام وسحباهما إلى مكان آمن.

Une fois que tout fut terminé et qu'ils eurent repris leur souffle, Pete prit la parole.

وبعد أن انتهى كل شيء، وبعد أن التقطوا أنفاسهم، تحدث بيت.

« L'amour est étrange », dit-il, secoué par la dévotion féroce du chien.

الحب غريب"، قال وهو يرتجف من إخلاص الكلب الشديد."

Thornton secoua la tête et répondit avec un sérieux calme.

هز ثورنتون رأسه وأجاب بهدوء وجدية.

« Non, l'amour est splendide », dit-il, « mais aussi terrible. »

"لا، الحب رائع"، قال، "ولكنه فظيع أيضًا".

« Parfois, je dois l'admettre, ce genre d'amour me fait peur. »

"في بعض الأحيان، يجب أن أعترف، هذا النوع من الحب يجعلني خائفًا."

Pete hocha la tête et dit : « Je détesterais être l'homme qui te touche. »

أومأ بيت برأسه وقال، "لا أرغب في أن أكون الرجل الذي يلمسك".

Il regarda Buck pendant qu'il parlait, sérieux et plein de respect.

نظر إلى باك وهو يتحدث، وكان جادًا ومليئًا بالاحترام.

« Py Jingo ! » s'empressa de dire Hans. « Moi non plus, non monsieur. »

"قال هانز بسرعة" :باي جينجو"!ـ "وأنا أيضًا، لا يا سيدي.

Avant la fin de l'année, les craintes de Pete se sont réalisées à Circle City.

قبل نهاية العام، تحققت مخاوف بيت في سيركل سيتي.

Un homme cruel nommé Black Burton a provoqué une bagarre dans le bar.

رجل قاسي يدعى بلاك بيرتون بدأ قتالاً في الحانة.

Il était en colère et malveillant, s'en prenant à un nouveau tendre.

لقد كان غاضبًا وخبيثًا، يهاجم المبتدئين الجدد.

John Thornton est intervenu, calme et de bonne humeur comme toujours.

تدخل جون ثورنتون بهدوء وحسن الطباع كما هو الحال دائمًا.

Buck était allongé dans un coin, la tête baissée, observant Thornton de près.

كان باك مستلقيا في الزاوية، رأسه لأسفل، يراقب ثورنتون عن كثب.

Burton frappa soudainement, son coup envoyant Thornton tourner.

وجه بيرتون ضربة مفاجئة، حيث أدت لكمته إلى دوران ثورنتون.

Seule la barre du bar l'a empêché de s'écraser violemment au sol.

فقط درابزين الشريط هو الذي منعه من الاصطدام بقوة بالأرض.

Les observateurs ont entendu un son qui n'était ni un aboiement ni un cri.

سمع المراقبون صوتًا لم يكن نباحًا أو عواءً

un rugissement profond sortit de Buck alors qu'il se lançait vers l'homme.

خرج هدير عميق من باك عندما انطلق نحو الرجل.

Burton a levé le bras et a sauvé sa vie de justesse.

رفع بيرتون ذراعه إلى الأعلى وبالكاد أنقذ حياته.

Buck l'a percuté, le faisant tomber à plat sur le sol.

اصطدم به باك، مما أدى إلى سقوطه على الأرض.

Buck mordit profondément le bras de l'homme, puis se jeta à la gorge.

عض باك ذراع الرجل بعمق، ثم انقض على الحلق.

Burton n'a pu bloquer que partiellement et son cou a été déchiré.

لم يتمكن بيرتون إلا من الصد جزئيًا، وكان رقبته ممزقة.

Des hommes se sont précipités, les bâtons levés, et ont chassé Buck de l'homme ensanglanté.

اندفع الرجال، ورفعوا الهراوات، وطردوا باك من الرجل النازف.

Un chirurgien est intervenu rapidement pour arrêter l'écoulement du sang.

عمل الجراح بسرعة على إيقاف تدفق الدم.

Buck marchait de long en large et grognait, essayant d'attaquer encore et encore.

كان باك يذرع المكان ذهابًا وإيابًا ويصدر صوتًا حادًا، محاولًا الهجوم مرارًا وتكرارًا.

Seuls les coups de massue l'ont empêché d'atteindre Burton.

لم يمنعه سوى الهراوات المتأرجحة من الوصول إلى بيرتون.

Une réunion de mineurs a été convoquée et tenue sur place.

تم عقد اجتماع لعمال المناجم في نفس المكان.

Ils ont convenu que Buck avait été provoqué et ont voté pour le libérer.

واتفقوا على أن باك كان مستفزًا وصوتوا على إطلاق سراحه.

Mais le nom féroce de Buck résonnait désormais dans tous les camps d'Alaska.

لكن اسم باك الشرس أصبح الآن يتردد صداه في كل معسكر في ألاسكا.

Plus tard cet automne-là, Buck sauva à nouveau Thornton
d'une nouvelle manière.

وفي وقت لاحق من ذلك الخريف، أنقذ باك ثورنتون مرة أخرى بطريقة
جديدة.

Les trois hommes guidaient un long bateau sur des rapides
impétueux.

كان الرجال الثلاثة يقودون قاربًا طويلًا عبر منحدرات خشنة.

Thornton dirigeait le bateau et donnait des indications pour
se rendre sur le rivage.

كان ثورنتون يقود القارب، ويعطي الاتجاهات إلى الشاطئ.

Hans et Pete couraient sur terre, tenant une corde d'arbre en
arbre.

ركض هانز وبيت على الأرض، ممسكين بحبل من شجرة إلى شجرة.

Buck suivait le rythme sur la rive, surveillant toujours son
maître.

واصل باك السير على الضفة، وكان يراقب سيده دائمًا.

À un endroit désagréable, des rochers surplombaient les
eaux vives.

في أحد الأماكن القبيحة، برزت الصخور تحت المياه السريعة.

Hans lâcha la corde et Thornton dirigea le bateau vers le
large.

أطلق هانز الحبل، وقاد ثورنتون القارب إلى اتجاه واسع.

Hans sprinta pour rattraper le bateau en passant devant les
rochers dangereux.

انطلق هانز مسرعًا ليلحق بالقارب مرة أخرى متجاوزًا الصخور الخطيرة.

Le bateau a franchi le rebord mais a heurté une partie plus
forte du courant.

تمكن القارب من تجاوز الحافة لكنه اصطدم بجزء أقوى من التيار.

Hans a attrapé la corde trop vite et a déséquilibré le bateau.

أمسك هانز بالحبل بسرعة كبيرة وسحب القارب إلى حالة من عدم
التوازن.

Le bateau s'est retourné et a heurté la berge, cul en l'air.

انقلب القارب واصطدم بالضفة من الأسفل إلى الأعلى.

Thornton a été jeté dehors et emporté dans la partie la plus
sauvage de l'eau.

تم طرد ثورنتون وجرفته المياه إلى الجزء الأكثر وحشية من المياه.

Aucun nageur n'aurait pu survivre dans ces eaux mortelles et tumultueuses.

لم يكن بإمكان أي سباح أن ينجو في تلك المياه المميتة المتسارعة.

Buck sauta instantanément et poursuivit son maître sur la rivière.

قفز باك على الفور وطارد سيده أسفل النهر.

Après trois cents mètres, il atteignit enfin Thornton.

وبعد ثلاثمائة ياردة، وصل أخيرا إلى ثورنتون.

Thornton attrapa la queue de Buck, et Buck se tourna vers le rivage.

أمسك ثورنتون بذيل باك، ثم اتجه باك نحو الشاطئ.

Il nageait de toutes ses forces, luttant contre la force de l'eau.

كان يسبح بكل قوته، محاربًا مقاومة الماء الجامحة.

Ils se déplaçaient en aval plus vite qu'ils ne pouvaient atteindre le rivage.

لقد تحركوا باتجاه مجرى النهر بسرعة أكبر من قدرتهم على الوصول إلى الشاطئ.

Plus loin, la rivière rugissait plus fort alors qu'elle tombait dans des rapides mortels.

أمام النهر، كان صوت هديره أعلى وهو ينحدر إلى المنحدرات المميتة.

Les rochers fendaient l'eau comme les dents d'un énorme peigne.

الصخور تشق طريقها عبر الماء مثل أسنان مشط ضخم.

L'attraction de l'eau près de la chute était sauvage et inévitable.

كانت قوة جذب المياه بالقرب من القطرة وحشية ولا مفر منها.

Thornton savait qu'ils ne pourraient jamais atteindre le rivage à temps.

أدرك ثورنتون أنهم لن يتمكنوا أبدًا من الوصول إلى الشاطئ في الوقت المناسب.

Il a gratté un rocher, s'est écrasé sur un deuxième,

لقد خدش صخرة واحدة، وحطم صخرة ثانية،

Et puis il s'est écrasé contre un troisième rocher, l'attrapant à deux mains.

ثم اصطدم بالصخرة الثالثة، وأمسك بها بكلتا يديه.

Il lâcha Buck et cria par-dessus le rugissement : « Vas-y, Buck ! Vas-y ! »

"أطلق سراح باك وصاح فوق الزئير، "اذهب، باك إذهب

Buck n'a pas pu rester à flot et a été emporté par le courant.

لم يتمكن باك من البقاء طافيًا وجرفته التيارات المائية.

Il s'est battu avec acharnement, s'efforçant de se retourner, mais n'a fait aucun progrès.

لقد حارب بشدة، وكافح من أجل التحول، لكنه لم يحقق أي تقدم على الإطلاق.

Puis il entendit Thornton répéter l'ordre par-dessus le rugissement de la rivière.

ثم سمع ثورنتون يكرر الأمر على الرغم من هدير النهر.

Buck sortit de l'eau et leva la tête comme pour un dernier regard.

خرج باك من الماء، ورفع رأسه كما لو كان يلقي نظرة أخيرة.

puis il se retourna et obéit, nageant vers la rive avec résolution.

ثم استدار وأطاع، وسبح نحو الضفة بعزم.

Pete et Hans l'ont tiré à terre au dernier moment possible.

قام بيت وهانز بسحبه إلى الشاطئ في اللحظة الأخيرة الممكنة.

Ils savaient que Thornton ne pourrait s'accrocher au rocher que quelques minutes de plus.

لقد عرفوا أن ثورنتون لن يتمكن من التشبث بالصخرة إلا لبضع دقائق أخرى.

Ils coururent sur la berge jusqu'à un endroit bien au-dessus de l'endroit où il était suspendu.

ركضوا إلى أعلى البنك حتى وصلوا إلى مكان بعيد عن المكان الذي كان معلقًا فيه.

Ils ont soigneusement attaché la ligne du bateau au cou et aux épaules de Buck.

قاموا بربط خط القارب حول رقبة باك وكتفيه بعناية.

La corde était serrée mais suffisamment lâche pour permettre la respiration et le mouvement.

كان الحبل مريحًا ولكنه فضفاض بدرجة كافية للتنفس والحركة.

Puis ils le jetèrent à nouveau dans la rivière tumultueuse et mortelle.

ثم ألقوه مرة أخرى في النهر المتدفق القاتل.

Buck nageait avec audace mais manquait son angle face à la force du courant.

سبح باك بجرأة لكنه أخطأ زاوية دخوله إلى تيار الماء.

Il a vu trop tard qu'il allait dépasser Thornton.

لقد أدرك متأخرًا أنه سوف ينجرف بعيدًا عن ثورنتون.

Hans tira fort sur la corde, comme si Buck était un bateau en train de chavirer.

سحب هانز الحبل بقوة، كما لو كان باك قاربًا ينقلب.

Le courant l'a entraîné vers le fond et il a disparu sous la surface.

سحبه التيار إلى الأسفل، واختفى تحت السطح.

Son corps a heurté la berge avant que Hans et Pete ne le sortent.

ارتطم جسده بالبنك قبل أن يقوم هانز وبيت بسحبه للخارج.

Il était à moitié noyé et ils l'ont chassé de l'eau.

لقد غرق نصفًا، وقاموا بضرب الماء عليه حتى خرج.

Buck se leva, tituba et s'effondra à nouveau sur le sol.

وقف باك، وتعثر، ثم انهار مرة أخرى على الأرض.

Puis ils entendirent la voix de Thornton faiblement portée par le vent.

ثم سمعوا صوت ثورنتون يحمله الريح بشكل خافت.

Même si les mots n'étaient pas clairs, ils savaient qu'il était proche de la mort.

ورغم أن الكلمات لم تكن واضحة، إلا أنهم عرفوا أنه كان على وشك الموت.

Le son de la voix de Thornton frappa Buck comme une décharge électrique.

لقد ضرب صوت ثورنتون باك مثل صدمة كهربائية.

Il sauta et courut sur la berge, retournant au point de lancement.

قفز وركض نحو الضفة، وعاد إلى نقطة الانطلاق.

Ils attachèrent à nouveau la corde à Buck, et il entra à nouveau dans le ruisseau.

وربطوا الحبل مرة أخرى إلى باك، ودخل مرة أخرى إلى النهر.

Cette fois, il nagea directement et fermement dans l'eau tumultueuse.

هذه المرة، سبح مباشرة وبثبات في المياه المتدفقة.

Hans laissa sortir la corde régulièrement tandis que Pete l'empêchait de s'emmêler.

أطلق هانز الحبل بثبات بينما منعه بيت من التشابك.

Buck a nagé avec acharnement jusqu'à ce qu'il soit aligné juste au-dessus de Thornton.

سبح باك بقوة حتى اصطف فوق ثورنتون مباشرة.

Puis il s'est retourné et a foncé comme un train à toute vitesse.

ثم استدار وانطلق بسرعة هائلة مثل القطار.

Thornton le vit arriver, se redressa et entoura son cou de ses bras.

لقد رأى ثورنتون أنه قادم، فقام برفع ذراعيه ووضعها حول رقبته.

Hans a attaché la corde fermement autour d'un arbre alors qu'ils étaient tous les deux entraînés sous l'eau.

قام هانز بربط الحبل حول شجرة بقوة بينما كان كلاهما يسحبان تحتها.

Ils ont dégringolé sous l'eau, s'écrasant contre des rochers et des débris de la rivière.

لقد سقطوا تحت الماء، واصطدموا بالصخور وحطام النهر.

Un instant, Buck était au sommet, l'instant d'après, Thornton se levait en haletant.

في لحظة كان باك في الأعلى، وفي اللحظة التالية نهض ثورنتون وهو يلهث.

Battus et étouffés, ils se dirigèrent vers la rive et la sécurité.

أصيبوا بالصدمة والاختناق، فانحرفوا إلى الضفة والأمان.

Thornton a repris connaissance, allongé sur un tronc d'arbre.

استعاد ثورنتون وعيه، وهو مستلقٍ على جذع شجرة.

Hans et Pete ont travaillé dur pour lui redonner souffle et vie.

لقد عمل هانز وبيت بجد حتى يتمكن من استعادة أنفاسه وحياته.

Sa première pensée fut pour Buck, qui gisait immobile et mou.

كان تفكيره الأول هو باك، الذي كان مستلقيا بلا حراك ومرتخيا.

Nig hurla sur le corps de Buck et Skeet lui lécha doucement le visage.

عوى نيج فوق جسد باك، ولعق سكيت وجهه بلطف.

Thornton, endolori et meurtri, examina Buck avec des mains prudentes.

قام ثورنتون بفحص باك بكل حذر، وكان جسده مليئا بالكدمات.

Il a trouvé trois côtes cassées, mais aucune blessure mortelle chez le chien.

ووجد أن ثلاثة أضلاع مكسورة، لكن لم توجد جروح مميتة في الكلب.

« C'est réglé », dit Thornton. « On campe ici. » Et c'est ce qu'ils firent.

قال ثورنتون" :هذا يُحسم الأمر. نُخيّم هنا". وهذا ما فعلوه.

Ils sont restés jusqu'à ce que les côtes de Buck soient guéries et qu'il puisse à nouveau marcher.

لقد بقوا حتى شُفيت أضلاع باك وأصبح قادرًا على المشي مرة أخرى.

Cet hiver-là, Buck accomplit un exploit qui augmenta encore sa renommée.

في ذلك الشتاء، قام باك بإنجاز أدى إلى زيادة شهرته بشكل أكبر.

C'était moins héroïque que de sauver Thornton, mais tout aussi impressionnant.

لقد كان الأمر أقل بطولية من إنقاذ ثورنتون، لكنه كان مثيرًا للإعجاب بنفس القدر.

À Dawson, les partenaires avaient besoin de provisions pour un long voyage.

في داوسون، احتاج الشركاء إلى إمدادات لرحلة بعيدة.

Ils voulaient voyager vers l'Est, dans des terres sauvages et intactes.

أرادوا السفر شرقًا، إلى الأراضي البرية غير المستكشفة.

L'acte de Buck dans l'Eldorado Saloon a rendu ce voyage possible.

لقد جعلت أفعال باك في صالون إلدورادو هذه الرحلة ممكنة.

Tout a commencé avec des hommes qui se vantaient de leurs chiens en buvant un verre.

بدأ الأمر مع الرجال الذين يتفاخرون بكلابهم أثناء شرب المشروبات.

La renommée de Buck a fait de lui la cible de défis et de doutes.

لقد جعلت شهرة باك منه هدفًا للتحديات والشكوك.

Thornton, fier et calme, resta ferme dans la défense du nom de Buck.

وقف ثورنتون بفخر وهدوء، وظل ثابتًا في الدفاع عن اسم باك.

Un homme a déclaré que son chien pouvait facilement tirer deux cents kilos.

قال أحد الرجال إن كلبه يستطيع سحب خمسمائة رطل بسهولة.

Un autre a dit six cents, et un troisième s'est vanté d'en avoir sept cents.

وقال آخر ستمائة، وقال ثالث سبعمائة.

« Pfft ! » dit John Thornton, « Buck peut tirer un traîneau de mille livres. »

"بفت "إقال جون ثورنتون، "يستطيع باك سحب زلاجة تزن ألف رطل."

Matthewson, un roi de Bonanza, s'est penché en avant et l'a défié.

انحنى ماثيوسون، ملك بونانزا، إلى الأمام وتحداه.

« Tu penses qu'il peut mettre autant de poids en mouvement ? »

"هل تعتقد أنه قادر على وضع هذا القدر من الوزن في الحركة؟"

« Et tu penses qu'il peut tirer le poids sur une centaine de mètres ? »

"وهل تعتقد أنه قادر على رفع الوزن لمسافة مائة ياردة كاملة؟"

Thornton répondit froidement : « Oui. Buck est assez doué pour le faire. »

"أجاب ثورنتون ببرود: نعم. باك جبانٌ بما يكفي ليفعل ذلك.

« Il mettra mille livres en mouvement et le tirera sur une centaine de mètres. »

"سيضع ألف جنيه في الحركة، ويسحبها لمسافة مائة ياردة."

Matthewson sourit lentement et s'assura que tous les hommes entendaient ses paroles.

ابتسم ماثيوسون ببطء وتأكد من أن جميع الرجال سمعوا كلماته.

« J'ai mille dollars qui disent qu'il ne peut pas. Le voilà. »

"لديّ ألف دولار تُشير إلى أنه لا يستطيع. ها هو ذا."

Il a claqué un sac de poussière d'or de la taille d'une saucisse sur le bar.

ضرب كيسًا من غبار الذهب بحجم السجق على البار.

Personne ne dit un mot. Le silence devint pesant et tendu autour d'eux.

لم ينطق أحد بكلمة. ساد الصمت بينهم توتر وثقل.

Le bluff de Thornton – s'il en était un – avait été pris au sérieux.

لقد تم أخذ خدعة ثورنتون - إن كانت حقيقية - على محمل الجد.

Il sentit la chaleur monter sur son visage tandis que le sang affluait sur ses joues.

شعر بارتفاع الحرارة في وجهه بينما اندفع الدم إلى خديه.

Sa langue avait pris le pas sur sa raison à ce moment-là.

لقد سبق لسانه عقله في تلك اللحظة.

Il ne savait vraiment pas si Buck pouvait déplacer mille livres.

إنه حقا لا يعرف إذا كان باك قادرا على نقل ألف جنيه.

Une demi-tonne ! Rien que sa taille lui pesait le cœur.

نصف طن! إحجمه وحده أثقل قلبه.

Il avait foi en la force de Buck et le pensait capable.

لقد كان لديه ثقة في قوة باك وكان يعتقد أنه قادر.

Mais il n'avait jamais été confronté à ce genre de défi, pas comme celui-ci.

ولكنه لم يواجه هذا النوع من التحدي من قبل، ليس بهذه الطريقة.

Une douzaine d'hommes l'observaient tranquillement, attendant de voir ce qu'il allait faire.

كان هناك عشرة رجال يراقبونه بهدوء، في انتظار رؤية ما سيفعله.

Il n'avait pas d'argent, ni Hans ni Pete.

لم يكن لديه المال - ولا هانز أو بيت.

« J'ai un traîneau dehors », dit Matthewson froidement et directement.

"لقد حصلت على مزلجة بالخارج"، قال ماثيوسون ببرود وبشكل مباشر.

« Il est chargé de vingt sacs de cinquante livres chacun, tous de farine.

"إنها محملة بعشرين كيسًا، كل كيس يزن خمسين رطلاً، كلها من الدقيق."

« Alors ne laissez pas un traîneau manquant devenir votre excuse maintenant », a-t-il ajouté.

وأضاف "لذا لا تدع فقدان الزلاجة يكون عذرك الآن".

Thornton resta silencieux. Il ne savait pas quels mots lui dire.

وقف ثورنتون صامتًا. لم يعرف الكلمات التي سيقولها.

Il regarda les visages autour de lui sans les voir clairement.

كان ينظر حوله إلى الوجوه دون أن يراها بوضوح.

Il ressemblait à un homme figé dans ses pensées, essayant de redémarrer.

لقد بدا وكأنه رجل متجمد في أفكاره، يحاول البدء من جديد.

Puis il a vu Jim O'Brien, un ami de l'époque Mastodon.

ثم رأى جيم أوبراين، وهو صديق من أيام ماستودون.

Ce visage familier lui a donné un courage qu'il ne savait pas avoir.

لقد أعطاه هذا الوجه المألوف الشجاعة التي لم يكن يعلم أنه يمتلكها.

Il se tourna et demanda à voix basse : « Peux-tu me prêter mille ? »

ثم التفت وسأل بصوت منخفض: هل يمكنك أن تقرضني ألفًا؟

« Bien sûr », dit O'Brien, laissant déjà tomber un lourd sac près de l'or.

بالتأكيد، "قال أوبراين، وهو يسقط كيسًا ثقيلًا بجوار الذهب بالفعل."

« Mais honnêtement, John, je ne crois pas que la bête puisse faire ça. »

"لكن الحقيقة يا جون، أنا لا أعتقد أن الوحش قادر على فعل هذا."

Tout le monde dans le Saloon Eldorado s'est précipité dehors pour voir l'événement.

هرع الجميع في صالون إلدورادو إلى الخارج لمشاهدة الحدث.

Ils ont laissé les tables et les boissons, et même les jeux ont été interrompus.

لقد تركوا الطاولات والمشروبات، وحتى الألعاب توقفت.

Les croupiers et les joueurs sont venus assister à la fin de ce pari audacieux.

حضر التجار والمقامرون ليشهدوا نهاية الرهان الجريء.

Des centaines de personnes se sont rassemblées autour du traîneau dans la rue glacée.

تجمع المئات حول الزلاجة في الشارع المفتوح الجليدي.

Le traîneau de Matthewson était chargé d'une charge complète de sacs de farine.

كانت زلاجة ماثيوسون تحمل حمولة كاملة من أكياس الدقيق.

Le traîneau était resté immobile pendant des heures à des températures négatives.

ظلت الزلاجة جالسة لعدة ساعات في درجات حرارة منخفضة تحت الصفر.

Les patins du traîneau étaient gelés et collés à la neige tassée.

كانت عجلات الزلاجة متجمدة بإحكام بسبب الثلوج المتراكمة.

Les hommes ont offert une cote de deux contre un que Buck ne pourrait pas déplacer le traîneau.

وقد عرض الرجال احتمالات بنسبة اثنين إلى واحد بأن باك لن يتمكن من تحريك الزلاجة.

Une dispute a éclaté sur ce que signifiait réellement « sortir ».

لقد نشأ نزاع حول ما يعنيه "الاندلاع "في الواقع.

O'Brien a déclaré que Thornton devrait desserrer la base gelée du traîneau.

قال أوبراين أن ثورنتون يجب أن يخفف قاعدة الزلاجة المتجمدة.

Buck pourrait alors « sortir » d'un départ solide et immobile.

وقد يتمكن باك بعد ذلك من "الانطلاق "من بداية ثابتة ثابتة.

Matthewson a soutenu que le chien devait également libérer les coureurs.

وزعم ماثيوسون أن الكلب يجب أن يحرر العدائين أيضًا.

Les hommes qui avaient entendu le pari étaient d'accord avec le point de vue de Matthewson.

واتفق الرجال الذين سمعوا الرهان مع وجهة نظر ماثيوسون.

Avec cette décision, les chances sont passées à trois contre un contre Buck.

ومع هذا القرار، ارتفعت احتمالات الفوز ضد باك إلى ثلاثة مقابل واحد.

Personne ne s'est manifesté pour prendre en compte les chances croissantes de trois contre un.

ولم يتقدم أحد ليأخذ فرص الفوز المتزايدة التي وصلت إلى ثلاثة مقابل واحد.

Pas un seul homme ne croyait que Buck pouvait accomplir un tel exploit.

لم يعتقد أي رجل أن باك قادر على تحقيق هذا الإنجاز العظيم.

Thornton s'était précipité dans le pari, lourd de doutes.

لقد تم دفع ثورنتون إلى الرهان، وهو مثقل بالشكوك.

Il regarda alors le traîneau et l'attelage de dix chiens à côté.

والآن نظر إلى الزلاجة وفريق الكلاب العشرة بجانبها.

En voyant la réalité de la tâche, elle semblait encore plus impossible.

إن رؤية حقيقة المهمة جعلتها تبدو أكثر استحالة.

Matthewson était plein de fierté et de confiance à ce moment-là.

كان ماثيوسون مليئًا بالفخر والثقة في تلك اللحظة.

« Trois contre un ! » cria-t-il. « Je parie mille de plus, Thornton !

"إثلاثة إلى واحد" "إصرخ. "أراهن بألف أخرى يا ثورنتون"

« Que dites-vous ? » ajouta-t-il, assez fort pour que tout le monde l'entende.

ماذا تقول؟ "أضاف بصوت عالٍ بما يكفي ليسمعه الجميع.-"

Le visage de Thornton exprimait ses doutes, mais son esprit s'était élevé.

أظهر وجه ثورنتون شكوكه، لكن روحه ارتفعت.-

Cet esprit combatif ignorait les probabilités et ne craignait rien du tout.

لقد تجاهلت روح القتال الصعاب ولم تخش شيئًا على الإطلاق.

Il a appelé Hans et Pete pour apporter tout leur argent sur la table.

اتصل بهانز وبيت ليحضرا كل أموالهما إلى الطاولة.

Il ne leur restait plus grand-chose : seulement deux cents dollars au total.

لم يتبق لديهم سوى القليل - مائتي دولار فقط

Cette petite somme représentait toute leur fortune pendant les temps difficiles.

وكان هذا المبلغ الصغير هو مجموع ثروتهم خلال الأوقات الصعبة.

Pourtant, ils ont misé toute leur fortune contre le pari de Matthewson.

ومع ذلك، فقد وضعوا كل ثروتهم ضد رهان ماثيويسون.-

L'attelage de dix chiens a été dételé et éloigné du traîneau.

تم فك ربط فريق الكلاب العشرة وتحرك بعيدًا عن الزلاجة.

Buck a été placé dans les rênes, portant son harnais familier.

تم وضع باك في اللجام، مرتديًا حزامه المألوف.-

Il avait capté l'énergie de la foule et ressenti la tension.

لقد التقط طاقة الحشد وشعر بالتوتر.-

D'une manière ou d'une autre, il savait qu'il devait faire quelque chose pour John Thornton.

بطريقة ما، كان يعلم أنه يجب عليه أن يفعل شيئًا من أجل جون ثورنتون.-

Les gens murmuraient avec admiration devant la fière silhouette du chien.

همس الناس بإعجاب عند رؤية شكل الكلب الفخور.-

Il était mince et fort, sans une seule once de chair supplémentaire.

لقد كان نحيفًا وقويًا، ولم يكن لديه ذرة إضافية من اللحم.

Son poids total de cent cinquante livres n'était que puissance et endurance.

كان وزنه الكامل الذي بلغ مائة وخمسين رطلاً هو القوة والقدرة على التحمل.

Le pelage de Buck brillait comme de la soie, épais de santé et de force.

كان معطف باك لامعًا مثل الحرير، سميكًا بالصحة والقوة.

La fourrure le long de son cou et de ses épaules semblait se soulever et se hérisser.

بدا الفراء على طول رقبته وكتفيه وكأنه يرتفع وينتفخ.

Sa crinière bougeait légèrement, chaque cheveu vivant de sa grande énergie.

تحرك شعره قليلاً، وكل شعرة منه مليئة بطاقته العظيمة.

Sa large poitrine et ses jambes fortes correspondaient à sa silhouette lourde et robuste.

صدره العريض وساقيه القويتين يتناسبان مع جسده الثقيل والقوي.

Des muscles ondulaient sous son manteau, tendus et fermes comme du fer lié.

كانت عضلاته تتقلص تحت معطفه، مشدودة وقوية مثل الحديد المقيد.

Les hommes le touchaient et juraient qu'il était bâti comme une machine en acier.

لمسه الرجال وأقسموا أنه كان مبنيًا مثل آلة فولاذية.

Les chances ont légèrement baissé à deux contre un contre le grand chien.

انخفضت الاحتمالات قليلاً إلى اثنين إلى واحد ضد الكلب العظيم.

Un homme des bancs de Skookum s'avança en bégayant.

تقدم رجل من مقاعد سكوكوم إلى الأمام، متلعثمًا.

« Bien, monsieur ! J'offre huit cents pour lui – avant l'examen, monsieur ! »

إحسنًا يا سيدي !أعرض عليه ثمانمائة جنيه قبل الاختبار يا سيدي

« Huit cents, tel qu'il est en ce moment ! » insista l'homme.

ثمانمائة، كما هو واقفًا الآن "!أصر الرجل."

Thornton s'avança, sourit et secoua calmement la tête.

تقدم ثورنرنتون للأمام، وابتسم، وهز رأسه بهدوء.

Matthewson est rapidement intervenu avec une voix
d'avertissement et un froncement de sourcils.

تدخل ماثيوسون بسرعة بصوت تحذيري وعبوس.

« Éloignez-vous de lui », dit-il. « Laissez-lui de l'espace. »

قال» :يجب أن تبتعد عنه، وأعطه مساحة«.

La foule se tut ; seuls les joueurs continuaient à miser deux
contre un.

ساد الصمت بين الحشد؛ ولم يبق إلا المقامرون الذين عرضوا رهان اثنين
إلى واحد.

Tout le monde admirait la carrure de Buck, mais la charge
semblait trop lourde.

أعجب الجميع ببنية باك، لكن الحمل بدا ثقيلاً للغاية.

Vingt sacs de farine, pesant chacun cinquante livres,
semblaient beaucoup trop.

بدت عشرون كيسًا من الدقيق - يزن كل منها خمسين رطلاً - أكثر مما
يمكن تحمله.

Personne n'était prêt à ouvrir sa bourse et à risquer son
argent.

لم يكن أحد على استعداد لفتح حقيبته والمخاطرة بأمواله.

Thornton s'agenouilla à côté de Buck et prit sa tête à deux
mains.

ركع ثورنتون بجانب باك وأمسك رأسه بكلتا يديه.

Il pressa sa joue contre celle de Buck et lui parla à l'oreille.

ضغط خده على خده باك وتحدث في أذنه.

Il n'y avait plus de secousses enjouées ni d'insultes
affectueuses murmurées.

لم يعد هناك اهتزاز مرح أو إهانات محبة همسًا الآن.

Il murmura simplement doucement : « Autant que tu
m'aimes, Buck. »

"لقد همس بهدوء، "بقدر ما تحبني، باك.

Buck émit un gémissement silencieux, son impatience à
peine contenue.

أطلق باك صرخة هادئة، وكان حماسه بالكاد مقيدًا.

Les spectateurs observaient avec curiosité la tension qui
emplissait l'air.

كان المتفرجون يراقبون بفضول بينما كان التوتر يملأ الهواء.

Le moment semblait presque irréel, comme quelque chose qui dépassait la raison.

كانت تلك اللحظة تبدو غير واقعية تقريبًا، وكأنها شيء خارج عن المنطق.

Lorsque Thornton se leva, Buck prit doucement sa main dans ses mâchoires.

عندما وقف ثورنتون، أمسك باك يده بلطف بين فكيه.

Il appuya avec ses dents, puis relâcha lentement et doucement.

ضغط عليها بأسنانه، ثم أطلقها ببطء ولطف.

C'était une réponse silencieuse d'amour, non prononcée, mais comprise.

لقد كان جوابا صامتا للحب، لم يتم التحدث عنه، بل تم فهمه.

Thornton s'éloigna du chien et donna le signal.

ابتعد ثورنتون خطوة إلى الوراء قليلاً عن الكلب وأعطى الإشارة.

« Maintenant, Buck », dit-il, et Buck répondit avec un calme concentré.

حسنًا، باك"، قال، ورد باك بهدوء وتركيز."

Buck a resserré les traces, puis les a desserrées de quelques centimètres.

شد باك المسارات، ثم خففها ببضعة بوصات.

C'était la méthode qu'il avait apprise ; sa façon de briser le traîneau.

كانت هذه هي الطريقة التي تعلمها، طريقته في كسر الزلاجة.

« Tiens ! » cria Thornton, sa voix aiguë dans le silence pesant.

جي "إصرخ ثورنتون بصوت حاد في الصمت الثقيل."

Buck se tourna vers la droite et se jeta de tout son poids.

اتجه باك إلى اليمين وانقض بكل وزنه.

Le mou disparut et toute la masse de Buck heurta les lignes serrées.

اختفى التراخي، وضربت كتلة باك الكاملة الآثار الضيقة.

Le traîneau tremblait et les patins émettaient un bruit de crépitement.

ارتجفت الزلاجة، وأصدر المتسابقون صوت طقطقة واضح.

« Haw ! » ordonna Thornton, changeant à nouveau la direction de Buck.

هاو "إأمر ثورنتون، وهو يغير اتجاه باك مرة أخرى."

Buck répéta le mouvement, cette fois en tirant brusquement vers la gauche.

كرر باك الحركة، هذه المرة سحب بقوة إلى اليسار.

Le traîneau craquait plus fort, les patins claquaient et se déplaçaient.

تصاعد صوت الزلاجة بشكل أعلى، وبدأ العداؤون في التحرك والتحرك.

La lourde charge glissait légèrement latéralement sur la neige gelée.

انزلق الحمل الثقيل قليلاً إلى الجانب عبر الثلج المتجمد.

Le traîneau s'était libéré de l'emprise du sentier glacé !

لقد انطلقت الزلاجة من قبضة الطريق الجليدي!

Les hommes retenaient leur souffle, ignorant qu'ils ne respiraient même pas.

حبس الرجال أنفاسهم، دون أن يدركوا أنهم لا يتنفسون.

« Maintenant, TIREZ ! » cria Thornton à travers le silence glacial.

الآن، اسحب "إصرخ ثورنتون عبر الصمت المتجمد."

L'ordre de Thornton résonna fort, comme le claquement d'un fouet.

لقد كان أمر ثورنتون حاداً، مثل صوت السوط.

Buck se jeta en avant avec un mouvement violent et saccadé.

ألقى باك بنفسه إلى الأمام بهجوم شرس ومزعج.

Tout son corps se tendit et se contracta sous l'énorme tension.

كان جسده بأكمله متوتراً ومتجمعًا بسبب الضغط الهائل.

Des muscles ondulaient sous sa fourrure comme des serpents prenant vie.

تموجت العضلات تحت فروه مثل الثعابين التي تنبض بالحياة.

Sa large poitrine était basse, la tête tendue vers l'avant en direction du traîneau.

كان صدره الكبير منخفضًا، ورأسه ممتدًا للأمام نحو الزلاجة.

Ses pattes bougeaient comme l'éclair, ses griffes tranchant le sol gelé.

تحركت مخالبه مثل البرق، ومخالبه تقطع الأرض المتجمدة.

Des rainures ont été creusées profondément alors qu'il luttait pour chaque centimètre de traction.

تم قطع الأخاديد عميقًا أثناء محاولته الحصول على كل بوصة من الجر.

Le traîneau se balança, trembla et commença un mouvement lent et agité.

بدأت الزلاجة تتأرجح، وترتجف، وبدأت حركة بطيئة وغير مريحة.

Un pied a glissé et un homme dans la foule a gémi à haute voix.

انزلقت إحدى القدمين، وأطلق أحد الرجال من بين الحشد أنيناً بصوت عالٍ.

Puis le traîneau s'élança en avant dans un mouvement saccadé et brusque.

ثم اندفعت الزلاجة إلى الأمام في حركة متقطعة وخشنة.

Cela ne s'est pas arrêté à nouveau - un demi-pouce... un pouce... deux pouces de plus.

ولم تتوقف مرة أخرى - نصف بوصة... بوصة... بوصتين أكثر.

Les secousses devinrent plus faibles à mesure que le traîneau commençait à prendre de la vitesse.

أصبحت الهزات أصغر عندما بدأت الزلاجة تكتسب السرعة.

Bientôt, Buck tirait avec une puissance douce et régulière.

وبعد قليل أصبح باك يسحب بقوة متدحرجة سلسة ومتساوية.

Les hommes haletèrent et finirent par se rappeler de respirer à nouveau.

شهق الرجال وأخيراً تذكروا أن يتنفسوا مرة أخرى.

Ils n'avaient pas remarqué que leur souffle s'était arrêté de stupeur.

ولم يلاحظوا أن أنفاسهم توقفت من الرهبة.

Thornton courait derrière, lançant des ordres courts et joyeux.

ركض ثورنتون خلفه، وهو يصدر أوامر قصيرة ومبهجة.

Devant nous se trouvait une pile de bois de chauffage qui marquait la distance.

كان أمامنا كومة من الحطب تشير إلى المسافة.

Alors que Buck s'approchait du tas, les acclamations devenaient de plus en plus fortes.

وعندما اقترب باك من الكومة، أصبح الهتاف أعلى وأعلى.

Les acclamations se sont transformées en rugissement lorsque Buck a dépassé le point d'arrivée.

ارتفعت الهتافات إلى هدير عندما تجاوز باك نقطة النهاية.

Les hommes ont sauté et crié, même Matthewson a esquissé un sourire.

قفز الرجال وصاحوا، حتى أن ماثيوسون ابتسم.

Les chapeaux volaient dans les airs, les mitaines étaient lancées sans réfléchir ni viser.

طارت القبعات في الهواء، وألقيت القفازات دون تفكير أو هدف.

Les hommes se sont attrapés et se sont serré la main sans savoir à qui.

أمسك الرجال ببعضهم البعض وتصافحوا دون أن يعرفوا من هو.

Toute la foule bourdonnait d'une célébration folle et joyeuse.

كان الحشد بأكمله يحتفل بفرحة غامرة.

Thornton tomba à genoux à côté de Buck, les mains tremblantes.

سقط ثورنتون على ركبتيه بجانب باك ويداه ترتعشان.

Il pressa sa tête contre celle de Buck et le secoua doucement d'avant en arrière.

ضغط رأسه على رأس باك وهزه بلطف ذهابًا وإيابًا.

Ceux qui s'approchaient l'entendaient maudire le chien avec un amour silencieux.

سمع الذين اقتربوا منه يلعن الكلب بحب هادئ.

Il a insulté Buck pendant un long moment, doucement, chaleureusement, avec émotion.

لقد أقسم على باك لفترة طويلة ـ بهدوء، بحرارة، وبعاطفة.

« Bien, monsieur ! Bien, monsieur ! » s'écria précipitamment le roi du Banc Skookum.

حسنًا، سيدي إحسنًا، سيدي "إصرخ ملك مقعد سكوكوم مسرعًا."

« Je vous donne mille, non, douze cents, pour ce chien, monsieur ! »

"إسأعطيك ألفًا ـ لا، ألفًا ومائتين ـ مقابل هذا الكلب يا سيدي"

Thornton se leva lentement, les yeux brillants d'émotion.

نهض ثورنتون ببطء على قدميه، وكانت عيناه تتألقان بالعاطفة.

Les larmes coulaient ouvertement sur ses joues sans aucune honte.

تدفقت الدموع على خديه بكل حرية دون أي خجل.

« Monsieur », dit-il au roi du banc Skookum, ferme et posé.

سيدي، "قال لملك مقعد سكوكوم، بثبات وحزم"

« Non, monsieur. Allez au diable, monsieur. C'est ma
réponse définitive. »

لا يا سيدي. اذهب إلى الجحيم يا سيدي. هذا جوابي النهائي.

Buck attrapa doucement la main de Thornton dans ses
mâchoires puissantes.

أمسك باك يد ثورنتون بلطف بفكيه القويين.

Thornton le secoua de manière enjouée, leur lien étant plus
profond que jamais.

هزه ثورنتون بطريقة مرحة، وكانت علاقتهما عميقة كما كانت دائمًا.

La foule, émue par l'instant, recula en silence.

تحرك الحشد في تلك اللحظة وتراجع إلى الوراء في صمت.

Dès lors, personne n'osa interrompre cette affection si
sacrée.

ومنذ ذلك الحين، لم يجرؤ أحد على مقاطعة هذا المودة المقدسة.

Le son de l'appel
صوت النداء

Buck avait gagné seize cents dollars en cinq minutes.

لقد ربح باك ستة عشر مائة دولار في خمس دقائق.

Cet argent a permis à John Thornton de payer une partie de ses dettes.

مكّنت الأموال جون ثورنتون من سداد بعض ديونه.

Avec le reste de l'argent, il se dirigea vers l'Est avec ses partenaires.

وببقية الأموال توجه شرقًا مع شركائه.

Ils cherchaient une mine perdue légendaire, aussi vieille que le pays lui-même.

لقد بحثوا عن منجم مفقود أسطوري، قديم قدم البلد نفسه.

Beaucoup d'hommes avaient cherché la mine, mais peu l'avaient trouvée.

لقد بحث العديد من الرجال عن المنجم، لكن قليل منهم من وجده.

Plus d'un homme avait disparu au cours de cette quête dangereuse.

لقد اختفى أكثر من رجل خلال المهمة الخطيرة.

Cette mine perdue était enveloppée à la fois de mystère et d'une vieille tragédie.

كان هذا المنجم المفقود محاطًا بالغموض والمأساة القديمة.

Personne ne savait qui avait été le premier homme à découvrir la mine.

لم يكن أحد يعلم من هو الرجل الأول الذي عثر على المنجم.

Les histoires les plus anciennes ne mentionnent personne par son nom.

القصص القديمة لا تذكر أحداً بالاسم.

Il y avait toujours eu là une vieille cabane délabrée.

لقد كان هناك دائمًا كوخًا قديمًا متهالكًا هناك.

Des hommes mourants avaient juré qu'il y avait une mine à côté de cette vieille cabane.

أقسم الرجال المحتضرون أن هناك منجمًا بجوار تلك الكابينة القديمة.

Ils ont prouvé leurs histoires avec de l'or comme on n'en trouve nulle part ailleurs.

لقد أثبتوا قصصهم بالذهب كما لم نجد مثله في أي مكان آخر.

Aucune âme vivante n'avait jamais pillé le trésor de cet endroit.

لم يسبق لأي روح حية أن نهبت الكنز من هذا المكان.

Les morts étaient morts, et les morts ne racontent pas d'histoires.

لقد كان الموتى أمواتًا، والموتى لا يروون حكايات.

Thornton et ses amis se dirigèrent donc vers l'Est.

لذا توجه ثورنتون وأصدقاؤه إلى الشرق.

Pete et Hans se sont joints à eux, amenant Buck et six chiens forts.

انضم بيت وهانز، وأحضروا باك وستة كلاب قوية.

Ils se sont lancés sur un chemin inconnu là où d'autres avaient échoué.

انطلقوا في طريق غير معروف حيث فشل الآخرون.

Ils ont parcouru soixante-dix milles en traîneau sur le fleuve Yukon gelé.

لقد تزلجوا على مسافة سبعين ميلاً على نهر يوكون المتجمد.

Ils tournèrent à gauche et suivirent le sentier jusqu'au Stewart.

اتجهوا إلى اليسار وتبعوا المسار إلى ستيوارت.

Ils passèrent le Mayo et le McQuestion, poursuivant leur route.

لقد تجاوزوا مايو ومكويستيون، واستمروا في الضغط على بعضهم البعض.

Le Stewart s'est rétréci en un ruisseau, traversant des pics déchiquetés.

انكمش نهر ستيوارت إلى مجرى مائي، يتخلله قمم متعرجة.

Ces pics acérés marquaient l'épine dorsale même du continent.

تشكل هذه القمم الحادة العمود الفقري للقارة.

John Thornton exigeait peu des hommes ou de la nature sauvage.

لم يطلب جون ثورنتون الكثير من الرجال أو من الأرض البرية.

Il ne craignait rien dans la nature et affrontait la nature sauvage avec aisance.

لم يكن يخاف من أي شيء في الطبيعة وواجه البرية بكل سهولة.

Avec seulement du sel et un fusil, il pouvait voyager où il le souhaitait.

باستخدام الملح والبندقية فقط، كان بإمكانه السفر إلى أي مكان يريده.

Comme les indigènes, il chassait de la nourriture pendant ses voyages.

مثل السكان الأصليين، كان يبحث عن الطعام أثناء رحلاته.

S'il n'attrapait rien, il continuait, confiant en la chance qui l'attendait.

إذا لم يتمكن من الحصول على شيء، فإنه يستمر في طريقه، معتمدًا على الحظ في المستقبل.

Au cours de ce long voyage, la viande était la principale nourriture qu'ils mangeaient.

في هذه الرحلة الطويلة، كان اللحم هو الشيء الرئيسي الذي تناولوه.

Le traîneau contenait des outils et des munitions, mais aucun horaire strict.

كانت الزلاجة تحمل أدوات وذخيرة، ولكن لم يكن هناك جدول زمني صارم.

Buck adorait cette errance, la chasse et la pêche sans fin.

كان باك يحب هذا التجوال؛ والصيد وصيد الأسماك الذي لا ينتهي.

Pendant des semaines, ils ont voyagé jour après jour.

لمدة أسابيع كانوا يسافرون يومًا بعد يوم.

D'autres fois, ils établissaient des camps et restaient immobiles pendant des semaines.

وفي أوقات أخرى، أقاموا معسكرات وبقوا في أماكنهم لأسابيع.

Les chiens se reposaient pendant que les hommes creusaient dans la terre gelée.

استراحت الكلاب بينما قام الرجال بالحفر في التراب المتجمد.

Ils chauffaient des poêles sur des feux et cherchaient de l'or caché.

قاموا بتسخين المقالي على النار وبحثوا عن الذهب المخفي.

Certains jours, ils souffraient de faim, et d'autres jours, ils faisaient des festins.

في بعض الأيام كانوا يموتون من الجوع، وفي بعض الأيام كانوا يقيمون وليمة.

Leurs repas dépendaient du gibier et de la chance de la chasse.

وكانت وجباتهم تعتمد على اللعبة وحظ الصيد.

Quand l'été arrivait, les hommes et les chiens chargeaient
des charges sur leur dos.

عندما جاء الصيف، كان الرجال والكلاب يحملون الأحمال على ظهورهم.

Ils ont fait du rafting sur des lacs bleus cachés dans des
forêts de montagne.

لقد قاموا بالتجول عبر البحيرات الزرقاء المخفية في الغابات الجبلية.

Ils naviguaient sur des bateaux minces sur des rivières
qu'aucun homme n'avait jamais cartographiées.

لقد أبحروا بقوارب نحيفة على أنهار لم يسبق لأي إنسان أن رسم خريطة
لها.

Ces bateaux ont été construits à partir d'arbres sciés dans la
nature.

تم بناء هذه القوارب من الأشجار التي قطعوها في البرية.

Les mois passèrent et ils sillonnèrent des terres sauvages et
inconnues.

ومرت الأشهر، وتجولوا عبر الأراضي البرية المجهولة.

Il n'y avait pas d'hommes là-bas, mais de vieilles traces
suggéraient qu'il y en avait eu.

لم يكن هناك رجال هناك، لكن الآثار القديمة كانت تشير إلى وجود رجال
هناك.

Si la Cabane Perdue était réelle, alors d'autres étaient déjà
passés par là.

إذا كانت الكابينة المفقودة حقيقية، فهذا يعني أن آخرين قد أتوا من هنا في
وقت ما.

Ils traversaient des cols élevés dans des blizzards, même
pendant l'été.

لقد عبروا الممرات المرتفعة أثناء العواصف الثلجية، حتى خلال فصل
الصيف.

Ils frissonnaient sous le soleil de minuit sur les pentes nues
des montagnes.

كانوا يرتجفون تحت شمس منتصف الليل على منحدرات الجبال العارية.

Entre la limite des arbres et les champs de neige, ils
montaient lentement.

بين خط الأشجار وحقول الثلوج، تسلقوا ببطء.

Dans les vallées chaudes, ils écrasaient des nuages de
moucherons et de mouches.

في الوديان الدافئة، قاموا بضرب سحب البعوض والذباب.

Ils cueillaient des baies sucrées près des glaciers en pleine floraison estivale.

قاموا بقطف التوت الحلو بالقرب من الأنهار الجليدية في أوج ازدهارها في الصيف.

Les fleurs qu'ils ont trouvées étaient aussi belles que celles du Southland.

وكانت الزهور التي وجدوها جميلة مثل تلك الموجودة في ساوثلاند.

Cet automne-là, ils atteignirent une région solitaire remplie de lacs silencieux.

وفي ذلك الخريف وصلوا إلى منطقة منعزلة مليئة بالبحيرات الصامتة.

La terre était triste et vide, autrefois pleine d'oiseaux et de bêtes.

كانت الأرض حزينة وخالية، وكانت مليئة بالطيور والوحوش.

Il n'y avait plus de vie, seulement le vent et la glace qui se formait dans les flaques.

والآن لم تعد هناك حياة، فقط الرياح والجليد يتشكل في البرك.

Les vagues s'écrasaient sur les rivages déserts avec un son doux et lugubre.

تلاطمت الأمواج على الشواطئ الفارغة بصوت ناعم وحزين.

Un autre hiver arriva et ils suivirent à nouveau de vieux sentiers lointains.

ثم جاء شتاء آخر، وتبعوا مسارات قديمة خافتة مرة أخرى.

C'étaient les traces d'hommes qui les avaient cherchés bien avant eux.

كانت هذه هي آثار الرجال الذين بحثوا قبلهم بوقت طويل.

Un jour, ils trouvèrent un chemin creusé profondément dans la forêt sombre.

ذات مرة، وجدوا طريقًا مقطوعًا عميقًا في الغابة المظلمة.

C'était un vieux sentier, et ils sentaient que la cabane perdue était proche.

لقد كان دربًا قديمًا، وشعروا أن الكابينة المفقودة كانت قريبة.

Mais le sentier ne menait nulle part et s'enfonçait dans les bois épais.

لكن الطريق لم يؤدِ إلى أي مكان وتلاشى في الغابة الكثيفة.

Personne ne savait qui avait fait ce sentier et pourquoi.

من صنع هذا المسار، ولماذا صنعه، لا أحد يعلم.

Plus tard, ils ont trouvé l'épave d'un lodge caché parmi les arbres.

وفي وقت لاحق، عثروا على حطام نزل مخفي بين الأشجار.

Des couvertures pourries gisaient éparpillées là où quelqu'un avait dormi.

كانت هناك بطانيات متعفنة متناثرة حيث كان شخص ما ينام ذات يوم.

John Thornton a trouvé un fusil à silex à long canon enterré à l'intérieur.

عثر جون ثورنتون على بندقية ذات ماسورة طويلة مدفونة بالداخل.

Il savait qu'il s'agissait d'un fusil de la Baie d'Hudson depuis les premiers jours de son commerce.

لقد علم أن هذا كان مدفع خليج هدسون من أيام التجارة المبكرة.

À cette époque, ces armes étaient échangées contre des piles de peaux de castor.

في تلك الأيام كان يتم مقايضة هذه الأسلحة بأكوام من جلود القندس.

C'était tout : il ne restait aucune trace de l'homme qui avait construit le lodge.

كان هذا كل شيء - لم يتبق أي دليل على الرجل الذي بنى النزل.

Le printemps est revenu et ils n'ont trouvé aucun signe de la Cabane Perdue.

لقد جاء الربيع مرة أخرى، ولم يجدوا أي أثر للكوخ المفقود.

Au lieu de cela, ils trouvèrent une large vallée avec un ruisseau peu profond.

وبدلاً من ذلك، وجدوا واديًا واسعًا مع مجرى مائي ضحل.

L'or recouvrait le fond des casseroles comme du beurre jaune et lisse.

كان الذهب متوضعًا في قاع المقلاة مثل الزبدة الصفراء الناعمة.

Ils s'arrêtèrent là et ne cherchèrent plus la cabane.

توقفوا هناك ولم يبحثوا عن الكابينة أبعد من ذلك.

Chaque jour, ils travaillaient et trouvaient des milliers de pièces d'or en poudre.

كل يوم عملوا ووجدوا الآلاف في غبار الذهب.

Ils ont emballé l'or dans des sacs de peau d'élan, de cinquante livres chacun.

قاموا بتعبئة الذهب في أكياس من جلد الموظ، خمسين رطلاً لكل كيس.

Les sacs étaient empilés comme du bois de chauffage à
l'extérieur de leur petite loge.

كانت الحقائب مكدسة مثل الحطب خارج نزلهم الصغير.

Ils travaillaient comme des géants et les jours passaient
comme des rêves rapides.

لقد عملوا مثل العمالقة، ومرت الأيام مثل الأحلام السريعة.

Ils ont amassé des trésors au fil des jours sans fin.

لقد جمعوا الكنز بينما مرت الأيام التي لا نهاية لها بسرعة.

Les chiens n'avaient pas grand-chose à faire, à part
transporter de la viande de temps en temps.

لم يكن هناك الكثير مما يمكن للكلاب فعله باستثناء نقل اللحوم من وقت
لآخر.

Thornton chassait et tuait le gibier, et Buck restait allongé
près du feu.

كان ثورنتون يصطاد ويقتل الطرائد، وكان باك مستلقيًا بجانب النار.

Il a passé de longues heures en silence, perdu dans ses
pensées et ses souvenirs.

أمضى ساعات طويلة في صمت، غارقًا في الفكر والذاكرة.

L'image de l'homme poilu revenait de plus en plus souvent
à l'esprit de Buck.

كانت صورة الرجل المشعر تظهر في ذهن باك أكثر من أي وقت مضى.

Maintenant que le travail se faisait rare, Buck rêvait en
clignant des yeux devant le feu.

الآن بعد أن أصبح العمل نادرًا، حلم باك بينما كان يرمش أمام النار.

Dans ces rêves, Buck errait avec l'homme dans un autre
monde.

في تلك الأحلام، كان باك يتجول مع الرجل في عالم آخر.

La peur semblait être le sentiment le plus fort dans ce
monde lointain.

يبدو أن الخوف هو الشعور الأقوى في ذلك العالم البعيد.

Buck vit l'homme poilu dormir avec la tête baissée.

رأى باك الرجل المشعر نائماً ورأسه منحنياً إلى أسفل.

Ses mains étaient jointes et son sommeil était agité et
interrompu.

كانت يداه مشبوكتين، وكان نومه مضطربًا ومتقطعًا.

Il se réveillait en sursaut et regardait avec crainte dans le
noir.

كان يستيقظ فجأة ويحدق بخوف في الظلام.

Ensuite, il jetait plus de bois sur le feu pour garder la flamme vive.

ثم يقوم بإلقاء المزيد من الخشب على النار للحفاظ على اشتعال اللهب.

Parfois, ils marchaient le long d'une plage au bord d'une mer grise et infinie.

في بعض الأحيان كانوا يسيرون على طول الشاطئ بجانب بحر رمادي لا نهاية له.

L'homme poilu ramassait des coquillages et les mangeait en marchant.

كان الرجل المشعر يلتقط المحار ويأكله أثناء سيره.

Ses yeux cherchaient toujours des dangers cachés dans l'ombre.

كانت عيناه تبحث دائمًا عن المخاطر المخفية في الظل.

Ses jambes étaient toujours prêtes à sprinter au premier signe de menace.

كانت ساقيه مستعدة دائمًا للركض عند أول علامة تهديد.

Ils rampaient à travers la forêt, silencieux et méfiants, côte à côte.

تسللوا عبر الغابة، صامتين وحذرين، جنبًا إلى جنب.

Buck le suivit sur ses talons, et tous deux restèrent vigilants.

وتبعه باك، وبقي كلاهما في حالة تأهب.

Leurs oreilles frémissaient et bougeaient, leurs nez reniflaient l'air.

ارتعشت آذانهم وتحركت، واستنشقت أنوفهم الهواء.

L'homme pouvait entendre et sentir la forêt aussi intensément que Buck.

كان الرجل يستطيع سماع الغابة وشم رائحتها بنفس حدة باك.

L'homme poilu se balançait à travers les arbres avec une vitesse soudaine.

تأرجح الرجل المشعر بين الأشجار بسرعة مفاجئة.

Il sautait de branche en branche, sans jamais lâcher prise.

كان يقفز من فرع إلى فرع، دون أن يفقد قبضته أبدًا.

Il se déplaçait aussi vite au-dessus du sol que sur celui-ci.

لقد تحرك فوق الأرض بنفس السرعة التي تحرك بها عليها.

Buck se souvenait des longues nuits passées sous les arbres, à veiller.

تذكر باك الليالي الطويلة التي قضاها تحت الأشجار وهو يراقب.

L'homme dormait perché dans les branches, s'accrochant fermement.

كان الرجل ينام في الأغصان، متشبثًا بها بقوة.

Cette vision de l'homme poilu était étroitement liée à l'appel des profondeurs.

كانت رؤية الرجل المشعر مرتبطة ارتباطًا وثيقًا بالدعوة العميقة.

L'appel résonnait toujours à travers la forêt avec une force obsédante.

لا يزال النداء يتردد في الغابة بقوة مخيفة.

L'appel remplit Buck de désir et d'un sentiment de joie incessant.

لقد ملأت المكالمة باك بالشوق والشعور المضطرب بالفرح.

Il ressentait d'étranges pulsions et des frémissements qu'il ne pouvait nommer.

كان يشعر برغبات وتحركات غريبة لم يستطع تسميتها.

Parfois, il suivait l'appel au plus profond des bois tranquilles.

وفي بعض الأحيان كان يتبع النداء إلى أعماق الغابة الهادئة.

Il cherchait l'appel, aboyant doucement ou fort au fur et à mesure.

كان يبحث عن النداء، وينبح بهدوء أو بحدة أثناء سيره.

Il renifla la mousse et la terre noire où poussaient les herbes.

كان يشتم الطحالب والتربة السوداء حيث تنمو الأعشاب.

Il renifla de plaisir aux riches odeurs de la terre profonde.

كان يشخر بسعادة عند سماعه الروائح الغنية للأرض العميقة.

Il s'est accroupi pendant des heures derrière des troncs couverts de champignons.

اختبأ لساعات خلف جذوع الأشجار المغطاة بالفطريات.

Il resta immobile, écoutant les yeux écarquillés chaque petit bruit.

لقد بقي ساكنًا، يستمع بعينين واسعتين إلى كل صوت صغير.

Il espérait peut-être surprendre la chose qui avait lancé l'appel.

ربما كان يأمل أن يفاجئ الشيء الذي أعطى المكالمة.

Il ne savait pas pourquoi il agissait de cette façon, il le faisait simplement.

لم يكن يعلم لماذا يتصرف بهذه الطريقة، لقد فعل ذلك ببساطة.

Les pulsions venaient du plus profond de moi, au-delà de la pensée ou de la raison.

جاءت الرغبات من أعماقنا، بعيدًا عن الفكر والعقل.

Des envies irrésistibles s'emparèrent de Buck sans avertissement ni raison.

سيطرت رغبات لا تقاوم على باك دون سابق إنذار أو سبب.

Parfois, il somnolait paresseusement dans le camp sous la chaleur de midi.

في بعض الأحيان كان ينام ببطء في المخيم تحت حرارة منتصف النهار.

Soudain, sa tête se releva et ses oreilles se dressèrent en alerte.

فجأة، رفع رأسه وارتفعت أذنيه في حالة تأهب.

Puis il se leva d'un bond et se précipita dans la nature sans s'arrêter.

ثم قفز وانطلق إلى البرية دون توقف.

Il a couru pendant des heures à travers les sentiers forestiers et les espaces ouverts.

ركض لساعات عبر مسارات الغابات والمساحات المفتوحة.

Il aimait suivre les lits des ruisseaux asséchés et espionner les oiseaux dans les arbres.

كان يحب متابعة مجاري الأنهار الجافة والتجسس على الطيور في الأشجار.

Il pouvait rester caché toute la journée, à regarder les perdrix se pavaner.

كان بإمكانه البقاء مختبئًا طوال اليوم، وهو يراقب طيور الحجل وهي تتبختر حوله.

Ils tambourinaient et marchaient, inconscients de la présence de Buck.

لقد طبلوا وساروا، غير مدركين لوجود باك.

Mais ce qu'il aimait le plus, c'était courir au crépuscule en été.

لكن ما كان يحبه أكثر من أي شيء آخر هو الجري عند الغسق في الصيف.

La faible lumière et les bruits endormis de la forêt le remplissaient de joie.

كان الضوء الخافت وأصوات الغابة النائمة تملأه بالفرح.

Il lisait les panneaux forestiers aussi clairement qu'un homme lit un livre.

كان يقرأ علامات الغابة بوضوح كما يقرأ الرجل كتابًا.

Et il cherchait toujours la chose étrange qui l'appelait.

وكان يبحث دائمًا عن الشيء الغريب الذي يناديه.

Cet appel ne s'est jamais arrêté : il l'atteignait qu'il soit éveillé ou endormi.

لم يتوقف هذا النداء أبدًا ـ فقد وصل إليه وهو مستيقظ أو نائم.

Une nuit, il se réveilla en sursaut, les yeux perçants et les oreilles hautes.

في إحدى الليالي، استيقظ مذعوراً، وكانت عيناه حادتين وأذناه مرتفعتين.

Ses narines se contractaient tandis que sa crinière se dressait en vagues.

ارتعش أنفه بينما وقف شعره منتصبا في الأمواج.

Du plus profond de la forêt, le son résonna à nouveau, le vieil appel.

من أعماق الغابة جاء الصوت مرة أخرى، النداء القديم.

Cette fois, le son résonnait clairement, un hurlement long, obsédant et familier.

هذه المرة كان الصوت واضحا، عواء طويل، مخيف، مألوف.

C'était comme le cri d'un husky, mais d'un ton étrange et sauvage.

لقد كان مثل صراخ كلب الهاسكي، ولكن غريب ومتوحش في نبرته.

Buck reconnut immédiatement le son – il avait entendu exactement le même son depuis longtemps.

عرف باك الصوت على الفور ـ لقد سمع الصوت بالضبط منذ زمن طويل.

Il sauta à travers le camp et disparut rapidement dans les bois.

قفز عبر المخيم واختفى بسرعة في الغابة.

Alors qu'il s'approchait du bruit, il ralentit et se déplaça avec précaution.

وعندما اقترب من الصوت، أبطأ وتحرك بحذر.

Bientôt, il atteignit une clairière entre d'épais pins.

وسرعان ما وصل إلى فسحة بين أشجار الصنوبر الكثيفة.

Là, debout sur ses pattes arrière, était assis un loup des bois grand et maigre.

هناك، جلس ذئب خشبي طويل ونحيف على ركبتيه.

Le nez du loup pointait vers le ciel, résonnant toujours de l'appel.

أشار أنف الذئب نحو السماء، ولا يزال يردد النداء.

Buck n'avait émis aucun son, mais le loup s'arrêta et écouta.

لم يصدر باك أي صوت، ومع ذلك توقف الذئب واستمع.

Sentant quelque chose, le loup se tendit, scrutant l'obscurité.

عندما شعر الذئب بشيء ما، توتر، باحثًا في الظلام.

Buck apparut en rampant, le corps bas, les pieds immobiles sur le sol.

تسلل باك إلى المشهد، وكان جسده منخفضًا وقدميه هادئتين على الأرض.

Sa queue était droite, son corps enroulé sous la tension.

كان ذيله مستقيمًا، وجسمه ملتفًا بإحكام بسبب التوتر.

Il a montré à la fois une menace et une sorte d'amitié brutale.

لقد أظهر التهديد ونوعًا من الصداقة القاسية.

C'était le salut prudent partagé par les bêtes sauvages.

لقد كانت هذه التحية الحذرة التي يتبادلها الوحوش البرية.

Mais le loup se retourna et s'enfuit dès qu'il vit Buck.

لكن الذئب استدار وهرب بمجرد أن رأى باك.

Buck se lança à sa poursuite, sautant sauvagement, désireux de le rattraper.

طارده باك، وقفز بعنف، راغبًا في تجاوزه.

Il suivit le loup dans un ruisseau asséché bloqué par un embâcle.

تبع الذئب إلى جدول جاف مسدود بكتلة من الخشب.

Acculé, le loup se retourna et tint bon.

عندما حوصر الذئب، استدار ووقف في مكانه.

Le loup grognait et claquait comme un chien husky pris au piège dans un combat.

زأر الذئب وانفجر مثل كلب أجش محاصر في قتال.

Les dents du loup claquaient rapidement, son corps se hérissant d'une fureur sauvage.

نقرت أسنان الذئب بسرعة، وكان جسده مليئًا بالغضب الجامح.

Buck n'attaqua pas mais encercla le loup avec une gentillesse prudente.

لم يهاجم باك الذئب بل دار حوله بحذر وود.

Il a essayé de bloquer sa fuite par des mouvements lents et inoffensifs.

حاول منع هروبه بحركات بطيئة وغير ضارة.

Le loup était méfiant et effrayé : Buck le dépassait trois fois.

كان الذئب حذرًا وخائفًا - فقد كان وزن باك يفوق وزنه بثلاث مرات.

La tête du loup atteignait à peine l'épaule massive de Buck.

بالكاد وصل رأس الذئب إلى كتف باك الضخم.

À l'affût d'une brèche, le loup s'est enfui et la poursuite a repris.

وبينما كان الذئب يراقب الفجوة، انطلق مسرعًا وبدأ المطاردة مرة أخرى.

Plusieurs fois, Buck l'a coincé et la danse s'est répétée.

عدة مرات حاصره باك، وتكررت الرقصة.

Le loup était maigre et faible, sinon Buck n'aurait pas pu l'attraper.

كان الذئب نحيفًا وضعيفًا، وإلا لما استطاع باك أن يمسكه.

Chaque fois que Buck s'approchait, le loup se retournait et lui faisait face avec peur.

في كل مرة يقترب باك، يدور الذئب ويواجهه في خوف.

Puis, à la première occasion, il s'est précipité dans les bois une fois de plus.

ثم في أول فرصة، اندفع إلى الغابة مرة أخرى.

Mais Buck n'a pas abandonné et finalement le loup a fini par lui faire confiance.

ولكن باك لم يستسلم، وأخيرًا جاء الذئب ليثق به.

Il renifla le nez de Buck, et les deux devinrent joueurs et alertes.

شمّ أنف باك، وأصبح الاثنان مرحين ومتيقظين.

Ils jouaient comme des animaux sauvages, féroces mais timides dans leur joie.

لقد لعبوا مثل الحيوانات البرية، شرسين ولكن خجولين في فرحهم.

Au bout d'un moment, le loup s'éloigna au trot avec un calme déterminé.

وبعد فترة من الوقت، هرع الذئب بعيدًا بهدوء.

Il a clairement montré à Buck qu'il voulait être suivi.

لقد أظهر لباك بوضوح أنه يقصد أن يتم اتباعه.

Ils couraient côte à côte dans l'obscurité du crépuscule.

لقد ركضوا جنبًا إلى جنب في ظلام الشفق.

Ils suivirent le lit du ruisseau jusqu'à la gorge rocheuse.

ثم تبعوا مجرى النهر حتى وصلوا إلى الوادي الصخري.

Ils traversèrent une ligne de partage des eaux froide où le ruisseau avait pris sa source.

لقد عبروا مضيقًا باردًا حيث بدأ التيار.

Sur la pente la plus éloignée, ils trouvèrent une vaste forêt et de nombreux ruisseaux.

وعلى المنحدر البعيد وجدوا غابة واسعة والعديد من الجداول.

À travers ce vaste territoire, ils ont couru pendant des heures sans s'arrêter.

عبر هذه الأرض الشاسعة، ركضوا لساعات دون توقف.

Le soleil se leva plus haut, l'air devint chaud, mais ils continuèrent à courir.

ارتفعت الشمس، وأصبح الهواء دافئًا، لكنهم واصلوا الركض.

Buck était rempli de joie : il savait qu'il répondait à son appel.

كان باك مليئًا بالفرح ـ لقد علم أنه يجيب على ندائه.

Il courut à côté de son frère de la forêt, plus près de la source de l'appel.

ركض بجانب أخيه في الغابة، أقرب إلى مصدر المكالمة.

De vieux sentiments sont revenus, puissants et difficiles à ignorer.

عادت المشاعر القديمة، قوية ويصعب تجاهلها.

C'étaient les vérités derrière les souvenirs de ses rêves.

كانت هذه هي الحقائق وراء ذكريات أحلامه.

Il avait déjà fait tout cela auparavant, dans un monde lointain et obscur.

لقد فعل كل هذا من قبل في عالم بعيد ومظلم.

Il recommença alors, courant librement avec le ciel ouvert au-dessus.

والآن فعل ذلك مرة أخرى، وهو يركض في جنون مع السماء المفتوحة أعلاه.

Ils s'arrêtèrent près d'un ruisseau pour boire l'eau froide qui coulait.

توقفوا عند مجرى مائي ليشربوا من الماء البارد المتدفق.

Alors qu'il buvait, Buck se souvint soudain de John Thornton.

وبينما كان يشرب، تذكر باك فجأة جون ثورنتون.

Il s'assit en silence, déchiré par l'attrait de la loyauté et de l'appel.

جلس في صمت، ممزقًا بين جاذبية الولاء والدعوة.

Le loup continua à trotter, mais revint pour pousser Buck à avancer.

ركض الذئب، لكنه عاد ليحث باك على المضي قدمًا.

Il renifla son nez et essaya de le cajoler avec des gestes doux.

شمّ أنفه وحاول إقناعه بإيماءات ناعمة.

Mais Buck se retourna et reprit le chemin par lequel il était venu.

لكن باك استدار وبدأ العودة من حيث أتى.

Le loup courut à côté de lui pendant un long moment, gémissant doucement.

ركض الذئب بجانبه لفترة طويلة، وهو يئن بهدوء.

Puis il s'assit, leva le nez et poussa un long hurlement.

ثم جلس ورفع أنفه وأطلق عواءً طويلاً.

C'était un cri lugubre, qui s'adoucit à mesure que Buck s'éloignait.

لقد كانت صرخة حزينة، خفّفت عندما ابتعد باك.

Buck écouta le son du cri s'estomper lentement dans le silence de la forêt.

استمع باك إلى صوت الصراخ وهو يتلاشى ببطء في صمت الغابة.

John Thornton était en train de dîner lorsque Buck a fait irruption dans le camp.

كان جون ثورنتون يتناول العشاء عندما اقتحم باك المخيم.

Buck sauta sauvagement sur lui, le léchant, le mordant et le faisant culbuter.

قفز باك عليه بعنف، يلعقه، ويعضه، ويسقطه أرضًا.

Il l'a renversé, s'est hissé dessus et l'a embrassé sur le visage.

لقد دفعه أرضًا، وتسلق فوقه، وقبل وجهه.

Thornton appelait cela avec affection « jouer le fou du commun ».

أطلق ثورنتون على هذا الأمر اسم "اللعب بدور الأحمق العام "بمودة.

Pendant tout ce temps, il maudissait doucement Buck et le secouait d'avant en arrière.

في هذه الأثناء، كان يلعن باك بلطف ويهزه ذهابًا وإيابًا.

Pendant deux jours et deux nuits entières, Buck n'a pas quitté le camp une seule fois.

لمدة يومين وليلتين كاملتين، لم يغادر باك المخيم مرة واحدة.

Il est resté proche de Thornton et ne l'a jamais quitté des yeux.

لقد ظل قريبًا من ثورنتون ولم يتركه بعيدًا عن نظره أبدًا.

Il le suivait pendant qu'il travaillait et le regardait pendant qu'il mangeait.

كان يتبعه أثناء عمله ويراقبه أثناء تناوله الطعام.

Il voyait Thornton dans ses couvertures la nuit et dehors chaque matin.

لقد رأى ثورنتون في بطانياته في الليل وخارجه كل صباح.

Mais bientôt l'appel de la forêt revint, plus fort que jamais.

ولكن سرعان ما عاد نداء الغابة، وكان أعلى من أي وقت مضى.

Buck devint à nouveau agité, agité par les pensées du loup sauvage.

أصبح باك مضطربًا مرة أخرى، وقد تحركت أفكاره حول الذئب البري.

Il se souvenait de la terre ouverte et de la course côte à côte.

تذكر الأرض المفتوحة والجري جنبًا إلى جنب.

Il commença à errer à nouveau dans la forêt, seul et alerte.

بدأ يتجول في الغابة مرة أخرى، وحيدًا ويقظًا.

Mais le frère sauvage ne revint pas et le hurlement ne fut pas entendu.

ولكن الأخ البري لم يعد، ولم يسمع العواء.

Buck a commencé à dormir dehors, restant absent pendant des jours.

بدأ باك في النوم بالخارج، والبقاء بعيدًا لعدة أيام في كل مرة.

Une fois, il traversa la haute ligne de partage des eaux où le ruisseau commençait.

وبمجرد عبوره للتقسيم المرتفع حيث بدأ الخور.

Il entra dans le pays des bois sombres et des larges ruisseaux.

دخل إلى أرض الأشجار المظلمة والجداول المتدفقة الواسعة.

Pendant une semaine, il a erré, à la recherche de signes de son frère sauvage.

تجول لمدة أسبوع، باحثًا عن علامات الأخ البري۔

Il tuait sa propre viande et voyageait à grands pas, sans relâche.

كان يذبح لحمه بنفسه ويسافر بخطوات طويلة لا تعرف الكلل۔

Il pêchait le saumon dans une large rivière qui se jetait dans la mer.

كان يصطاد سمك السلمون في نهر واسع يصل إلى البحر۔

Là, il combattit et tua un ours noir rendu fou par les insectes.

هناك، قاتل وقتل دبًا أسودًا غاضبًا من الحشرات۔

L'ours était en train de pêcher et courait aveuglément à travers les arbres.

كان الدب يصطاد السمك ويركض بشكل أعمى بين الأشجار۔

La bataille fut féroce, réveillant le profond esprit combatif de Buck.

كانت المعركة شرسة، مما أيقظ روح القتال العميقة لدى باك۔

Deux jours plus tard, Buck est revenu et a trouvé des carcajous près de sa proie.

بعد يومين، عاد باك ليجد حيوان الوشق في مكان صيده۔

Une douzaine d'entre eux se disputaient la viande avec une fureur bruyante.

تشاجر نحو عشرة منهم على اللحوم بغضب شديد۔

Buck chargea et les dispersa comme des feuilles dans le vent.

هاجمهم باك وشتتهم مثل الأوراق في الريح۔

Deux loups restèrent derrière, silencieux, sans vie et immobiles pour toujours.

بقي ذئبان خلفنا ۔ صامتين، بلا حياة، ولا حركة إلى الأبد۔

La soif de sang était plus forte que jamais.

لقد أصبح التعطش للدماء أقوى من أي وقت مضى۔

Buck était un chasseur, un tueur, se nourrissant de créatures vivantes.

كان باك صيادًا وقاتلًا، يتغذى على الكائنات الحية۔

Il a survécu seul, en s'appuyant sur sa force et ses sens aiguisés.

لقد نجا وحيدًا، معتمدًا على قوته وحواسه الحادة۔

Il prospérait dans la nature, où seuls les plus résistants pouvaient vivre.

لقد ازدهر في البرية، حيث لا يمكن أن يعيش إلا الأقوى.

De là, une grande fierté s'éleva et remplit tout l'être de Buck.

ومن هنا ارتفع كبرياء عظيم وملأ كيان باك بأكمله.

Sa fierté se reflétait dans chacun de ses pas, dans le mouvement de chacun de ses muscles.

كان فخره يظهر في كل خطوة، وفي تموج كل عضلة.

Sa fierté était aussi claire qu'un discours, visible dans la façon dont il se comportait.

كان كبرياؤه واضحا مثل الكلام، ويتجلى ذلك في الطريقة التي يحمل بها نفسه.

Même son épais pelage semblait plus majestueux et brillait davantage.

حتى معطفه السميك بدا أكثر روعة وألمع إشراقا.

Buck aurait pu être confondu avec un loup géant.

ربما كان من الممكن الخلط بين باك وذئب الخشب العملاق.

À l'exception du brun sur son museau et des taches au-dessus de ses yeux.

باستثناء اللون البني على وجهه والبقع فوق عينيه.

Et la traînée de fourrure blanche qui courait au milieu de sa poitrine.

والخط الأبيض من الفراء الذي يمتد على طول منتصف صدره.

Il était encore plus grand que le plus grand loup de cette race féroce.

لقد كان أكبر من أكبر ذئب من هذا الصنف الشرس.

Son père, un Saint-Bernard, lui a donné de la taille et une ossature lourde.

أعطاه والده، وهو من فصيلة سانت برنارد، حجمًا وجسمًا ثقيلًا.

Sa mère, une bergère, a façonné cette masse en forme de loup.

قامت أمه، وهي راعية، بتشكيل هذا الجسم الضخم على شكل ذئب.

Il avait le long museau d'un loup, bien que plus lourd et plus large.

كان لديه كمامة طويلة مثل كمامة الذئب، على الرغم من أنها أثقل وأوسع.

Sa tête était celle d'un loup, mais construite à une échelle massive et majestueuse.

كان رأسه مثل رأس ذئب، لكنه مبني على نطاق ضخم ومهيب.

La ruse de Buck était la ruse du loup et de la nature.

كان مكر باك بمثابة مكر الذئب والبرية.

Son intelligence lui vient à la fois du berger allemand et du Saint-Bernard.

لقد جاء ذكاؤه من الراعي الألماني والقديس برنارد.

Tout cela, ajouté à une expérience difficile, faisait de lui une créature redoutable.

كل هذا، بالإضافة إلى التجربة القاسية، جعله مخلوقًا مخيفًا.

Il était aussi redoutable que n'importe quelle bête qui parcourait les régions sauvages du nord.

لقد كان هائلاً مثل أي وحش يجوب البرية الشمالية.

Ne se nourrissant que de viande, Buck a atteint le sommet de sa force.

بفضل اعتماده على اللحوم فقط، وصل باك إلى ذروة قوته.

Il débordait de puissance et de force masculine dans chaque fibre de son être.

لقد فاض بالقوة والقوة الذكورية في كل أليافه.

Lorsque Thornton lui caressait le dos, ses poils brillaient d'énergie.

عندما قام ثورنتون بمداعبة ظهره، كانت الشعرات تتألق بالطاقة.

Chaque cheveu crépitait, chargé du contact du magnétisme vivant.

كانت كل شعرة تتشقق، مشحونة بلمسة من المغناطيسية الحية.

Son corps et son cerveau étaient réglés sur le ton le plus fin possible.

لقد تم ضبط جسده وعقله على أعلى درجة ممكنة.

Chaque nerf, chaque fibre et chaque muscle fonctionnaient en parfaite harmonie.

كل عصب وليفة وعضلة عملت في تناغم تام.

À tout son ou toute vue nécessitant une action, il répondait instantanément.

لقد استجاب على الفور لأي صوت أو مشهد يحتاج إلى عمل.

Si un husky sautait pour attaquer, Buck pouvait sauter deux fois plus vite.

إذا قفز الهاسكي للهجوم، يمكن لباك أن يقفز بسرعة مضاعفة.

Il a réagi plus vite que les autres ne pouvaient le voir ou l'entendre.

لقد كان رد فعله أسرع مما يمكن للآخرين رؤيته أو سماعه.

La perception, la décision et l'action se sont produites en un seul instant fluide.

الإدراك، والقرار، والفعل، كل ذلك جاء في لحظة واحدة سلسة.

En vérité, ces actes étaient distincts, mais trop rapides pour être remarqués.

في الحقيقة، كانت هذه الأفعال منفصلة، ولكنها كانت سريعة جدًا بحيث لم يتم ملاحظتها.

Les intervalles entre ces actes étaient si brefs qu'ils semblaient n'en faire qu'un.

كانت الفجوات بين هذه الأفعال قصيرة جدًا، حتى أنها بدت وكأنها فعل واحد.

Ses muscles et son être étaient comme des ressorts étroitement enroulés.

كانت عضلاته و كيانه مثل الينابيع الملفوفة بإحكام.

Son corps débordait de vie, sauvage et joyeux dans sa puissance.

كان جسده مليئا بالحياة، جامحا ومبهجا في قوته.

Parfois, il avait l'impression que la force allait jaillir de lui entièrement.

في بعض الأحيان كان يشعر وكأن القوة ستخرج منه بالكامل.

« Il n'y a jamais eu un tel chien », a déclaré Thornton un jour tranquille.

لم يكن هناك قط كلب مثله"، قال ثورنتون في أحد الأيام الهادئة."

Les partenaires regardaient Buck sortir fièrement du camp.

كان الشركاء يراقبون باك وهو يخرج بفخر من المخيم.

« Lorsqu'il a été créé, il a changé ce que pouvait être un chien », a déclaré Pete.

عندما تم صنعه، غيّر ما يمكن أن يكون عليه الكلب"، قال بيت."

« Par Jésus ! Je le pense moi-même », acquiesça rapidement Hans.

يا إلهي !أعتقد ذلك بنفسي"، وافق هانز بسرعة."

Ils l'ont vu s'éloigner, mais pas le changement qui s'est produit après.

لقد رأوه يبتعد، ولكنهم لم يروا التغيير الذي حدث بعد ذلك.

Dès qu'il est entré dans les bois, Buck s'est complètement transformé.

بمجرد دخوله الغابة، تحول باك بشكل كامل.

Il ne marchait plus, mais se déplaçait comme un fantôme sauvage parmi les arbres.

لم يعد يسير، بل كان يتحرك مثل شبح بري بين الأشجار.

Il devint silencieux, les pieds comme un chat, une lueur traversant les ombres.

أصبح صامتًا، يتحرك كالقط، وميض يمر عبر الظلال.

Il utilisait la couverture avec habileté, rampant sur le ventre comme un serpent.

لقد استخدم الغطاء بمهارة، وكان يزحف على بطنه مثل الثعبان.

Et comme un serpent, il pouvait bondir en avant et frapper en silence.

ومثل الثعبان، كان بإمكانه أن يقفز إلى الأمام ويضرب في صمت.

Il pourrait voler un lagopède directement dans son nid caché.

كان بإمكانه سرقة طائر الطيهوج مباشرة من عشه المخفي.

Il a tué des lapins endormis sans un seul bruit.

لقد قتل الأرانب النائمة دون أن يصدر صوتًا واحدًا.

Il pouvait attraper des tamias en plein vol alors qu'ils fuyaient trop lentement.

كان بإمكانه اصطياد السناجب في الهواء لأنها كانت تهرب ببطء شديد.

Même les poissons dans les bassins ne pouvaient échapper à ses attaques soudaines.

حتى الأسماك في البرك لم تستطع النجاة من ضرباته المفاجئة.

Même les castors astucieux qui réparaient les barrages n'étaient pas à l'abri de lui.

حتى القنادس الذكية التي تعمل على إصلاح السدود لم تكن في مأمن منه.

Il tuait pour se nourrir, pas pour le plaisir, mais il préférait tuer ses propres victimes.

كان يقتل من أجل الغذاء، وليس من أجل المتعة، لكنه كان يحب أن يقتل بنفسه أكثر.

Pourtant, un humour sournois traversait certaines de ses chasses silencieuses.

ومع ذلك، كان هناك روح الدعابة الماكرة في بعض رحلات الصيد الصامتة التي قام بها.

Il s'est approché des écureuils, mais les a laissés s'échapper.

لقد تسلل إلى جانب السناجب، فقط ليسمح لهم بالهروب.

Ils allaient fuir vers les arbres, bavardant dans une rage effrayée.

كانوا في طريقهم للفرار إلى الأشجار، وهم يتحادثون بغضب مخيف.

À l'arrivée de l'automne, les orignaux ont commencé à apparaître en plus grand nombre.

مع حلول فصل الخريف، بدأ ظهور الموظ بأعداد أكبر.

Ils se sont déplacés lentement vers les basses vallées pour affronter l'hiver.

انتقلوا ببطء إلى الوديان المنخفضة لمواجهة الشتاء.

Buck avait déjà abattu un jeune veau errant.

كان باك قد أحضر بالفعل عجلًا صغيرًا ضالًّا.

Mais il aspirait à affronter des proies plus grandes et plus dangereuses.

ولكنه كان يتوق لمواجهة فريسة أكبر وأكثر خطورة.

Un jour, à la ligne de partage des eaux, à la tête du ruisseau, il trouva sa chance.

ذات يوم، على التقسيم، عند رأس الخور، وجد فرصته.

Un troupeau de vingt orignaux avait traversé des terres boisées.

لقد عبر قطيع مكون من عشرين موسًا من الأراضي الحرجية.

Parmi eux se trouvait un puissant taureau, le chef du groupe.

وكان من بينهم ثور عظيم، زعيم المجموعة.

Le taureau mesurait plus de six pieds de haut et avait l'air féroce et sauvage.

كان الثور يبلغ طوله أكثر من ستة أقدام ويبدو شرسًا ووحشيًّا.

Il lança ses larges bois, quatorze pointes se ramifiant vers l'extérieur.

ألقى بقرونه العريضة، التي تتفرع منها أربعة عشر نقطة نحو الخارج.

Les extrémités de ces bois s'étendaient sur sept pieds de large.

امتدت أطراف تلك القرون إلى مسافة سبعة أقدام.

Ses petits yeux brûlaient de rage lorsqu'il aperçut Buck à proximité.

اشتعلت عيناه الصغيرة بالغضب عندما رأى باك في مكان قريب.

Il poussa un rugissement furieux, tremblant de fureur et de douleur.

أطلق هديرًا غاضبًا، يرتجف من الغضب والألم.

Une pointe de flèche sortait près de son flanc, empennée et pointue.

برزت نهاية السهم بالقرب من جنبه، وكانت ريشية وحادة.

Cette blessure a contribué à expliquer son humeur sauvage et amère.

ساعد هذا الجرح في تفسير مزاجه الوحشي والمرير.

Buck, guidé par un ancien instinct de chasseur, a fait son mouvement.

لقد قام باك، مسترشدًا بغريزة الصيد القديمة، بالتحرك.

Son objectif était de séparer le taureau du reste du troupeau.

وكان هدفه فصل الثور عن باقي القطيع.

Ce n'était pas une tâche facile : il fallait de la rapidité et une ruse féroce.

لم تكن هذه مهمة سهلة، بل تطلبت السرعة والدهاء الشديد.

Il aboyait et dansait près du taureau, juste hors de portée.

نبح ورقص بالقرب من الثور، خارج نطاقه.

L'élan s'est précipité avec d'énormes sabots et des bois mortels.

انقض الموظ بحوافر ضخمة وقرون مميتة.

Un seul coup aurait pu mettre fin à la vie de Buck en un clin d'œil.

ضربة واحدة كانت كفيلة بإنهاء حياة باك في لحظة.

Incapable de laisser la menace derrière lui, le taureau devint fou.

لم يتمكن الثور من ترك التهديد خلفه، فغضب بشدة.

Il chargea avec fureur, mais Buck s'échappa toujours.

لقد هاجم بغضب، لكن باك كان دائمًا يفلت من العقاب.

Buck simula une faiblesse, l'attirant plus loin du troupeau.

تظاهر باك بالضعف، وأغراه بالابتعاد عن القطيع.

Mais les jeunes taureaux allaient charger pour protéger le leader.

لكن الثيران الصغيرة كانت على وشك الهجوم لحماية الزعيم.

Ils ont forcé Buck à battre en retraite et le taureau à rejoindre le groupe.

أجبروا باك على التراجع والثور على الانضمام إلى المجموعة.

Il y a une patience dans la nature, profonde et imparable.

هناك صبر في البرية، عميق ولا يمكن إيقافه.

Une araignée attend immobile dans sa toile pendant d'innombrables heures.

يظل العنكبوت ينتظر بلا حراك في شبكته لساعات لا حصر لها.

Un serpent s'enroule sans tressaillement et attend que son heure soit venue.

الثعبان يتلوى دون أن يرتعش، وينتظر حتى يحين الوقت.

Une panthère se tient en embuscade, jusqu'à ce que le moment arrive.

النمر يكمن في الكمين، حتى تأتي اللحظة.

C'est la patience des prédateurs qui chassent pour survivre.

هذا هو صبر الحيوانات المفترسة التي تصطاد من أجل البقاء.

Cette même patience brûlait à l'intérieur de Buck alors qu'il restait proche.

كان نفس الصبر يحترق داخل باك وهو يبقى قريبًا.

Il resta près du troupeau, ralentissant sa marche et suscitant la peur.

وبقي بالقرب من القطيع، يبطئ مسيرته ويثير الخوف فيه.

Il taquinait les jeunes taureaux et harcelait les vaches mères.

لقد أزعج الثيران الصغيرة وأزعج الأبقار الأمهات.

Il a plongé le taureau blessé dans une rage encore plus profonde et impuissante.

لقد دفع الثور الجريح إلى غضب أعمق وعاجز.

Pendant une demi-journée, le combat s'est prolongé sans aucun répit.

لمدة نصف يوم، استمر القتال دون أي راحة على الإطلاق.

Buck attaquait sous tous les angles, rapide et féroce comme le vent.

هاجم باك من كل زاوية، بسرعة وعنيفة مثل الريح.

Il a empêché le taureau de se reposer ou de se cacher avec son troupeau.

لقد منع الثور من الراحة أو الاختباء مع قطيعه.

Le cerf a épuisé la volonté de l'élan plus vite que son corps.

لقد أنهك باك إرادة الموظ أسرع من جسده.

La journée passa et le soleil se coucha bas dans le ciel du nord-ouest.

مر اليوم وغابت الشمس في السماء الشمالية الغربية.

Les jeunes taureaux revinrent plus lentement pour aider leur chef.

عاد الثيران الصغار ببطء أكثر لمساعدة زعيمهم.

Les nuits d'automne étaient revenues et l'obscurité durait désormais six heures.

عادت ليالي الخريف، واستمر الظلام الآن لمدة ست ساعات.

L'hiver les poussait vers des vallées plus sûres et plus chaudes.

كان الشتاء يدفعهم إلى أسفل التل نحو وديان أكثر أمانًا ودفئًا.

Mais ils ne pouvaient toujours pas échapper au chasseur qui les retenait.

لكنهم لم يتمكنوا من الهروب من الصياد الذي كان يحتجزهم.

Une seule vie était en jeu : pas celle du troupeau, mais celle de leur chef.

كانت حياة واحدة فقط على المحك ـ ليست حياة القطيع، بل حياة زعيمهم فقط.

Cela rendait la menace lointaine et non leur préoccupation urgente.

وهذا ما جعل التهديد بعيدًا وليس مصدر قلقهم العاجل.

Au fil du temps, ils ont accepté ce prix et ont laissé Buck prendre le vieux taureau.

وبمرور الوقت، تقبلوا هذه التكلفة وسمحوا لباك بأخذ الثور القديم.

Alors que le crépuscule s'installait, le vieux taureau se tenait debout, la tête baissée.

وعندما حل الشفق، وقف الثور العجوز ورأسه إلى أسفل.

Il regarda le troupeau qu'il avait conduit disparaître dans la lumière déclinante.

لقد شاهد القطيع الذي قاده يختفي في الضوء الخافت.

Il y avait des vaches qu'il avait connues, des veaux qu'il avait autrefois engendrés.

كانت هناك أبقار كان يعرفها، وعجول كان والده في السابق.

Il y avait des taureaux plus jeunes qu'il avait combattus et dominés au cours des saisons précédentes.

كان هناك ثيران أصغر سناً حاربها وحكمها في المواسم الماضية.

Il ne pouvait pas les suivre, car Buck était à nouveau accroupi devant lui.

لم يكن بوسعه أن يتبعهم، لأن باك كان يجلس القرفصاء أمامه مرة أخرى.

La terreur impitoyable aux crocs bloquait tous les chemins qu'il pouvait emprunter.

لقد سدت أنياب الرعب التي لا ترحم كل طريق قد يسلكه.

Le taureau pesait plus de trois cents livres de puissance dense.

كان وزن الثور أكثر من ثلاثمائة رطل من القوة الكثيفة.

Il avait vécu longtemps et s'était battu avec acharnement dans un monde de luttes.

لقد عاش طويلاً وقاتل بشدة في عالم من النضال.

Mais maintenant, à la fin, la mort venait d'une bête bien en dessous de lui.

ولكن الآن، في النهاية، جاء الموت من وحش بعيد تحته.

La tête de Buck n'atteignait même pas les énormes genoux noueux du taureau.

لم يرتفع رأس باك حتى إلى ركبتي الثور الضخمتين.

À partir de ce moment, Buck resta avec le taureau nuit et jour.

منذ تلك اللحظة، بقي باك مع الثور ليلًا ونهارًا.

Il ne lui a jamais laissé de repos, ne lui a jamais permis de brouter ou de boire.

لم يمنحه الراحة أبدًا، ولم يسمح له بالرعي أو الشرب.

Le taureau a essayé de manger de jeunes pousses de bouleau et des feuilles de saule.

حاول الثور أن يأكل براعم البتولا الصغيرة وأوراق الصفصاف.

Mais Buck le repoussa, toujours alerte et toujours attaquant.

لكن باك أبعده بعيدًا، وكان دائمًا متيقظًا ومهاجمًا.

Même dans les ruisseaux qui ruisselaient, Buck bloquait toute tentative assoiffée.

حتى في الجداول المتساقطة، حجب باك كل محاولة عطشى.

Parfois, par désespoir, le taureau s'enfuyait à toute vitesse.

في بعض الأحيان، في حالة اليأس، كان الثور يهرب بأقصى سرعة.

Buck le laissa courir, galopant calmement juste derrière, jamais très loin.

تركه باك يركض، وكان يركض بهدوء خلفه مباشرة، ولم يكن بعيدًا عنه أبدًا.

Lorsque l'élan s'arrêta, Buck s'allongea, mais resta prêt.

عندما توقف الموظ، استلقى باك، لكنه بقي مستعدًا.

Si le taureau essayait de manger ou de boire, Buck frappait avec une fureur totale.

إذا حاول الثور أن يأكل أو يشرب، كان باك يضربه بكل غضبه.

La grosse tête du taureau s'affaissait sous ses vastes bois.

انحنى رأس الثور الكبير إلى أسفل تحت قرونه الضخمة.

Son rythme ralentit, le trot devint lourd, une marche trébuchante.

تباطأت خطواته، وأصبح الهرولة ثقيلة، ومشية متعثرة.

Il restait souvent immobile, les oreilles tombantes et le nez au sol.

كان يقف في كثير من الأحيان ساكنًا، وأذنيه متدليتان وأنفه على الأرض.

Pendant ces moments-là, Buck prenait le temps de boire et de se reposer.

خلال تلك اللحظات، أخذ باك بعض الوقت للشرب والراحة.

La langue tirée, les yeux fixés, Buck sentait que la terre était en train de changer.

أخرج لسانه، وثبت عينيه، وشعر باك أن الأرض كانت تتغير.

Il sentit quelque chose de nouveau se déplacer dans la forêt et dans le ciel.

شعر بشيء جديد يتحرك عبر الغابة والسماء.

Avec le retour des orignaux, d'autres créatures sauvages ont fait de même.

مع عودة الموظ، عادت معه بقية المخلوقات البرية.

La terre semblait vivante, avec une présence invisible mais fortement connue.

كانت الأرض مليئة بالحياة والحضور، غير مرئي ولكن معروف بقوة.

Ce n'était ni par l'ouïe, ni par la vue, ni par l'odorat que Buck le savait.

لم يكن باك يعرف ذلك عن طريق الصوت أو البصر أو الرائحة.

Un sentiment plus profond lui disait que de nouvelles forces étaient en mouvement.

أخبره إحساس أعمق أن قوى جديدة كانت تتحرك.

Une vie étrange s'agitait dans les bois et le long des ruisseaux.

كانت هناك حياة غريبة تتحرك في الغابات وعلى طول الجداول۔

Il a décidé d'explorer cet esprit, une fois la chasse terminée.

قرر استكشاف هذه الروح، بعد انتهاء الصيد۔

Le quatrième jour, Buck a finalement abattu l'élan.

في اليوم الرابع، تمكن باك أخيرًا من اصطياد الموظ۔

Il est resté près de la proie pendant une journée et une nuit entières, se nourrissant et se reposant.

بقي بالقرب من الفريسة لمدة يوم كامل وليلة كاملة، يتغذى ويستريح۔

Il mangea, puis dormit, puis mangea à nouveau, jusqu'à ce qu'il soit fort et rassasié.

أكل ثم نام ثم أكل مرة أخرى حتى شبع وقوي۔

Lorsqu'il fut prêt, il retourna vers le camp et Thornton.

عندما أصبح مستعدًا، عاد إلى المخيم وثورنتون۔

D'un pas régulier, il commença le long voyage de retour vers la maison.

بخطى ثابتة، بدأ رحلة العودة الطويلة إلى المنزل۔

Il courait d'un pas infatigable, heure après heure, sans jamais s'égarer.

كان يركض بلا كلل، ساعة بعد ساعة، دون أن يضل طريقه ولو مرة واحدة۔

À travers des terres inconnues, il se déplaçait droit comme l'aiguille d'une boussole.

عبر الأراضي المجهولة، تحرك بشكل مستقيم مثل إبرة البوصلة۔

Son sens de l'orientation faisait paraître l'homme et la carte faibles en comparaison.

إن إحساسه بالاتجاهات جعل الإنسان والخريطة يبدوان ضعيفين بالمقارنة۔

Tandis que Buck courait, il sentait plus fortement l'agitation dans la terre sauvage.

وبينما كان باك يركض، شعر بقوة أكبر بالضجة في الأرض البرية۔

C'était un nouveau genre de vie, différent de celui des mois calmes de l'été.

لقد كانت حياة جديدة، مختلفة عن حياة أشهر الصيف الهادئة۔

Ce sentiment n'était plus un message subtil ou distant.

لم يعد هذا الشعور يأتي كرسالة خفية أو بعيدة۔

Maintenant, les oiseaux parlaient de cette vie et les écureuils en bavardaient.

والآن تحدثت الطيور عن هذه الحياة، وتحدثت السناجب عنها.

Même la brise murmurait des avertissements à travers les arbres silencieux.

حتى النسيم كان يهمس بالتحذيرات من خلال الأشجار الصامتة.

Il s'arrêta à plusieurs reprises et respira l'air frais du matin.

توقف عدة مرات واستنشق هواء الصباح النقي.

Il y lut un message qui le fit bondir plus vite en avant.

قرأ هناك رسالة جعلته يقفز للأمام بشكل أسرع.

Un lourd sentiment de danger l'envahit, comme si quelque chose s'était mal passé.

كان يشعر بخطر شديد، وكأن شيئًا ما قد حدث خطأ.

Il craignait qu'une catastrophe ne se produise – ou ne soit déjà arrivée.

كان يخشى أن تكون الكارثة قادمة - أو أنها جاءت بالفعل.

Il franchit la dernière crête et entra dans la vallée en contrebas.

عبر التلال الأخيرة ودخل الوادي أدناه.

Il se déplaçait plus lentement, alerte et prudent à chaque pas.

كان يتحرك ببطء أكثر، ويقظًا وحذرًا مع كل خطوة.

À trois milles de là, il trouva une piste fraîche qui le fit se raidir.

على بعد ثلاثة أميال وجد مسارًا جديدًا جعله متيبسًا.

Les cheveux le long de son cou ondulaient et se hérissaient d'alarme.

كان شعر رقبته يتجعد ويشعر بالانزعاج.

Le sentier menait directement au camp où Thornton attendait.

كان الطريق يؤدي مباشرة إلى المخيم حيث كان ثورنتون ينتظر.

Buck se déplaçait désormais plus rapidement, sa foulée à la fois silencieuse et rapide.

تحرك باك بشكل أسرع الآن، وكانت خطواته صامتة وسريعة.

Ses nerfs se sont resserrés lorsqu'il a lu des signes que d'autres allaient manquer.

توترت أعصابه عندما قرأ العلامات التي كان من الممكن أن يغفلها الآخرون.

Chaque détail du sentier racontait une histoire, sauf le dernier morceau.

كل تفصيل في المسار كان يحكي قصة، باستثناء القطعة الأخيرة.

Son nez lui parlait de la vie qui s'était déroulée ici.

أخبره أنفه عن الحياة التي مرت بهذه الطريقة.

L'odeur lui donnait une image changeante alors qu'il le suivait de près.

أعطته الرائحة صورة متغيرة عندما تبعه عن كثب.

Mais la forêt elle-même était devenue silencieuse, anormalement immobile.

لكن الغابة نفسها أصبحت هادئة، ساكنة بشكل غير طبيعي.

Les oiseaux avaient disparu, les écureuils étaient cachés, silencieux et immobiles.

اختفت الطيور، واختفت السناجب، صامتة وساكنة.

Il n'a vu qu'un seul écureuil gris, allongé sur un arbre mort.

لقد رأى سنجابًا رماديًا واحدًا فقط، مستلقيًا على شجرة ميتة.

L'écureuil se fondait dans la masse, raide et immobile comme une partie de la forêt.

اندمج السنجاب، جامدًا وثابتًا مثل جزء من الغابة.

Buck se déplaçait comme une ombre, silencieux et sûr à travers les arbres.

تحرك باك مثل الظل، صامتًا ومتأكدًا من خلال الأشجار.

Son nez se souleva sur le côté comme s'il était tiré par une main invisible.

تحرك أنفه إلى الجانب كما لو كان يتم سحبه بواسطة يد غير مرئية.

Il se retourna et suivit la nouvelle odeur jusqu'au plus profond d'un fourré.

استدار وتبع الرائحة الجديدة في أعماق الغابة.

Là, il trouva Nig, étendu mort, transpercé par une flèche.

وهناك وجد نيج ملقى ميتًا، وقد اخترق سهمٌ جسده.

La flèche traversa son corps, laissant encore apparaître ses plumes.

لقد مر العمود من خلال جسده، والريش لا يزال يظهر.

Nig s'était traîné jusqu'ici, mais il était mort avant d'avoir pu obtenir de l'aide.

سحب نيج نفسه إلى هناك، لكنه مات قبل أن يصل إلى المساعدة.

Une centaine de mètres plus loin, Buck trouva un autre chien de traîneau.

على بعد مائة ياردة، وجد باك كلب زلاجة آخر.

C'était un chien que Thornton avait racheté à Dawson City.

كان هذا كلبًا اشتراه ثورنتون في داوسون سيتي.

Le chien était en proie à une lutte à mort, se débattant violemment sur le sentier.

كان الكلب في صراع مميت، يضرب بقوة على الطريق.

Buck le contourna sans s'arrêter, les yeux fixés devant lui.

مر باك حوله، دون توقف، وكانت عيناه مثبتتين للأمام.

Du côté du camp venait un chant lointain et rythmé.

ومن جهة المخيم جاءت ترنيمة بعيدة إيقاعية.

Les voix s'élevaient et retombaient sur un ton étrange, inquiétant et chantant.

ارتفعت الأصوات وانخفضت بنبرة غريبة ومرعبة وغنائية.

Buck rampa jusqu'au bord de la clairière en silence.

زحف باك إلى الأمام نحو حافة المقاصة في صمت.

Là, il vit Hans étendu face contre terre, percé de nombreuses flèches.

هناك رأى هانز ملقى على وجهه، وقد اخترقته العديد من السهام.

Son corps ressemblait à celui d'un porc-épic, hérissé de plumes.

كان جسده يبدو مثل القنفذ، ممتلئًا بالريش.

Au même moment, Buck regarda vers le pavillon en ruine.

وفي نفس اللحظة، نظر باك نحو النزل المدمر.

Cette vue lui fit dresser les cheveux sur la nuque et les épaules.

أدى هذا المنظر إلى تصلب شعر رقبته وكتفيه.

Une tempête de rage sauvage parcourut tout le corps de Buck.

اجتاحت عاصفة من الغضب الجامح جسد باك بأكمله.

Il grogna à haute voix, même s'il ne savait pas qu'il l'avait fait.

لقد هدر بصوت عال، على الرغم من أنه لم يكن يعلم أنه فعل ذلك.

Le son était brut, rempli d'une fureur terrifiante et sauvage.

كان الصوت خامًا، مليئًا بالغضب المرعب والوحشي.

Pour la dernière fois de sa vie, Buck a perdu la raison au profit de l'émotion.

للمرة الأخيرة في حياته، فقد باك عقله أمام العاطفة.

C'est l'amour pour John Thornton qui a brisé son contrôle minutieux.

لقد كان حب جون ثورنتون هو الذي كسر سيطرته الدقيقة.

Les Yeehats dansaient autour de la hutte en épicéa détruite.

كان أفراد عائلة بيهات يرقصون حول كوخ التنوب المدمر.

Puis un rugissement retentit et une bête inconnue chargea vers eux.

ثم جاء هدير - وهاجمهم وحش مجهول.

C'était Buck ; une fureur en mouvement ; une tempête vivante de vengeance.

لقد كان باك؛ غضبًا في الحركة؛ عاصفة حية من الانتقام.

Il se jeta au milieu d'eux, fou du besoin de tuer.

ألقى بنفسه في وسطهم، مجنونًا بالحاجة إلى القتل.

Il sauta sur le premier homme, le chef Yeehat, et frappa juste.

قفز على الرجل الأول، رئيس البيهات، وضربه في مكانه.

Sa gorge fut déchirée et du sang jaillit à flots.

لقد تمزق حلقه، وتدفق الدم على شكل جدول.

Buck ne s'arrêta pas, mais déchira la gorge de l'homme suivant d'un seul bond.

لم يتوقف باك، بل مزق حلق الرجل التالي بقفزة واحدة.

Il était inarrêtable : il déchirait, taillait, ne s'arrêtait jamais pour se reposer.

لقد كان لا يمكن إيقافه - يمزق، ويقطع، ولا يتوقف أبدًا للراحة.

Il s'élança et bondit si vite que leurs flèches ne purent l'atteindre.

لقد انطلق بسرعة كبيرة لدرجة أن سهامهم لم تستطع أن تلمسه.

Les Yeehats étaient pris dans leur propre panique et confusion.

لقد وقع آل بيهات في حالة من الذعر والارتباك.

Leurs flèches manquèrent Buck et se frappèrent l'une l'autre à la place.

لقد أخطأت سهامهم باك وضربت بعضها البعض بدلا من ذلك.

Un jeune homme a lancé une lance sur Buck et a touché un autre homme.

ألقى أحد الشباب رمحًا على باك وأصاب رجلاً آخر.

La lance lui transperça la poitrine, la pointe lui transperçant le dos.

انطلق الرمح عبر صدره، وضربت النقطة ظهره.

La terreur s'empara des Yeehats et ils se mirent en retraite.

سيطر الرعب على أهل بيهات، مما دفعهم إلى التراجع الكامل.

Ils crièrent à l'Esprit Maléfique et s'enfuirent dans les ombres de la forêt.

صرخوا من الروح الشريرة وهربوا إلى ظلال الغابة.

Vraiment, Buck était comme un démon alors qu'il poursuivait les Yeehats.

في الحقيقة، كان باك مثل الشيطان عندما طارد عائلة بيهات.

Il les poursuivit à travers la forêt, les faisant tomber comme des cerfs.

انطلق وراءهم عبر الغابة، وأسقطهم مثل الغزلان.

Ce fut un jour de destin et de terreur pour les Yeehats effrayés.

لقد أصبح يومًا من القدر والرعب لليهات الخائفين.

Ils se dispersèrent à travers le pays, fuyant au loin dans toutes les directions.

وتفرقوا في جميع أنحاء الأرض، وهربوا في كل اتجاه.

Une semaine entière s'est écoulée avant que les derniers survivants ne se retrouvent dans une vallée.

لقد مر أسبوع كامل قبل أن يلتقي آخر الناجين في الوادي.

Ce n'est qu'alors qu'ils ont compté leurs pertes et parlé de ce qui s'était passé.

حينها فقط بدأوا يحسبون خسائرهم ويتحدثون عما حدث.

Buck, après s'être lassé de la chasse, retourna au camp en ruine.

بعد أن سئم باك من المطاردة، عاد إلى المخيم المدمر.

Il a trouvé Pete, toujours dans ses couvertures, tué lors de la première attaque.

ووجد بيت، وهو لا يزال في بطانيته، مقتولاً في الهجوم الأول.

Les signes du dernier combat de Thornton étaient marqués dans la terre à proximité.

كانت علامات كفاح ثورنتون الأخير واضحة على التراب القريب.

Buck a suivi chaque trace, reniflant chaque marque jusqu'à un point final.

تبع باك كل أثر، واستنشق كل علامة حتى وصل إلى النقطة النهائية.

Au bord d'un bassin profond, il trouva le fidèle Skeet, allongé immobile.

وعلى حافة بركة عميقة، وجد سكيت المؤمن مستلقياً في صمت.

La tête et les pattes avant de Skeet étaient dans l'eau, immobiles dans la mort.

كان رأس سكيت ومخالبه الأمامية في الماء، بلا حراك في الموت.

La piscine était boueuse et contaminée par les eaux de ruissellement provenant des écluses.

كان المسبح موحلًا وملوثًا بالمياه المتدفقة من صناديق الصرف.

Sa surface nuageuse cachait ce qui se trouvait en dessous, mais Buck connaissait la vérité.

لقد أخفى سطحها الغائم ما كان تحته، لكن باك عرف الحقيقة.

Il a suivi l'odeur de Thornton dans la piscine, mais l'odeur ne menait nulle part ailleurs.

لقد تتبع رائحة ثورنتون إلى المسبح ـ لكن الرائحة لم تقود إلى أي مكان آخر.

Aucune odeur ne menait à l'extérieur, seulement le silence des eaux profondes.

لم تكن هناك رائحة تؤدي إلى الخارج ـ فقط صمت المياه العميقة.

Toute la journée, Buck resta près de la piscine, arpentant le camp avec chagrin.

بقي باك طوال اليوم بالقرب من المسبح، يتجول في المخيم في حزن.

Il errait sans cesse ou restait assis, immobile, perdu dans ses pensées.

كان يتجول بلا راحة أو يجلس في صمت، غارقًا في أفكار ثقيلة.

Il connaissait la mort, la fin de la vie, la disparition de tout mouvement.

لقد عرف الموت، ونهاية الحياة، واختفاء كل حركة.

Il comprit que John Thornton était parti et ne reviendrait jamais.

لقد فهم أن جون ثورنتون قد رحل ولن يعود أبدًا.

La perte a laissé en lui un vide qui palpitait comme la faim.

لقد تركت الخسارة فراغًا في داخله ينبض مثل الجوع.

Mais c'était une faim que la nourriture ne pouvait apaiser, peu importe la quantité qu'il mangeait.

لكن هذا الجوع كان طعامًا لا يستطيع إشباعه، بغض النظر عن كمية الطعام التي تتناولها.

Parfois, alors qu'il regardait les Yeehats morts, la douleur s'estompait.

في بعض الأحيان، عندما كان ينظر إلى ييهات الميتة، كان الألم يتلاشى.

Et puis une étrange fierté monta en lui, féroce et complète.

ثم ارتفع في داخله كبرياء غريب، شرس وكامل.

Il avait tué l'homme, le gibier le plus élevé et le plus dangereux de tous.

لقد قتل الإنسان، اللعبة الأعلى والأخطر على الإطلاق.

Il avait tué au mépris de l'ancienne loi du gourdin et des crocs.

لقد قتل متحديًا القانون القديم للهراوة والأنياب.

Buck renifla leurs corps sans vie, curieux et pensif.

استنشق باك أجسادهم الخالية من الحياة، فضوليًا ومدروسًا.

Ils étaient morts si facilement, bien plus facilement qu'un husky dans un combat.

لقد ماتوا بسهولة ـ أسهل بكثير من موت كلب الهاسكي في قتال.

Sans leurs armes, ils n'avaient aucune véritable force ni menace.

بدون أسلحتهم، لم تكن لديهم أي قوة أو تهديد حقيقي.

Buck n'aurait plus jamais peur d'eux, à moins qu'ils ne soient armés.

لن يخاف باك منهم مرة أخرى، إلا إذا كانوا مسلحين.

Ce n'est que lorsqu'ils portaient des gourdins, des lances ou des flèches qu'il se méfiait.

فقط عندما يحملون الهراوات أو الرماح أو السهام كان يحذر.

La nuit tomba et une pleine lune se leva au-dessus de la cime des arbres.

حل الليل، وارتفع القمر عالياً فوق قمم الأشجار.

La pâle lumière de la lune baignait la terre d'une douce lueur fantomatique, comme le jour.

غمر ضوء القمر الخافت الأرض بوهج ناعم يشبه النهار.

Alors que la nuit s'approfondissait, Buck pleurait toujours au bord de la piscine silencieuse.

ومع تعمق الليل، كان باك لا يزال حزينًا بجانب المسبح الصامت.

Puis il prit conscience d'un autre mouvement dans la forêt.

ثم أدرك أن هناك تحركًا مختلفًا في الغابة.

L'agitation ne venait pas des Yeehats, mais de quelque chose de plus ancien et de plus profond.

لم يكن التحريك من ييهات، ولكن من شيء أقدم وأعمق.

Il se leva, les oreilles dressées, le nez testant la brise avec précaution.

وقف، وأذنيه مرفوعتين، وأنفه يختبر النسيم بعناية.

De loin, un cri faible et aigu perça le silence.

من بعيد جاء صوت خافت حاد يخترق الصمت.

Puis un chœur de cris similaires suivit de près le premier.

ثم تبعتها جوقة من الصيحات المشابهة مباشرة خلف الصيحة الأولى.

Le bruit se rapprochait, devenant plus fort à chaque instant qui passait.

كان الصوت يقترب أكثر فأكثر، ويزداد قوة مع كل لحظة تمر.

Buck connaissait ce cri : il venait de cet autre monde dans sa mémoire.

عرف باك هذه الصرخة - لقد جاءت من ذلك العالم الآخر في ذاكرته.

Il se dirigea vers le centre de l'espace ouvert et écouta attentivement.

توجه إلى وسط المساحة المفتوحة واستمع باهتمام.

L'appel retentit, multiple et plus puissant que jamais.

لقد دوى النداء، وكان كثير الأصوات وأقوى من أي وقت مضى.

Et maintenant, plus que jamais, Buck était prêt à répondre à son appel.

والآن، أكثر من أي وقت مضى، أصبح باك مستعدًا للإجابة على ندائه.

John Thornton était mort et il ne lui restait plus aucun lien avec l'homme.

لقد مات جون ثورنتون، ولم يبق في داخله أي رابط إنساني.

L'homme et toutes ses prétentions avaient disparu : il était enfin libre.

لقد ذهب الإنسان وكل المطالبات الإنسانية - لقد أصبح حرا في النهاية.

La meute de loups chassait de la viande comme les Yeehats l'avaient fait autrefois.

كانت مجموعة الذئاب تطارد اللحوم مثلما كان يفعل بيهات ذات يوم.

Ils avaient suivi les orignaux depuis les terres boisées.

لقد تبعوا الموظ من الأراضي المشجرة.

Maintenant, sauvages et affamés de proies, ils traversèrent sa vallée.

والآن، وهم متوحشون وجائعون للفريسة، عبروا إلى الوادي.

Ils arrivèrent dans la clairière éclairée par la lune, coulant comme de l'eau argentée.

لقد جاءوا إلى المقاصة المضاءة بالقمر، يتدفقون مثل الماء الفضي.

Buck se tenait immobile au centre, les attendant.

كان باك واقفا في الوسط، بلا حراك، وينتظرهم.

Sa présence calme et imposante a stupéfié la meute et l'a plongée dans un bref silence.

لقد أذهل حضوره الهادئ والكبير المجموعة في صمت قصير.

Alors le loup le plus audacieux sauta droit sur lui sans hésitation.

ثم قفز الذئب الأكثر جرأة نحوه مباشرة دون تردد.

Buck frappa vite et brisa le cou du loup d'un seul coup.

ضرب باك بسرعة وكسر رقبة الذئب بضربة واحدة.

Il resta immobile à nouveau tandis que le loup mourant se tordait derrière lui.

لقد وقف بلا حراك مرة أخرى بينما كان الذئب المحتضر يتلوى خلفه.

Trois autres loups ont attaqué rapidement, l'un après l'autre.

هاجمت ثلاثة ذئاب أخرى بسرعة، واحدًا تلو الآخر.

Chacun d'eux s'est retiré en sang, la gorge ou les épaules tranchées.

تراجع كل منهم ينزف، وكان حنجرته أو كتفه مقطوعة.

Cela a suffi à déclencher une charge sauvage de toute la meute.

كان ذلك كافيا لتحريك العبوة بأكملها إلى هجوم بري.

Ils se précipitèrent ensemble, trop impatients et trop nombreux pour bien frapper.

لقد اندفعوا معًا، وكانوا متلهفين للغاية ومزدحمين لدرجة أنهم لم يتمكنوا من الضرب بشكل جيد.

La vitesse et l'habileté de Buck lui ont permis de rester en tête de l'attaque.

سمحت سرعة باك ومهارته له بالبقاء في صدارة الهجوم.

Il tournait sur ses pattes arrière, claquant et frappant dans toutes les directions.

لقد دار على رجليه الخلفيتين، وكان يلتقط ويضرب في جميع الاتجاهات.

Pour les loups, cela donnait l'impression que sa défense ne s'était jamais ouverte ou n'avait jamais faibli.

بالنسبة للذئاب، بدا الأمر كما لو أن دفاعه لم يفتح أو يتعثر أبدًا.

Il s'est retourné et a frappé si vite qu'ils ne pouvaient pas passer derrière lui.

استدار وضرب بسرعة كبيرة حتى أنهم لم يتمكنوا من الوصول خلفه.

Néanmoins, leur nombre l'obligea à céder du terrain et à reculer.

ومع ذلك، فإن أعدادهم أجبرته على التراجع والتراجع.

Il passa devant la piscine et descendit dans le lit rocheux du ruisseau.

انتقل عبر المسبح إلى أسفل مجرى النهر الصخري.

Là, il se heurta à un talus abrupt de gravier et de terre.

وهناك واجه ضفة شديدة الانحدار من الحصى والأوساخ.

Il s'est retrouvé coincé dans un coin coupé lors des fouilles des mineurs.

لقد اصطدم بقطع الزاوية أثناء الحفر القديم الذي قام به عمال المناجم.

Désormais protégé sur trois côtés, Buck ne faisait face qu'au loup de devant.

الآن، أصبح باك محميًا من ثلاث جهات، ولم يواجه سوى الذئب الأمامي.

Là, il se tenait à distance, prêt pour la prochaine vague d'assaut.

هناك، وقف في مكانه، مستعدًا للموجة التالية من الهجوم.

Buck a tenu bon si farouchement que les loups ont reculé.

لقد تمسك باك بموقفه بشراسة لدرجة أن الذئاب تراجعت.

Au bout d'une demi-heure, ils étaient épuisés et visiblement vaincus.

وبعد مرور نصف ساعة، كانوا مرهقين وواضح عليهم الهزيمة.

Leurs langues pendaient, leurs crocs blancs brillaient au clair de lune.

كانت ألسنتهم معلقة، وأنيابهم البيضاء تلمع في ضوء القمر.

Certains loups se sont couchés, la tête levée, les oreilles dressées vers Buck.

استلقى بعض الذئاب، ورؤوسهم مرفوعة، وآذانهم منتصبة تجاه باك.

D'autres restaient immobiles, vigilants et observant chacun de ses mouvements.

وكان الآخرون واقفين في مكانهم، متيقظين ويراقبون كل تحركاته.

Quelques-uns se sont dirigés vers la piscine et ont bu de l'eau froide.

توجه عدد قليل منهم إلى المسبح وشربوا الماء البارد.

Puis un loup gris, long et maigre, s'avança doucement.

ثم زحف ذئب رمادي طويل ونحيف إلى الأمام بطريقة لطيفة.

Buck le reconnut : c'était le frère sauvage de tout à l'heure.

تعرف عليه باك ـ لقد كان الأخ البري من قبل.

Le loup gris gémit doucement, et Buck répondit par un gémissement.

أطلق الذئب الرمادي أنيناً خفيفاً، ورد باك بأنين.

Ils se touchèrent le nez, tranquillement et sans menace ni peur.

لقد تلامسوا أنوفهم بهدوء ومن دون تهديد أو خوف.

Ensuite est arrivé un loup plus âgé, maigre et marqué par de nombreuses batailles.

وبعد ذلك جاء ذئب أكبر سناً، نحيفاً ومُصاباً بندوب نتيجة معارك عديدة.

Buck commença à grogner, mais s'arrêta et renifla le nez du vieux loup.

بدأ باك في الهدير، لكنه توقف واستنشق أنف الذئب العجوز.

Le vieux s'assit, leva le nez et hurla à la lune.

جلس الرجل العجوز، ورفع أنفه، وعوى على القمر.

Le reste de la meute s'assit et se joignit au long hurlement.

جلس بقية القطيع وانضموا إلى العواء الطويل.

Et maintenant, l'appel est venu à Buck, indubitable et fort.

والآن جاء النداء إلى باك، لا لبس فيه وقوية.

Il s'assit, leva la tête et hurla avec les autres.

جلس ورفع رأسه وعوى مع الآخرين.

Lorsque les hurlements ont cessé, Buck est sorti de son abri rocheux.

عندما انتهى العواء، خرج باك من ملجأه الصخري.

La meute se referma autour de lui, reniflant à la fois gentiment et avec prudence.

أحاطت به المجموعة، وهي تشم رائحته بلطف وحذر.

Les chefs ont alors poussé un cri et se sont précipités dans la forêt.

ثم أطلق القادة صرخة عالية وانطلقوا إلى الغابة.

Les autres loups suivirent, hurlant en chœur, sauvages et rapides dans la nuit.

وتبعه الذئاب الأخرى، وهم ينبحون في جوقة، وحشيين وسريعين في الليل.

Buck courait avec eux, à côté de son frère sauvage, hurlant en courant.

ركض باك معهم، بجانب أخيه البري، وهو يعوي أثناء ركضه.

Ici, l'histoire de Buck fait bien de se terminer.

وهنا تصل قصة باك إلى نهايتها.

Dans les années qui suivirent, les Yeehats remarquèrent d'étranges loups.

وفي السنوات التي تلت ذلك، لاحظ البيهات ذئابًا غريبة.

Certains avaient du brun sur la tête et le museau, du blanc sur la poitrine.

وكان بعضهم بني اللون على رؤوسهم وخطمهم، وأبيض اللون على صدورهم.

Mais plus encore, ils craignaient une silhouette fantomatique parmi les loups.

ولكن أكثر من ذلك، كانوا يخافون من وجود شخصية شبحية بين الذئاب.

Ils parlaient à voix basse du Chien Fantôme, chef de la meute.

لقد تحدثوا همسًا عن الكلب الشبح، زعيم المجموعة.

Ce chien fantôme était plus rusé que le plus audacieux des chasseurs Yeehat.

كان هذا الكلب الشبح أكثر دهاءً من صياد بيهات الأكثر جرأة.

Le chien fantôme a volé dans les camps en plein hiver et a déchiré leurs pièges.

سرق الكلب الشبح من المخيمات في الشتاء القارس ومزق مصائدهم.

Le chien fantôme a tué leurs chiens et a échappé à leurs flèches sans laisser de trace.

قتل الكلب الشبح كلابهم ونجا من سهامهم دون أن يترك أثرا.

Même leurs guerriers les plus courageux craignaient d'affronter cet esprit sauvage.

حتى محاربيهم الأكثر شجاعة كانوا يخافون من مواجهة هذه الروح البرية.

Non, l'histoire devient encore plus sombre à mesure que les années passent dans la nature.

لا، فالقصة تصبح أكثر ظلمة مع مرور السنين في البرية.

Certains chasseurs disparaissent et ne reviennent jamais dans leurs camps éloignés.

يختفي بعض الصيادين ولا يعودون أبدًا إلى معسكراتهم البعيدة.

D'autres sont retrouvés la gorge arrachée, tués dans la neige.

وقد تم العثور على آخرين وقد تمزقت حناجرهم، مقتولين في الثلج.

Autour de leur corps se trouvent des traces plus grandes que celles que n'importe quel loup pourrait laisser.

حول أجسادهم آثار أقدام أكبر من تلك التي يمكن لأي ذئب أن يتركها.

Chaque automne, les Yeehats suivent la piste de l'élan.

في كل خريف، يتبع بيهات أثر الموظ.

Mais ils évitent une vallée avec la peur profondément gravée dans leur cœur.

لكنهم يتجنبون واديًا واحدًا بسبب الخوف المحفور عميقًا في قلوبهم.

Ils disent que la vallée a été choisie par l'Esprit du Mal pour y vivre.

يقال أن الروح الشريرة اختارت الوادي ليكون موطنها.

Et quand l'histoire est racontée, certaines femmes pleurent près du feu.

وعندما تُحكى الحكاية، تبكي بعض النساء بجانب النار.

Mais en été, un visiteur vient dans cette vallée tranquille et sacrée.

ولكن في الصيف، يأتي زائر واحد إلى هذا الوادي الهادئ المقدس.

Les Yeehats ne le connaissent pas et ne peuvent pas le comprendre.

لا يعرفه أهل بيهات، ولا يستطيعون أن يفهموه.

Le loup est un grand loup, revêtu de gloire, comme aucun autre de son espèce.

الذئب عظيم، مغطى بالمجد، لا يشبه أي شخص آخر من نوعه.

Lui seul traverse le bois vert et entre dans la clairière de la forêt.

يعبر وحده من الغابة الخضراء ويدخل إلى فسحات الغابة.

Là, la poussière dorée des sacs en peau d'élan s'infiltre dans le sol.

هناك، يتسرب الغبار الذهبي من أكياس جلد الموظ إلى التربة.

L'herbe et les vieilles feuilles ont caché le jaune du soleil.

لقد أخفى العشب والأوراق القديمة اللون الأصفر من الشمس.

Ici, le loup se tient en silence, réfléchissant et se souvenant.

وهنا يقف الذئب في صمت، يفكر ويتذكر.

Il hurle une fois, longuement et tristement, avant de se retourner pour partir.

يصرخ مرة واحدة - طويلًا وحزينًا - قبل أن يستدير ليذهب.

Mais il n'est pas toujours seul au pays du froid et de la neige.

ولكنه ليس وحيدًا دائمًا في أرض البرد والثلوج.

Quand les longues nuits d'hiver descendent sur les basses vallées.

عندما تهبط ليالي الشتاء الطويلة على الوديان السفلية.

Quand les loups suivent le gibier à travers le clair de lune et le gel.

عندما تتبع الذئاب الطرائد عبر ضوء القمر والصقيع.

Puis il court en tête du peloton, sautant haut et sauvagement.

ثم يركض نحو رأس المجموعة، ويقفز عالياً وبجنون.

Sa silhouette domine les autres, sa gorge est animée par le chant.

شكله يرتفع فوق الآخرين، وحلقه ينبض بالحياة مع الأغنية.

C'est le chant du monde plus jeune, la voix de la meute.

إنها أغنية العالم الأصغر، صوت القطيع.

Il chante en courant, fort, libre et toujours sauvage.

إنه يغني أثناء ركضه - قويًا، حرًا، ومتوحشًا إلى الأبد.

www.ingramcontent.com/pod-product-compliance
Lightning Source LLC
Chambersburg PA
CBHW011734020426
42333CB00024B/2879